Bakery Management

파티시에를 위한

제과제빵경영관리

권영회 · 안호기 · 김현수 · 조우철 · 김 혁 · 김원식

지식인

파티시에를 위한

제과제빵경영관리

2017년 12월 5일 초판 1쇄 인쇄
2017년 12월 10일 초판 1쇄 발행

지은이 | 권영회 · 안호기 · 김현수 · 조우철 · 김혁 · 김원식
펴낸이 | 김종욱
펴낸곳 | 지식인
등 록 | 제301-2013-134호
주 소 | 서울시 도봉구 도봉로 180길 20 투웨니퍼스트 102동 602호
전 화 | 02)2266-8606 (대)
팩 스 | 02)2266-8607
E-mail | jisikin2013@naver.com
홈페이지 | www.jisikinbook.co.kr

ISBN 979-11-88105-11-3 (93320)

값 20,000원

파티시에를 위한

제과제빵경영관리

Bakery
Management

PREFACE

우리나라의 베이커리 산업은 국가의 경제발전과 면밀한 관계에 있으며, 급속한 경제 성장으로 인한 생활수준이 향상되면서 우리 고유의 식생활 패턴도 크게 달라지고 있다. 특히 식문화가 서구화 · 고급화됨에 따라 과거에는 간식 개념에서 현대에는 베이커리가 주식의 개념으로 확대 보급됨으로써 이 분야에 대한 관심이 더욱 늘어나고 있다.

그동안 베이커리에 종사하는 기술인들의 많은 노력과 열정이 우리나라 베이커리 산업의 기술을 반석 위에 올려놓았으며, 세계 어느 나라에도 견줄 만한 기술력을 갖게 되었다. 저저들은 베이커리에 관심을 가지고 있는 초보자나 기술자를 비롯한 남녀노소 누구나가 제과점 경영에 대한 전반적인 이론을 쉽게 이해하고 제과점 오픈준비에 필요한 다양한 정보를 얻는데 있어 조금이나마 도움이 되었으면 하는 바램으로 『제과제빵경영관리』를 출간하게 되었다.

전반적인 베이커리 업계의 현황에 대해서 비중 있게 다루었으며, 빵집 역사가 40~50년 된 우리나라 5대 빵집의 정보도 함께 수록하였다. 유명 개인제과점과 대기업에서 운영하는 프랜차이즈를 비교할 수 있도록 자세한 통계로 설명하였으며 오픈, 위생관리, 인력관리 등을 다루어 창업하는데 도움이 될 수 있도록 하였다.

그동안 여러 방면에서 베이커리의 많은 경험과 배운 내용들을 수집하고 거듭된 회의를 통해 정리하였으나 부족한 점이 많을 것으로 사료된다. 이 부족한 점들은 독자 여러분들의 지도를 받아 보완해 나갈 것을 약속드리며, 이 책이 독자분들 모두에게 도움이 되었으면 한다.

저자일동

C O N T E N T S

CHAPTER ⑧ 제과점 오픈

Bakery
Management

CHAPTER 1

제과제빵 경영관리

경영학과 경영의 개요

SECTION 01

경영학

1. 경영학의 정의

경영학Business Administration or Managment이 무엇인가에 대한 학자들의 정의는 다양하다. 바하는 "경영학이란 기업을 효율적으로 운영하는 방법을 연구하는 학문이다."라고 했으며, 폴레트는 "경영이란 사람을 통해 일을 성취하는 기술"이라 했고, 페이욜은 "계획하고 · 조직하고 · 지시하고 · 조정하고 · 통제하는 작업"이라고 규정함으로써 오늘날의 경영과정이론의 기틀을 제공하였으며, 바나드와 사이먼은 "경영이란 조직을 형성하고 운영하는 것이며 의사결정의 과정이다."라고 정의하기도 했다. 그리고 현대경영학의 아버지라 불리는 피터 드러커는 경영에 대해 "조직의 방향을 제시하고 리더십을 통해 조직의 자원을 어떻게 활용할 것인지를 정하는 것"이라 하였다.

이와 같이 학자에 따라 그 정의는 각각 다르지만, 오늘날 경영학에 대한 일반적 견해는 "경영학이란 기업의 목적을 달성하기 위해 경영활동을 어떻게 수행하고 관리해야 하는지를 합리적이고 체계적으로 정리한 지식체계로서 주로 기업을 연구대상으로 삼는다."는 것이다. 즉 경영학은 사회과학의 일부로써 학문적 연구대상은 주로 기업이라는 조직체이며, 광의적으로는 공동의 목적을 달성하기 위해 구성된 모든 영리 · 비영리조직이 경영학의 연구대상이 된다.

1) 경영학의 구성요소

경영학이란, 경영체의 경영활동을 합리적으로 수행하기 위한 여러 가지 법칙을 연구하는 학문이다. 여기서 말하는 경영체라는 것은 기업뿐만 아니라 정부 · 학교 · 정당 · 노동조합 등의 여러 단체들을 포함하는 광의의 해석을 의미한다. 한마디로 조직을 모두 포괄하는 것이 경영학의 영역이라고 말할 수 있다. 다만, 주로 기업이라는 경영체가 연구대상이 되고 있기 때문에, 주로 비즈니스와 관련된 내용을 담당하고 있다.

경영활동은 이 같은 경영체가 연구하는 목적을 달성하기 위해 실행하지 않으면 안 되는 것들을 말하는 것으로 관리Administration를 의미한다. 경영활동을 효과적으로 수행하기 위해서는 기업이 동원할 수 있는 모든 자원을 사용해서 여러 가지 활동(생산, 재무, 인사, 마케팅)에 대해 구성원들의 노력을 계획하며 조직하고 지휘하여 조정 및 통제하는 과정을 통해 전개해 나가는 것이다.

오늘날의 기업은 사회 전반에 걸쳐 사회가 필요로 하는 재화와 서비스를 제공하고 생산과 공급을 전담할 뿐만 아니라 사회적 책임과 영향력이 증대되었다. 그래서 기업을 이끄는 경영자CEO의 경우, 기업경영에 대한 전문적인 지식과 자질 및 능력을 갖출 필요가 있다.

경영학은 바로 이러한 경영자를 위한 전문적인 경영능력과 지식 및 기술을 개발하여 이를 구체적으로 교육하려는데 그 목적이 있다고 볼 수 있다. 그래서 일반인(특히 대학생)들이 경영학을 배우는 것이 다소 어려운 부분이 있을 수 있다.

경영자Manager는 경영학을 통해 경영자로 하여금 보다 합리적인 의사결정을 수행하도록 도움을 주며, 기업의 능률을 향상시키고 불필요한 자원의 낭비를 막을 수 있게 해줄 뿐만 아니라, 나아가서는 기업의 성장과 발전을 시킴으로써 국민경제에도 큰 역할을 기여할 수 있도록 해준다.

2) 경영학의 연구대상

경영학의 연구대상은 크게 두 가지로 보는 견해로 좁혀지는데, '조직체로 보는 입장'과 '활동 형태로 보는 입장'으로 구분된다. 전자는 조직 내의 구조와 기능을 밝히려는 조직론적 경영학의 입장이며, 후자는 조직체를 운영하기 위한 경영활동으로 파악하려는 관리론적 경영학의 입장이다.

(1) 조직론적 경영학의 입장

어떤 조직체를 선택하여 연구할 것인가에 대한 문제가 제기되며, 영리적 조직체인 기업만을 대상으로 하는 견해와, 기업뿐 아니라 비영리조직체도 모두 포함해서 연구대상으로 해야 한다는 견해이다.

(2) 관리론적 경영학의 입장

조직체 그 자체만으로 한정할 수 없다는 것으로, 모든 조직체는 조직체를 운영하기 위한 기능 내지 관리활동이 수반되어야만 비로소 그 존재가치를 찾을 수 있기 때문에 경영관리활동에서도 연구대상이 되어야 한다는 견해이다.

위와 같이 구분지어 경영학의 연구대상을 정립하는 데는 어떠한 것을 연구대상으로 할지에 대한 것과, 어떠한 것을 선택원리로 할 것인가에 따른 상이한 입장이 나타나고 있다. 하지만 앞에서도 언급했듯이, 경영학의 범위는 모든 조직체를 포괄할 수 있기 때문에 굳이 구분지어 생각할 필요성은 극히 드물다고 할 수 있다.

경영학의 연구대상

① 조직체
- 영리조직 : 기업
- 비영리조직 : 정부, 교회, 단체, 정당, 학교, 군대, 대학 등

② 경영관리활동
- 경영기능 : 전략, 마케팅, 재무, 생산, 인사 등
- 관리과정 : 계획, 조직, 지휘, 조정, 통제 등

3) 경영학의 체계

학문으로서의 경영학은 역사가 비교적 짧고, 연구하는 학자나 연구방법이 국가에 따라 여러 가지 형태로 나타나고 있다. 시장경제 체제의 자본주의로부터 기업이 꽃

을 피웠기 때문에, 미국을 중심으로 한 경영학과 독일을 중심으로 한 경영학 등으로 발전되어왔지만, 현대경영학에서는 일반적 체계를 크게 세 가지로 보고 있다.

(1) 인식 방법에 따른 분류

① 경영사는 과거로부터 오늘날에 이르기까지 경영학의 성립과정 및 이의 동태적 변화과정을 기술적으로 다루는 것이다.

② 경영이론은 기업의 구조나 활동 등을 인과론적으로 파악하여 설명하려는 것으로 경영학의 의의와 성격, 연구대상, 연구방법 등과 같은 방법론적인 문제와 기업가와 경영자, 기업형태 및 경영형태 등의 개론적인 문제를 다루는 것이다.

③ 경영정책은 실천론적인 관점에서 합리적인 처리방법이나 기술을 제시하려는 경영관리론적인 문제와, 기업목적과 경영자의 철학이나 경영이념을 규범론적인 문제로 다루는 것이다.

(2) 인식 내용에 따른 분류

① 경영방법론은 경영학의 의의와 성격, 연구대상, 연구방법 및 역사 등의 개념적인 것을 중심으로 한 이론이다.

② 기업론은 기업의 목적 및 기능과 역할 등에 대해서 탐구하고 연구하는 것을 중심으로 하는 이론이다.

③ 경영관리론은 계획 · 조직 · 지휘 · 통제라는 경영관리 및 순환관리에 대한 이론이다.

④ 경영전략론은 기업이 나아가야 할 방향을 설정하고, 목표를 달성하기 위한 전략에 대한 이론이다.

⑤ 부문관리론은 기업의 각 기능부문에 해당하는 것들을 대상으로 하는 이론이다.

4) 경영학의 인접학문

경영학의 인접학문들을 보면 경제학, 회계학, 법학, 경영통계학, 행정학, 심리학 등도 경영학의 연구범위에 속하며, 인접과학으로써 넓은 의미에서 밀접한 상호관계를 가지고 있기 때문에 다양한 분야를 포괄할 수 있는 것이 경영학이다.

① 경제학은 종합경제를 연구하는 학문으로서 사회전반적인 경제현상을 연상으로 하며, 기업이라는 개별경제를 다루므로 경제학과 아주 밀접한 관계를 가진다.
② 회계학은 기업과 관련된 거래나 사건, 즉 자본의 흐름이나 자산의 변동사항을 기록 · 분류 · 요약 · 정리하는 것으로, 자산의 평가와 이익의 측정, 손익계산서와 대차대조표 작성, 원가회계, 세무회계, 결산, 회계감사 등을 다룬다.
③ 사회의 법률문제를 다루는 법학은 상행위 및 기업관련 법률도 포함하기 때문에, 기업의 문제를 다루는 경영학도 법학과 관련을 가진다.
④ 자료를 수집 · 분석 · 정리하여 합리적인 의사결정을 도와주는 것이 통계학인데, 기업경영과 관련된 의사결정에서 통계학의 제기법들은 필수적이다.
⑤ 행정학은 재정경제를 다루는 학문으로서 조직의 관리라는 측면에서는 경영학과 유사한 부분이 매우 많다.
⑥ 심리학은 개인으로서의 인간을 다루는 학문으로서 인간의 행동과 심리과정을 연구한다. 조직행동이나 소비자행동에서는 심리학에서 많은 영향을 받고 있다.
⑦ 사회학은 인간사회에 있어서의 공동생활을 연구대상으로 한다. 즉 조직구성원으로서의 인간을 연구하는 학문이다. 경영학 중에서 조직행동이나 소비자행동은 사회학에서 많은 기본적 이론들을 빌려와 활용하고 있다.

5) 경영학의 유용성

경영학을 배우다보면 어떠한 도움을 받을 수 있는지, 어떤 이득이 있는지에 대해 알아볼 수 있는데, 크게 3가지로 구분지어 생각해 볼 수가 있다(기업을 주 연구대상으로 하고는 있지만, 학생부터 직장생활을 하는 직장인에 이르기까지 많은 사람들이 공부를 하고 있다. 이유는 각기 다르겠지만, 경제활동을 하는데 있어 밀접한 도움을 받을 수 있기 때문이다).

(1) 미래 전문경영인으로서의 능력 함양

세계적으로 유명한 기업가들이 있다. 이들처럼 뛰어난 경영자가 되기 위해서는 실무를 통한 살아있는 경험을 갖추어야 할 뿐만 아니라, 복잡해지고 거대해지는 조직체를 경영하기 위한 탁월한 능력과 전문적인 경영지식을 갖추어야 한다.

경영학을 배우게 되면, 전문경영인으로서의 역할과 경영지식의 체계화를 도모할 수가 있다. 특히 예비경영자나 창업가들은 본인에게 필요한 전문적 지식과 자세, 그리고 기본적인 이론을 습득할 수 있다. 다만, 문제는 조직이 어떠한 경영환경에 처해 있는지에 따라 실무기법이 달라질 수가 있는데, 경영학이 이러한 현실세계와 항상 일치하지는 않는다는 점이다. 전공서적을 통해 배울 수 있는 지식은 한계성을 가지고 있고 실무경험이 중요하지만, 각종 경영사례들을 연구하고 발표하는 과정을 통해서 간접경험을 할 수가 있다.

또한 오늘날의 경영학은 일상생활에 굉장히 밀접하게 관련되어 있다. 기업체의 경영자는 물론 기업을 운영하지 않는 일반인들의 영역까지 경제활동이라는 명목 하에 있다. 여기에 투자되는 시간과 돈, 에너지를 효율적으로 활용하여 추구하는 목표를 달성하도록 길잡이 역할을 하는 것이 바로 경영인 것이다.

(2) 조직체를 성공적으로 이끌어나가는 지식의 습득

경영학은 전문적인 지식은 물론 굉장히 많은 아이디어를 배우는 학문이다. 어떤 조직체를 만들고 어떻게 운영할 것인지, 자금은 어떻게 조달하고 유지하기 위해서는 무엇이 필요한지에 대한 고민을 끊임없이 하게 되는데, 이러한 생각들을 정리하고 해결하는데 실마리를 주는 것이 경영학이다. 이러한 경영학은 단지 경영자의 경영능력을 증대시키는데 그치는 것이 아니라, 성공적으로 조직체를 경영함으로써 구성원들의 발전을 도모한다는 점이 크게 작용한다.

기업의 목표는 이윤추구나 사회공헌 활동과 같은 목표지향적인 행동에 의해 지어지는데, 이러한 목표를 달성하기 위해 구성원들로 하여금 확신을 가지게 하는 것이 경영자가 해야 할 역할이다.

(3) 조직체 발전을 통한 사회발전의 도모

경영학은 궁극적으로 조직체의 발전을 통해 자신이 속한 사회와 국가의 발전을 도모하여, 경제적 성과와 양적 성장 그리고 사회적 정당성을 확보하여 질적 성장을 추구하는데 큰 역할을 한다. 단순히 경영자의 능력을 끌어올리거나 조직체의 발전 그 자체에 그치지 않고, 국가경제에 이바지하는 것과, 국가경쟁력을 제고하고 균형 있게 발전시키는 것까지 포괄적으로 포함한다. 일자리를 창출해서 취업률을 높이고, 사회복지를 증진시키며, 자원을 절감하여 생태계 및 환경을 보전하는 등에 기여할 수 있다.

기업이 무조건적인 영리를 추구하는 것이 목적이 되지 않고, 정치적으로 이용되거나 오너리스크Owner Risk로 인해 휘청거리지 않는다면 국가발전에 크게 이바지할 수가 있다. 20세기에 등장한 공유경제나 사회적 경제체제에서는 기업과 시민단체 또는 정부가 연합한 새로운 형태의 기업들도 생겨나고 있고, 이러한 새로운 형태의 조직체를 연구하고 체계화시키는 것이 바로 경영학이기 때문에 경영학을 배워야 한다.

2. 인사관리와 인적자원관리

1) 노무관리

노무관리란, 종업원의 작업을(노동력)을 가장 효율적 · 능률적으로 수행할 수 있도록 하기 위하여 계획하고 체계적인 관리를 한다. 노무관리의 특징은 다음과 같다.

- 과학적인 관리로 근로자의 작업을 향상시킨다.
- 집단책임제로 생산성을 향상시킨다.
- 근로자의 능력을 존중하고 능력을 개발할 수 있도록 한다.
- 노사협의제의 확립으로 노사 간의 분쟁을 방지한다.

2) 인사관리

인사관리란, 개인과 조직 및 사회의 목표를 달성하기 위해 인적자원의 확보 · 개발 · 보상 · 통합 · 유지 및 이직에 관한 계획 · 조직 · 지휘 및 통제를 하는 것이다. 종업원들의 채용에서부터 퇴직까지 체계적으로 관리하자는 취지에서 나온 것이 인사관리이며, 좀 더 전문적으로 관리하는 담당자와 담당부서를 배치하여 관리하려고 기업들은 노력해야 한다. 조직이나 사회에서 현재도 사용하고 있는 인사부 또는 인사과, 인사담당 등이 모두 인사관리에 해당된다.

(1) 인사관리의 용어

기업의 경영활동을 크게 전반관리 활동과 부문관리 활동으로 구분한다. 전반관리활동이란 계획화 · 조직화 · 지휘화 · 통제화 같은 수직적 기능을 말하며, 부문관리 활동은 인사 · 마케팅 · 재무 · 생산과 같은 수평적 기능을 말한다. 여기에는 인사관리 PM : Personnel Management라는 용어를 사용한다.

요약정리

- 노동관리 = 생산관리
- 노무관리(Labor Management) = 공장노동자관리
  노무관리 = 생산관리 = 사무관리
- 인사관리(Personnel Management) = 사무직원관리
  인사관리 = 노무관리 + 노사관계관리
- 인적자원관리(HRM : Human Resource Management)
- 전략적 인적자원관리(SHRM : Strategic HRM) = 인사 + 노사 + 전략

표 1.1 노무관리, 인사관리, 인적자원관리의 비교

노무관리	인사관리	인적자원관리
• 노동력을 생산 수단(도구)으로 활용	• 가부장적 인사관리 • 온정적 인사관리	• 조직 · 개인 · 이해관계자의 목표를 동시충족
• 비용적 관점에서 노무관리에 초점 • 생산 수단으로서의 의미 • 경제적인 관점	• 조직 내 인간의 욕구와 가치에 대한 인식 • 개인적 요소에 대한 배려 • 사회인적 관점	• 핵심인재의 확보 • 종업원 능력개발과 활용 • 공정한 평가와 보상연계 및 기업전략과의 연계 강화

3) 인적자원관리

기업경영에 있어서 자원을 효율적으로 사용하는 것은 매우 중요한 일이다. 그 중에서도 사람과 관련된 인적자원은 현대에 있어 그 중요성이 크게 부각되고 있다. 기업은 목표와 전략이 수립되고 조직구조가 설계되고 나면, 필요로 하는 인적자원을 충원해서 활동해야 한다. 경영전략과 조직구조를 잘 형성했다해도 결국 기업을 움직이는 것은 인적자원이므로, 이를 효과적으로 관리할 필요성이 있다. 경영학은 바로 이러한 부분에 맞는 인적자원관리HRM : Human Resource Management에 필요하다.

인사관리는 채용 · 배치 · 훈련 · 평가 · 보상의 기능을 수행하긴 하지만 기계적이고 정형화된 작업으로 진행하는데 비해, 인적자원관리는 인재의 확보에서부터 전략적 판단을 하여 조직에 필요한 우수인재를 확보해서 과학적으로 접근한다.

인적자원관리의 시각

- 종업원 = 기업의 인적자원, 인적자본, 인적자산
- 기업의 가치 = 인적자원의 가치가 높아짐에 따라 기업의 가치도 동반 상승함
- 인적자원의 가치 = 인적자원에 대한 투자로 높아짐

(1) 인적자원관리의 체계

인적자원관리의 체계는 몇 가지로 분류할 수 있다. 첫 번째는, 계획과정으로 기업의 전략계획 수립과 실행에 필요한 인적자원에 대해 포괄적인 계획을 세운다. 두 번째는, 충원과정으로 기업이 필요로 하는 사람을 모집하고 선발한다. 세 번째는, 선발된 인원에 대한 개발과 평가를 하는 과정으로, 충원된 인원들의 잠재된 능력을 향상시키기 위해 투자를 한다. 네 번째는, 보상과정으로 종업원의 동기 부여와 지속적인 공헌을 위해 필요한 과정이다.

이러한 여러 과정을 통해 근본적으로 인적자원의 작업력을 효과적으로 유지하여 기업의 운영 효율성을 제고시키고 성과를 극대화하는 전략에 부합될 수 있도록 하는 것이 궁극적인 목표라 할 수 있다.

인적자원관리의 기본 틀은 그림 1.1과 같이 나타낼 수 있다(학자들마다 개개의 의견이 세세하게는 분분하지만, 대체적으로 비슷하다).

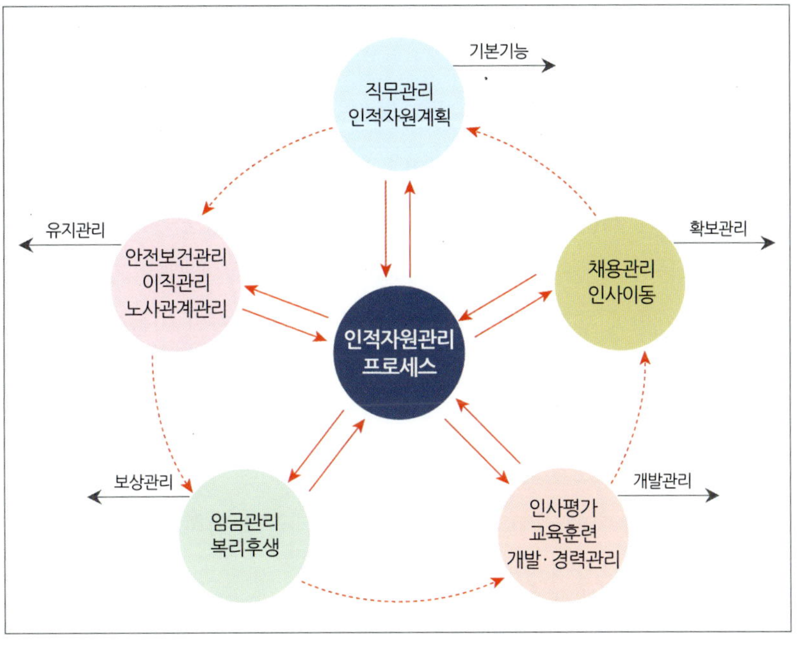

그림 1.1 **인적자원관리 프로세스 구조**

인적자원관리 프로세스

- 확보관리(Procurement)
- 개발관리(Development)
- 보상관리(Compensation)
- 유지관리(Maintenance)

(2) 인적자원관리의 주요내용

1 인적자원 계획

인적자원 계획은 조직의 전략계획과 관련하여 필요로 하는 인적자원을 정하고, 그러한 필요를 충족시키기 위한 활동들을 확정하는 과정으로써 인적자원의 수요와 공급을 조직의 전략계획에 따라 수립하게 된다.

2 인적자원 충원

인적자원 충원은 조직목표 달성을 위해 필요한 인적자원을 모집하고 선발하는 제반활동으로써 모집과 선발 그리고 배치 3가지 활동으로 나누어진다.

3 인적자원 개발과 평가

기업의 장기적인 성과는 인적자원의 능력과 이를 효율적으로 활용하는데 달려 있다고 해도 과언이 아니다. 그러므로 기업은 이들의 현신적인 능력뿐만 아니라 잠재적인 능력을 최대한 개발하여 활용해야 한다. 계획에 의해 충원되어 적재적소에 배치되고 나면, 그들이 기업의 환경에 보다 익숙해지고 직무에 대한 지식과 기술을 습득할 수 있도록 개발에 힘써줘야 한다. 이 과정이 이루어지면 이들이 이룩한 업적에 대한 평가가 시행되어야 한다.

4 보상

구성원들이 기업에 대한 공헌과 성과에 대한 대가를 보답하기 때문에, 적시적소에 맞게 공정한 경제적 보상이 있어야 한다.

이상과 같이, 정리하면 인적자원관리는 인간의 활동을 조직목적의 실현을 위해 공헌하도록 하는 관리활동이다. 따라서 이것이 제대로 작동되기 위해서는 조직의 구성원이 제각각 조직목적 달성을 위해 가장 바람직한 행동을 취하는지 여부에 의해 판단된다. 경영목적 달성을 위해 기업에 필요한 인재들을 조달 · 유지 · 발전시키고 노동력의 효율적인 이용과 근로만족을 도모하기 위해 행해지는 과학적인 관리활동이라고 볼 수 있다.

인적자원관리 분야의 과목은 조직행위론OB, 인적자원개발HRD, 조직개발OD, 조직변화OC, 노사관계론IR 등이 있다.

CHAPTER ❷

제과제빵
경영관리

경영학의 생성과 발전

SECTION 01

경영학사

1. 경영학사의 의의

1) 경영학사 연구

경영학사는 기업의 경영진화 사실을 인과관계에 의해 연구하는 학문으로, 광범위한 경험을 고찰함으로써 현대기업이 직면한 문제들에 대한 실마리를 찾을 수 있다.

2) 경영학의 발전과정

경영학Business Management에서 말하는 경영이 본격적으로 독자적인 논리체계를 갖추게 된 것은 20세기에 들어서면서부터이다. 물론 이전에도 단편적으로는 경영에 관한 경험을 정리하거나 경영기술을 기록한 문헌이 존재하기는 했지만, 기업을 어떻게 운영하는 것이 합리적인가와 관련된 독자적인 논리를 갖추게 된 것은 미국과 독일을 중심으로 한 20세기부터이다. 이 두 나라는 그 역사적 배경이 다르고 사상적으로도 학문하는 사고가 다르기 때문에, 오랜 기간 독자적인 체계를 가지고 경영학을 발전시켜 왔다. 그러나 21세기의 추세로 볼 때 경영학의 주된 흐름은 미국경영학이 주도하고 있다. 미국경영학은 순수이론적 측면이 강한 독일에 비해 실천 또는 응용적인 측

무 역 → 상업학 → 상업경영학 → 경영경제학 → 경영학

- 무 역: 17C 지중해연안 도시국가
- 상업학: 상인들의 상업활동 체계화
- 경영경제학: 독일 중심, 경영학의 역사적 기원
- 경영학: 19C 말 ~ 20C 초 미국 중심 경영학의 독자적 발전

면이 강하다. 이처럼 미국경영학이 이러한 경험을 중시하는 특징을 가지게 된 데는 그 사상적 배경이 실용주의Pragmatism이기 때문이다.

2. 독일경영학의(상업학의 역사) 발달과정

1) 상업학의 성립시기

사바리의 『완전한 상인』은 경영학의 맹아로 보아야 한다. 즉 이때부터 경영학이라는 개념이 정립되었기 때문이다. 그러나 이런 학문적 성립은 사바리가 프랑스인임에도 불구하고 독일에서 이루어지게 되었다. 이 독일경영학은 말페르거P. J. Marperger, 루도비치K. G. Ludovici, 로이크스J. M. Leuchs 등의 노력으로 사바리의 상업학을 독일상업학으로 소화해 나가기 시작했다.

1675년 완전한 상인 「사바리」	→	1752년 상인사전 「루도비치」	→	1804 상업의 체계 「로이크스」
• 상업학 성립의 기틀을 마련한 최초의 문헌		• 독일 상업학의 독자적 계기 마련 • 독창적인 이론 추가		• 독창적인 이론 추가 • 사적 상업학과 공적 상업학의 구분

2) 상업경영학으로의 전환시기

독일경영학은 일반적으로 우선 상업학 및 상업경영학의 과학화에서 그 출발점을 찾을 수 있다. 상인의 수기(手記)나 상업에 관한 저술 등은 오래 전부터 눈에 띄지만 실무적인 지식을 제공함에 그치고 있으며, 관방학자(官房學者)들의 상업에 관한 저술도 17~8세기에 있어서 상업을 중심으로 한 광범위한 저술가인 말페르거의 연구도 이 영역을 벗어나지는 못했다. 그 뒤 상업에 관한 여러 연구 중에서 가장 높이 평가되어야 할 것이 18세기에 나타났다. 즉 루도비치, 로이크스 등의 연구가 그것이다.

일반상업 경 영 학 「쉐어」	➜	상업경영학 개별경영학 「곰베르히」
• 상업경영학의 전환 • 경제성원칙 제시 • 상업이윤의 원칙배척		• 회계학적 체계로 경영 성과를 판단하자는 방법 제시

3) 경영 · 경제학의 성립

니클리슈아는 독일의 경영학에 과학적인 체계를 부여하고 확립시킨 학자이다. 그는 1912년 『상업의 사경제학으로서의 일반적 상사경제학』에서 공업문제를 포함시켰다.

니클리슈아의 경영학
- 경영학의 중심 대상을 기업 및 경영으로 규정
- 경제학과는 별개인 독자적인 경영경제학의 존재 주장

3. 미국경영학의 시대별 발달과정

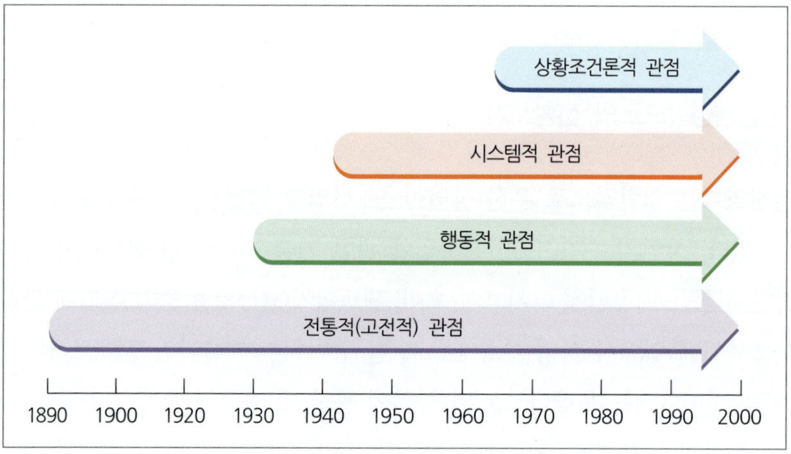

그림 2.1 미국경영학의 역사적 발달과정

1) 전통적(고전적) 관리론(1910~1930년대)

이 시기 미국기업은 그야말로 주먹구구식 관리를 하고 있었다. 이런 표류식 관리 Drifting Management를 효율적인 생산관리로 전환시킨 사람들이 바로 테일러F. W. Taylor와 페이욜H. Fayol, 그리고 포드H. Ford 등이다.

1 테일러 – 능률과 합리성 강조

테일러Taylor를 창시자로 하는 과학적 관리의 제 원리는 제 2의 산업혁명을 달성하였다고 일컬어질 정도로 산업사회에 미치는 영향은 크다. 20세기 초에 들어서 미국의 기업들은 생산성에 대한 관심이 증가하게 되었다. 기업이 확장됨에 따라 자본은 점차 축적되고 있었지만, 노동은 공급부족 상태에 있었다. 그러므로 경영의 기본적인 목적은 기존노동을 보다 효율적으로 이용하려는 것이다.

테일러는 이런 문제에 대한 해결책 개발에 몰두하였다. 테일러의 첫 번째 작업 대상은 필라델피아의 미드베일 강철회사Midvale Steel Company의 기술자였다. 거기서 그는 낭비와 비효율성에 대해 관심을 갖기 시작하였다.

미드베일에서 그는 소위 태업Soldiering : 정상적인 작업속도보다 느린 작업속도이라는 것을 관찰하였다. 종업원들이 느린 속도로 일하는 이유는, 열심히 일한 결과에 대해 두려워하였기 때문이었다. 왜냐하면, 모든 일이 끝나버릴지도 모르고, 따라서 그들은 해고될지도 모른다는 것이다. 경영자들은 이러한 사실을 모르고 있었는데, 그 이유는 종업원들의 생산목표를 결정할 수 있을 만큼 직무가 자세히 분석되지 못했기 때문이었다.

테일러는 강철노동자의 작업별 개별요소를 관찰하고 측정하였다. 그는 먼저 노동자가 생산해야 할 과업을 결정하고 나서 전체과업을 구성하는 각 부문을 가장 효율적으로 작업할 수 있는 방법을 설계하였다. 그는 공장관리에 있어 기계공업의 생산과정에서 각 노동자가 달성할 수 있는 1일 작업량의 표준을 과학적으로 설정하기 위해 시간연구와 동작연구를 행하였다.

그 다음에는 초기적인 형태의 성과급제(차별적 임금제)를 시행하였다. 모든 작업자에게 동일한 임금을 지급하는 것이 아니라, 각 작업에 대해 목표수준을 달성하거나 초과하는 작업자에게는 높은 임금을 지급하였다.

2 페이욜 - 일반관리론

페이욜Fayol은 고전적 조직이론의 선구자로서 고전적 조직이론에 대해 가장 명확한 설명을 하였고, 이 분야에 큰 공적을 남겼다. 프랑스의 기업가였던 페이욜은 1930년에 그의 저서인 『General and Industrial Management』가 영어로 번역되었을 때쯤에야 비로소 미국의 경영자나 학자 등에게 알려졌다. 페이욜은 50여 년에 걸친 경영관리 경험을 토대로 하여, 경영자를 위한 지침과 방향을 체계화하려 하였다. 그 결과 효과적인 경영을 위한 14개의 관리원칙을 제시하였다.

분업Division, 권한Authority, 규율Discipline, 명령일원화(Unity of Command, 지휘통일화Unity of Direction, 전체이익에 대한 개인의 복종Subordination of Individual to the Common Good, 개인의 이해가 조직 전체의 목적에 앞서서는 안 된다. 보상Remuneration, 집권화Centralization, 계층화의 원칙Scalar Chain, 질서Order, 공정Equity, 주도권Initiative, 단결Esprit de Corps이라는 원칙은 그가 유용하다고 생각한 것들을 단순히 나열한 것으로, 한정적인 것은 아니다.

페이욜 이전에 다른 경영자도 아마 이러한 원칙을 실행하였겠지만, 페이욜이 처음으로 계획조직화 지휘통제의 구체적인 경영기능을 인식하였다. 그는 이러한 기능이 경영과정의 핵심을 반영한다고 믿었다. 오늘날 대부분의 서적은 이러한 사고의 틀을 여전히 사용하고 있다고 해도 지나치지가 않다.

3 포드시스템

헨리 포드Henry Ford가 실행한 시스템으로 이동조립법, 고임금/저가격 달성, 봉사주의, 비숙련공 활용, 3S제도를 적용한 5가지 시스템이다. 3S는 부품의 표준화Standardization, 작업의 전문화Specailization, 제품의 단순화Simplification를 적용한 것으로, 컨베이어시스템을 이용하여 각 위치에서 하나의 작업을 실행하는 이른바 분업을 가능하게 하였다. 특히 기계의 활용도를 높여 인건비절감과 생산성을 높여 제품의 가격을 저렴하게 설정하였다.

테일러의 과학적 관리론을 보완한 관리방법이라 볼 수 있으나, 기계화 작업으로 인해 업무에 대한 숙련도의 필요성이 감소되고, 노동의 질이 떨어짐에 따라 기술발전의 저해요소가 되는 단점도 있다.

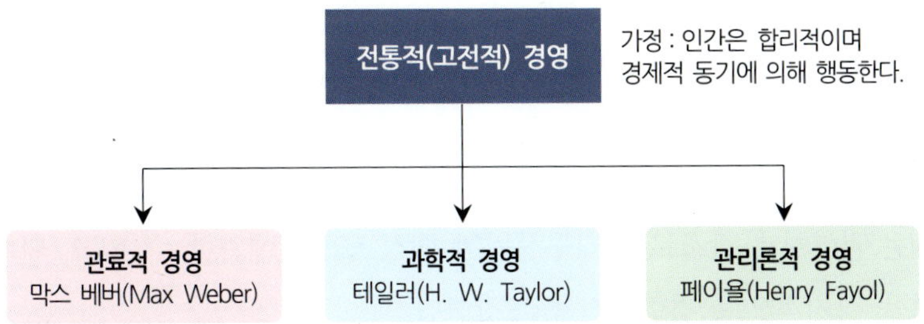

계기	관 리	목표치	목표치 이상
특성	규칙, 비인간화, 분업, 계층, 권한, 구조, 장기경력몰입, 합리성	한 가지 가장 좋은 방법은 금전적인 동기부여	관리기능의 정의, 분업, 계층, 권한, 공정성
초점	전체조직	근로자	경영자
혜택	일관성, 능률	생산성 능률	명확한 구조, 규칙
단점	엄격성, 느림	사회적 욕구의 간과	환경의 무시, 합리적 행동의 지나친 강조

그림 2.2 **전통적 경영의 체계**

(1) 관료적 경영

1 관료제의 의의

- 막스베버Max Weber는 조직문제를 다룬 최초의 이론가이다.
- 관료제란 규율 · 계층 · 분업 및 확고한 절차에 의존하는 하나의 시스템이다.
- 전체조직이 어떻게 운영되어야 하는가에 대한 청사진을 제공한다.
- 관료제의 특징
  - 법에 따른 공식화된 원칙(합법성)
  - 직위에 따른 계층질서와 권한의 등급
  - 분업
  - 비개인성

- 성과에 근거한 선발 및 승진
- 자유로운 계약관계
- 선거가 아닌 임명제
- 고정된 봉급
- 경력체계
- 공사의 구분
- 문서주의

- 장점은 권력체계 강조로 조직구성원의 행정구조를 예측할 수 있고, 단계적으로 소득을 장기적으로 경력발전을 보장한다.
- 단점은 하부계층에게 독립성과 자유재량을 부여해야 움직일 수 있다.

2 관료제의 순기능

- 효율성 : 다양하고 복잡한 일을 신속하고 능률적으로 수행한다.
- 안정성 : 직원들의 역할이 정해져있기 때문에, 고용의 안정성이 있다.
- 예측가능 : 규칙에 따라 업무를 수행하기 때문에, 활동의 방향을 예측한다.
- 공정성 · 지속성 : 일정한 기준에 따라 업무가 주어지기 때문에, 동등한 자격이 있는 사람에게 누구나 기회가 주어진다.

3 관료제의 역기능

- 목적과 수단의 전도현상 : 규칙과 수단을 너무 중시한 나머지 목표를 잊어버린다.
- 구성원의 소외유발 : 업무가 너무 세분화된 나머지, 인간은 그저 일하는 기계부품처럼 되어버린다.
- 무사안일주의 : 관료제는 능력이 아닌, 경력과 연공에 따라 승진하는 제도이다.

(2) 과학적 경영

1 과학적 관리법의 성립 배경 – 테일러Taylor, 과학적 관리의 아버지

- 19세기 미국공장의 주요문제는 사용자들이 임금을 결정하여 성과급제에 대한

노 · 사 간의 불신이 팽배하였다.

- 불신의 원인은 임금단가에 있었으나 근본적으로 하루 달성량, 즉 표준작업량(과업) 설정이 중요하다는 것을 깨달았다.
- 시간 및 동작연구를 이용하여 노 · 사 모두 만족할 수 있는 과학적 관리법을 강구하였다.

② 과학적 관리법Task Management, 과업관리

- 기본이념
  - 근로자에게는 고임금을, 사용자에게는 저노무비를 실현
  - 노 · 사 간 불신을 해소하고 성과향상으로 노 · 사 모두의 이익도모
- 과학적 관리법의 기본원리 : 노 · 사 양측이 인정하는 하루의 공정한 작업량, 즉 과업Task의 설정에 기초하였다.
  - 일일의 최고과업
  - 표준적인 제조건
  - 성공에 대한 우대
  - 실패에 대한 손실

  * 근로자의 조직적 태업, 최고의 성과로 유인, 근로자의 책임귀속, 성패에 대한 우대
- 과학적 관리법의 내용
  - 차별성과급제
  - 기획부제도의 설치
  - 기능식 직장제도
  - 작업지시표제도

(3) 관리론적 경영

① 페이욜의 관리요소와 관리원칙 – 페이욜Fayol, 경영관리론의 아버지

- 어떻게 하면 실제적인 목표를 보다 효과적으로 달성할 수 있을까?
- 관리란 대 · 소의 산업, 상업, 정치, 종교 및 기타 모든 사업경영에 중요한 역할을

수행하는 것이다.

- 최고경영자의 관점에서 경영관리의 일반이론을 전개하였다.
- 기업에 6가지 조직적 활동, 즉 경영활동을 주장하였다.
  - 기술적 활동 : 생산, 제조, 가공
  - 영업적 활동 : 구매, 판매, 교환
  - 재무적 활동 : 자본주의 조달과 운용
  - 보전적 활동 : 재화와 종업원의 보호
  - 회계적 활동 : 재산목록, 대차대조표, 원가, 통계 등
  - 관리적 활동 : 계획, 조직, 명령, 조정, 통제

  * 관리란 계획하며, 지휘하며, 통제하는 것으로 이루어지는 과정이다.

2 관리의 일반원칙

- 관리원칙에 있어서 테일러Taylor는 절대적 · 고정적인 것이라 하였으나, 페이욜Fayol은 탄력적으로 인정되고 대부분 관리자의 경험적 요소에 의존한다고 주장하였다.
- 분업, 권한과 책임, 규율, 명령통일, 지휘통일, 공익우선, 보상, 집권화, 계층적 연결, 질서, 공정성, 재임기간 안정, 주도력, 단체정신 등

2) 인간관계론, 조직론적 관리론(1930~1950년)

인간의 엄격한 통제 하에서 어떻게 하면 생산성을 높일 수 있는가의 방법을 연구하던 전통적 관리론과는 달리, 노동자의 심리적인 측면도 고려하기 시작한 것이 바로 인간관계론적 사고로, 메이요G. E. Mayor 등이 여기에 속한다.

1924년 국립아카데미에 의해 미국서부전기공사의 호손공장Hawthorne에서 비롯된 호손실험이 계기가 된 인간관계론은 "생산력의 증가는 임금만이 아닌 종업원의 사기와 부하에 대한 감독 태도, 그리고 인간관계 등의 개선에 있다."라는 주장을 담고 있다. 즉 기존에 하나의 부품처럼 노동자를 대하던 관리방식에 문제를 제기하고 나선 것이다.

비슷한 시기에 나온 조직론적 관리론은 당시 기업들의 규모화라는 현실변화의 결과로 나온 이론이다. 즉 기업들이 점점 거대화됨에 따라 기존의 일대일 대응식으로는 관리가 불가능해지자, 관리상의 문제를 조직차원에서의 인적자본Human Capital 효율적 활용으로 해결하려는 시도들이 나왔는데, 바로 이런 노력들의 결과가 조직론적 관리론이다. 여기에 관심을 둔 학자들로는 바나드C. I. Barnard, 사이몬Simon 등이 속한다. 즉 조직 자체를 연구대상으로 삼고 있으며, 개인목적과 조직목적이 서로 배치되는 경우를 어떻게 해결해야 하는지를 고찰하며 인간의 행동을 중시하고 있다.

(1) 인간관계론의 연구

1 연구배경

- 호손실험Hawthome Experiments은 1924년부터 1932년에 실시되었다.
- 호손공장에는 약 3만 명의 종업원이 있었는데, 이들은 복지후생시설이 완비되었음에도 불구하고 작업능률이 향상되지 않았다.
- 노동과 피로와의 관계에 대한 연구를 시작하였다.

2 연구과정 – 호손실험

- 조명실험은 조명의 질과 양이 노동자의 능률에 미치는 관계조명도, 임금지급방법, 휴식시간 등이 작업능률에 별다른 영향을 미치지 않았다.
- 릴레이 조립실험은 6명의 여공이 대상이었으며, 종업원의 사기나 부하 감독방법, 인간관계 등의 심리적 조건이 생산성향상에 영향을 미친다는 결론을 얻었다.
- 면접실험은 종업원들의 불만에 대한 면접조사, 작업장의 사회적 조건과 근로자의 심리적 조건이 근로자의 태도와 생산성에 영향을 미친다는 결론이다.
- 배선작업 관찰은 비공식적인 집단행동에 관한 연구, 자연발생적으로 형성된 비공식조직의 존재를 인식하게 되었다.

3 연구결과

- 인간은 임금과 같은 금전적인 조건뿐 아니라 근로의욕이나 작업환경과 같은 심

리학적이며 사회적인 조건에 의해서도 영향을 받게 되는 다면적인 존재이다.

- 작업능률을 좌우하는 것은 임금, 노동시간 등 물리적인 작업조건과 조명, 환기 등 작업환경뿐만 아니라 종업원의 태도, 감정 등의 내적 · 심리적 요소도 중요하다.
- 노동은 개인적 활동보다는 집단적 활동이다.
- 종업원의 태도 및 감정을 좌우하는 것은 개인적 · 사회적 환경 및 회사 내의 세력관계와 그가 속하고 있는 비공식그룹이다.
- 종업원의 사회적 안정 · 정신적 요인에서 영향을 받는다.
  - 작업능률은 심리적 · 정신적 요인에서 영향을 받음
  - 고전적 경영학에서 경시된 비공식 조직으로, 그 기능을 밝혀서 경영학연구의 새로운 관점을 제시

(2) 조직론적 관리론

1 바나드Barnard의 조직론

- 협동체계의 성립, 공식조직의 성립조건과 균형, 의사결정 등의 문제 포함
- 협동체계(구체적 실체) : 공통목적을 위해 의식적으로 조정된 힘의 체계, 즉 기업
- 조직(추상적 개념) : 공통목적을 위해 조정된 복수의 사람들의 행동체계
- 공식조직의 3요소 : 공통목적, 공헌의욕, 의사소통

2 사이몬Simon의 조직이론

- 의사결정에 관한 이론, 조직에서의 영향력이론, 조직적 균형이론 등으로 요약
- 의사결정 과정을 전제조건에서 결론을 유도하는 과정
- 인간을 합리성을 갖는 의사결정자로 보고, 조직은 인간이 행하는 의사결정이 집약된 시스템
- '합리적인 경제인' 가설 대신 '관리인' 가설을 바탕으로 한 인간행동을 분석. 즉 정보수집 능력의 한계와 계산능력의 한계 하에서 행동특성 강조
- 조직이란 공헌을 노동이나 금전적 형태로 받아들이고, 공헌의 대가로 각종보상을 제공하는 균형적 시스템으로 규정

- 조직균형을 유지하는 사람은 경영자집단
- 사이몬Simon은 조직을 의사결정시스템으로 보고 직접 관리기능을 유도했으나, 조직실태 자체의 내용은 밝히지 못함
- 조직 : 상호작용하고 있는 인간의 집합체
- 중심과제 : 공식조직에서 인간행동에 대한 본질을 규명하고, 조직을 하나의 사회적 제도로 파악하여 조직의 영향과정 특징, 정보전달의 형태 분석

조직에서의 인간행동

① 조직의 구성원은 수동적인 도구
② 조직의 구성원에게는 동기부여와 유인이 필요하다는 가정
③ 조직의 구성원은 의사결정자와 문제해결자로 가정
- 인간관계론 학파와 조직론 학파에 영향
- 미국경영학에 있어 큰 비중을 차지

※ 1960년대, 경영학 학파가 난립하여 과거로부터 분화되어온 연구경향을 통합하려는 움직임이 보이기 시작했다.

3) 시스템적 관점

(1) 시스템의 의의

시스템System이란, 여러 개의 부분이 구성된 전체이다. 이 시스템은 하나의 목적을 성취하기 위해 여러 구성요인이 상호작용하는 결합체이다.

(2) 시스템의 특성

① 전체성 : '하나의 전체는 부분의 합보다 크다'는 개념
- 시스템의 유기적인 결합은 승의 개념으로 조직의 시너지효과 발생
- 시스템 내부의 분화에 따른 결합의 중요성을 나타냄
- 결국 시스템은 그 자체가 가치창조의 기능을 지님

② 목적성 : 부여된 자원을 최대로 활용하여 가치를 창조

③ 부분의 상호 관련성과 상호의존성 : 상 · 하위의 시스템 관계는 상호적임

④ 개방성 : 조직의 존속 · 성장을 위해 조직 외적인 여건과 상호작용하면서 동태적인 균형을 유지해야 함(↔폐쇄적 시스템)

⑤ 통제 : 변화하는 환경과 내부의 욕구에 균형을 유지해야 함. 시스템이 유지 · 존속하기 위해 피드백을 통한 자기통제적 수단을 지녀야 함

4) 조직의 통합시스템

카스트Kast와 로젠바이그Rosenzwig는 조직을 관리적 하위시스템 중심으로 목표 · 가치 하위시스템, 사회 · 심리 하위시스템, 구조적 하위시스템이 상호작용하면서 하나의 전체시스템을 형성한다고 하였다.

- 고전적 관리론 중 관료제적 · 과학적 관리법은 구조적 하위시스템이나 관리적 하위시스템 강조
- 관리과학은 기술적 하위시스템에 초점
- 인간관리론과 행동과학은 사회 · 심리적 하위시스템 강조
- 시스템적 관점은 과거의 조직이론이 점차 통합된 부분

5) 상황이론적 관점

(1) 상황이론의 발전 배경

조직이 직면한 환경의 변화가 급속하고, 조직과 환경의 피드백 시간차와 적응성이 조직의 존립에 결정적 영향을 미치게 된다. 따라서 조직론은 외부환경에 조직 전체를 어떻게 적응시키는가에 대한 방안으로 나오게 되었다.

(2) 상황이론의 기본적 특성

상황이론이란, 환경(상황)변수를 조건변수로 하고 외부 특성변수와 성과와의 관계

를 특정화하는 이론이다.

- 객관적 결과의 중시
- 조직의 환경적응의 중시 : 성과지향에 중요한 환경 · 기술 적응
- 조직을 분석단위로 하는 분석
- 중범위 이론의 지향 : 범위가 한정된 특수이론이나 범위가 큰 일반이론과 대비됨

(3) 상황이론의 기본 모형

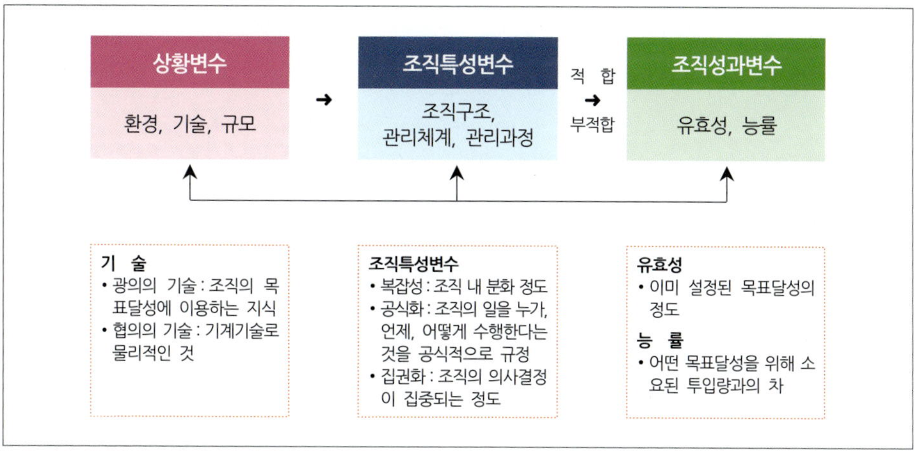

그림 2.3 상황이론의 모형

6) 미국경영학의 특징

미국경영학은 대체로 관리방법의 합리화를 중심과제로 하는 이른바 기술학적 성격이 두드러진다. 미국에서는 경영의 문제를 실천론적 · 방법론적으로 연구한 결과 각론적 부분에서 큰 성과를 올렸다. 독일경영학과 비교해 볼 때 미국경영학의 특징은 다음과 같다.

- 공장관리나 생산관리의 형태로 전개된 경영관리학이다.

- 미국경영학은 청교도적인 개척자정신의 색채가 강하다.
- 독일경영학이 이론적인데 비해, 미국경영학은 실용주의에 바탕을 둔 실천적 · 응용과학적 성격이 강한 경영학이다.
- 독일경영학이 자본과 노동의 결합관계, 자본의 운동과정 및 그 법칙 등을 주 연구대상으로 하는데 비해, 미국은 경영주체로서의 인간에 의해 수행되는 관리기능 및 관리과정을 중심 연구대상으로 하는 관리학이다.

4. 한국경영학의 발달과정

1) 한국경영학의 성립에 관한 각국의 영향

(1) 해방 전

- 일본경영학의 영향을 받았다.
- 독일경영학의 영향을 받은 일본경영학이 중심이 되었다.

(2) 해방 후

- 미국경영학의 영향을 많이 받았다.
- 해방 직후 : 독일경영경제학의 영향을 받아 공장, 상업, 은행경영론 등이 개설되었다.
- 해방 이후 : 미국경영관리학이 본격 도입되고 경영학과와 연구소 등이 생기기 시작하였다.
- 1960년대 이후 : 경영학의 체계가 잡히기 시작할 무렵이다.
- 1970년대 이후 : 한국의 경영풍토에 맞는 교육의 필요성을 제기하였다.
- 1980년대 후반 : 한국적 경영학에 대한 이론적 틀의 정립이 조금이나마 활성화되었으나 정착 · 응용 미흡, 한국경영 설명의 노력 부족, 철학적 연구부족이 과제로 남았다. 전경연, 대한상공회의소, 한국무역협회, 중소기업협동중앙회, 한국경

영자총협회가 생겨났다.

- IMF 극복 이후 : 경영위기와 중요성이 크게 인식되는 계기가 마련되었으며, 경영마인드와 같은 경영학적 사고와 틀, 보편화 글로벌체제로 가속화하였다.

Bakery
Management

CHAPTER ❸

제과제빵
경영관리

베이커리 산업

SECTION 01

베이커리의 기원과 역사적 배경

1. 빵의 정의

빵Bread이란 밀가루와 물, 소금을 섞어 생지를 만들고 이것을 발효시킨 뒤 오븐에서 굽거나 찐 것을 말한다. 주원료는 밀가루 · 이스트 · 소금 · 물로 하고, 설탕 · 유제품 · 달걀 · 식용유지 등과 그 밖의 부재료를 배합하여 섞은 반죽을 발효시켜 구운 것이다.

2. 빵의 어원

우리나라에서 사용하는 빵이란 말은 포르투갈어인 팡pão이 일본을 거쳐 국내에 들어와 불리게 되었다. 이때 일본에 소개한 포르트갈어의 pão이 일본식 발음 パソ팡 · pao으로 불리는 것에 연유되어 빵이라고 불리어 전해지고 있다.

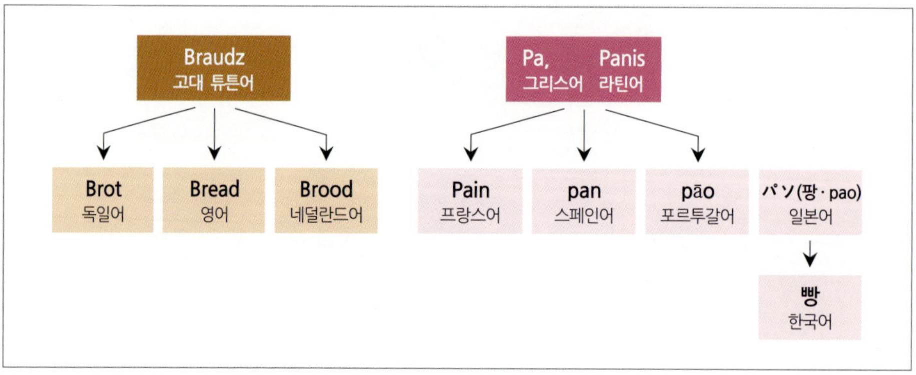

그림 3.1 빵 어원의 전파경로

빵은 독일어로 브로트Brot, 영어로 브레드Bread, 네덜란드어로는 브로드Brood인데, 이들의 어원은 고대 튜튼어인 조각Braudz에서 유래됐다. 프랑스어 빵Pain, 스페인어 팬Pan, 중국 면포(麵麭), 포르투갈어 팡pão은 그리스어인 Pa, 라틴어인 Panis에서 기원했다.

3. 빵의 역사

오랜 옛날 원시인들은 주위에 널려있는 갖가지 식물의 씨앗을 따서 식용으로 사용했다. 그 씨앗을 볶아서 이로 깨물어 씨앗 내부의 영양물질을 추출하여 섭취했던 것이다. 처음에는 마구잡이로 따먹다가 차츰 그 중에서 더 맛있고 수확률이 좋은 씨앗을 선택하게 되었다. 먹을 것을 찾아 여기저기 떠돌아야 했던 원시인들은 밀을 재배하기 시작하면서부터는 한 곳에 정착할 수가 있게 되었다. 여름 내내 재배하고 가을에 수확한 종자를 보존하여 겨울에 먹고 그 일부를 남겨놓았다가, 다음해 봄에 뿌리는 방법을 고안해냄으로써 먹을 것을 찾아 이동할 필요가 없게 되었던 것이다.

이제 원시인들은 일정한 장소에 오두막집을 짓고 땅을 일구기 시작했다. 이 때 혼자서 경작하기보다는 여러 사람이 함께 모여 힘을 합하는 것이 더 효율적이라는 사실을 깨닫고, 부락을 만들어 여기서 얻어진 수확물을 나누어 갖게 되었다. 이것이 농

경문화의 시작이다. 그리고 이 농경문화의 산물인 밀알을 동 도구로 부수어 물과 섞어 반죽한 뒤 평평하게 밀어 뜨겁게 달구어진 동 위에 얹어 구워먹었는데, 납작하고 딱딱한 이것이 빵의 원조라 할 수 있다. 처음으로 구웠던 빵은 오늘날의 빵과는 비교할 수 없을 만큼 딱딱하고 쉽게 부스러지며 맛도 없었을 것이다.

지금과 같은 희고 부드러우며 부푼 빵은 기원 전 3천년(지금으로부터 약 5천년 전)경 이집트에서 탄생하였다. 이집트인들은 부푼 빵을 만들기 위해 먼저 밀가루와 삶은 감자를 더운 물로 반죽하고 여기에 소금과 설탕을 넣어 수종을 만들었다. 이 반죽을 따뜻한 곳에 놓아둠으로써 공기 중의 효모가 자연스럽게 떨어져 반죽 속에서 번식하도록 하여 반죽이 발효되도록 하였다. 이렇게 발효된 반죽을 밀가루와 함께 다시 반죽하여 구워먹었다. 고대 이집트의 빵이 양귀비씨나 참깨 등으로 장식되어 있고 원형 · 타원형 · 삼각형 등 다양한 모양을 하고 있으며, 팽창제(효모)로 부풀려 있던 것이 기원전 2천 년대의 고분 등에서 출토된 그림이나 유물을 통해 확인할 수가 있었다.

이집트에서 무르익은 발효빵은 그리스를 거쳐 로마로 전해졌다. 고대 로마에서는 효모를 보존할 수 있는 방법이 개발되었다. 제철에 수확한 포도로 포도주를 빚어 수수와 섞어서 대량의 발효액을 만들고 건조시키는 방법을 이용하였다. 이렇게 해서 만들어진 것을 드라이이스트 상태로 보존하여 언제나 필요에 따라 사용하였다. 그리고 로마는 상업적인 제빵업이 생기게 되었고, 로마인들이 빵을 배급받게 되었으며 국영군용 제빵소와 제빵업자 동업조합도 생겨나 제과 · 제빵업이 황금시대를 누리게 되었다.

발효빵을 만드는 방법은 이집트시대 이래 빵집에서 계승되었지만, 무엇이 빵반죽을 부풀리는지는 아무도 알지 못했다. 발효빵은 효모(이스트)가 식물과 같은 생물로서 증식을 하며 탄수화물, 설탕을 먹고 그것을 알코올과 기타 유기물로 분해해서 탄산가스(이산화탄소)를 발생시킨다. 이 가스가 빵반죽을 부풀린다는 사실을 알게 된

것은 1683년에 네덜란드에서 발명된 현미경을 통해 효모의 활동을 발견하면서부터이다. 또 효모의 발효작용은 그 후 2백년 뒤에야 비로소 프랑스학자 파스퇴르에 의해 밝혀졌다. 그래서 5천 년 역사를 가지고 있는 제빵의 비밀이 과학적으로 명확히 밝혀지게 되었고, 급기야 수누수배양 이스트가 공업적으로 만들어지게 됨으로써 제빵법도 과학화되었다. 하지만 예나 지금이나 빵을 만드는 기본 배합재료는 밀가루, 물, 소금, 이스트이며 이들을 섞어 발효시켜 팽창시키는 과정은 변함이 없다.

빵은 지구상에서 가장 오래된 음식들 중 하나이며, 신석기시대로부터 만들어져 왔다. 최초의 빵은 아마도 곡식과 물로 밀가루반죽을 만들어 요리했을 것이며, 우연히 또는 고의로 요리실험을 하면서 발전되었을 것으로 추측된다. 곡식 표면에 포함된 흔한 효모포자는 밀가루반죽에 자연스럽게 반죽되었다. 이것은 초기의 빵에서 다양한 발효소스 중 하나였다. 대 플리니우스는 갈리아족과 아베리아족이 술로 얇은 밀가루 층을 만들었던 것을 '가벼운 종류의 빵'이라고 보고하였다. 이러한 빵은 재료에 따라 먹는 대상이 달랐는데, 사람은 일반적으로 밀로 만든 빵을 먹었으며, 보리로 만든 빵은 주로 군마(軍馬)가 먹었다.

빵의 역사는 6,000년 전으로 거슬러 올라간다. 『성경』에 '빵으로만 살 수 없다'고 쓰여 있는 것을 보면 빵은 성서가 쓰여지기 전부터 존재했음을 알 수가 있다. 인류의 문화가 수렵생활에서 농경, 목축생활로 옮아가면서 빵의 식문화가 일어났다고 볼 수 있으며, 초기에 인류는 곡식으로 미음을 끓여먹었다고 전해지고 있다. 이것이 죽 → 납작한 무발효빵 → 발효빵으로 발전해 온 것이다.

고대 이집트 사람들은 기원전 2,600년경에 최초로 누룩을 사용하여 밀가루반죽을 부풀려 빵을 구웠다고 한다. 따라서 처음 빵의 식문화가 일어난 곳도 이집트이며, 드디어 지금과 같은 발효빵이 만들어지기 시작하였다. 고대 이집트 빵은 기원전 800년경 그리스 · 로마로 전해졌다. 특히 로마에서는 제분 · 제빵 기술이 크게 발달했는데,

로마가 멸망하고 기독교가 전파됨에 따라 제빵기술도 함께 유럽 각지로 퍼져나가게 되었으며, 그때까지 빵은 일부 특권층만이 먹을 수 있는 음식이었다. 그러나 그 후 15세기 르네상스시대에 이르러서야 비로소 빵은 대중 속으로 파고들 수 있었다. 빵을 부풀리는 효모균을 발견하여 정식으로 발표된 때는 17세기 후반이다. 그 뒤 1857년에 프랑스의 파스퇴르L. Pasteur가 효모의 작용을 발견했던 것이다.

우리나라는 쌀을 주식으로 하는 문화권에 속해 있어서 빵과 인연을 맺게 된지는 그리 길지 않지만, 지금은 예전에 비해 식생활 패턴이 서구화되고 있고 점차 빵이 주식의 하나로 자리매김을 하고 있다.

오늘날 우리가 만들어먹는 과자와 빵은 언제, 어디서 생겨난 것일까? 이는 인류역사의 생존과 더불어 시작되었다고 할 수 있다. 바빌론시대의 곡식이나 빵은 이미 예배의 의미를 담고 있었다.

빵의 역사는 기원전 6000~4000년경이며 발생지는 이집트로 추정된다. 동양에서는 양자강(楊子江) 연안에서 기원전 5000년경에 만들어졌다는 설이 있다. 이처럼 빵의 발생은 이집트와 중국에서 시작되었다.

인류의 문화가 수렵생활에서 농경 · 목축생활로 옮겨가면서 빵의 식문화가 일어났고, 초기에 인류는 곡식으로 미음을 끓여 먹었으며 이것이 죽에서 납작한 무발효빵과 발효빵으로 발전해 온 것이다.

빵과 과자를 만드는 주재료인 밀가루 · 소금 · 효모 · 달걀 · 설탕 · 버터 · 우유는 인류의 역사 속에서 각기 다른 때, 다른 곳에서 발견되고 만들어졌다. 이 가운데 인류가 가장 먼저 사용한 것은 밀가루다. 고대 오리엔트 사람들이 처음으로 야생밀을 채취하여 재배했는데, 이것이 바로 빵 · 과자 역사의 시작인 것이다. 밀의 원산지는 트랜스코카서스, 터키를 비롯한 인근국가였다. 여기서 밀은 서남아시아 고원(高原)을 거쳐 메소포타미아, 이집트로 전파되었으며, 이집트에서 발효과정을 거친 후 지금의 모습에 가까운 빵이 되었다.

기원전 800년경 로마로 전파되었고, 로마인 사이에서 제빵기술은 큰 인기를 얻었다. 이후 로마가 멸망하고 기독교가 유럽 전역으로 퍼져나가며 제빵기술도 함께 전해지게 되었다. 17세기 후반 빵을 부풀리는 효모균이 발견되었고, 19세기에는 효모를 쉽게 배양할 수 있는 이스트가 개발되면서 대중들도 쉽게 만들고 먹을 수 있는 빵으로 발전되었다.

밀의 재배는 이란지방과 카스피해 연안에서 시작되어 티그리스강, 유프라테스강을 거쳐 점차 이집트로 옮겨졌다. 이집트시대가 되면서 야생밀의 재배와 제분, 가공기술의 발달로 빵 · 과자의 종류가 다양해지고 모양도 새롭게 개발되었다. 이 때 둥글고, 세모나고, 긴 모양, 동물 모양, 악기 모양 등 여러 모양의 빵과 과자가 나왔으며, 이러한 빵 · 과자는 직업적인 제빵기술자가 마을 · 궁전 안에서 만든 것이다. 이집트뿐만 아니라 시리아, 바빌로니아에서도 제법 세련된 기술이 확립되었다.

고대 이집트시대만 하더라도 빵 · 과자의 경계는 분명하지가 않았다. 과자다운 과자가 나타나기 시작한 때는 그리스시대부터이며 그리스인에 의해 현대 페스추리Pastry와 향료를 가미한 빵 · 과자가 만들어지게 되었다. 그리스에서 로마시대로 넘어가면서 비로소 빵 · 과자업자들의 길드Guild가 조직되었으며, 차츰 새로운 재료를 배합하는 조리법이 나오고, 밀가루 · 꿀 · 치즈 · 달걀을 이용한 과자가 등장하였다. 결이 고운 스펀지케이크에서부터 치즈케이크, 타르트, 파이까지 만들어져 이때를 과자의 황금시대라 할 수 있다

고대 로마시대의 빵과 과자의 역사는 종교의 역사라 할 수 있다. 그리스에서 크게 발전한 과자와 빵이 로마에 전해지기까지는 상당한 시간이 걸렸지만, 로마제국에 전파된 후 과자는 경제력과 종교의식을 바탕으로 눈부시게 발전 · 보급되었다.

4세기 말 로마제국의 분열로 게르만민족이 이동하고 기독교군이 유럽으로 북상하며 십자군이 동방원정에 나서는 등 유럽역사에 대혼란을 가져왔고, 여기에 발맞추어 과자 역시 여러 곳으로 흩어지며 새로운 환경에서 탄생한 과자와 인연을 맺으며 변형되어갔다.

유럽에서 빵이 전파된 길은 로마로부터 크게 두 갈래로 나누어진다. 북으로는 오스트리아를 거쳐 독일로 들어가 북방게르만 민족에게 전해지는 경로와, 다른 한쪽은 서쪽으로 나가서 프랑스에 유입된 경로이다.

중세에 이르러 유럽의 문예부흥과 더불어 과자가 대중화되면서 주식인 빵과 구분되어 기호품이 되었다. 과자를 파는 전문점과 전문직업인이 늘어나기 시작하면서 빵 · 과자류가 16~17세기에 정착되기 시작하였다. 이 유럽의 과자는 1500년대 신대륙 발견 이후 커피, 코코아, 설탕 등이 도입되면서 그 품종과 기법이 크게 발달하였다. 그 중에서도 특히 이탈리아는 과자선진국이라 할 정도로 제품이 다양했는데, 16세기에 카트린 드메디시스Catherine de Medicis가 프랑스의 앙리2세와 결혼하면서 이탈리아의 식문화가 프랑스로 옮겨져 왔다. 또한 중세 유럽에서는 오스트리아 빈의 제과기술이 최고였는데, 오늘날 고급과자의 명칭에 '빈'이라는 문자가 쓰이는 것은 이러한 이유 때문이다.

빈의 제과기술은 루이16세와 합스부르크家와의 결혼에 의해 파리에 전해졌으며, 18세기 프랑스의 천재적 요리사인 앙토엥 카헤므Antoin Careme가 새로운 형태의 과자를 만들어냈다. 이후 쥘꾸페Gules Couffee, 피에르 라 캄Piere la Cam에 의해 미식의 혁명처럼 경쟁적으로 개발되며 새로운 제과의 전성기가 열리게 되었다. 한편, 스위스에서는 몇 세기 동안 제빵사가 여러 나라를 돌아다니며 익힌 기술로 오늘날의 스위스과자를 만들었고, 덴마크는 독자적인 제품을 만들어 중세부터 그 이름이 알려졌다.

이렇듯 과자의 역사는 유구하고 사람이 사는 곳이면 어디서나 만들어졌다. 우리가 흔히 말하는 양과자는 주로 프랑스, 이탈리아, 독일, 스위스, 오스트리아, 영국을 중심으로 만들어졌다. 그리고 일본에 서양과자가 전해진 것은 17세기 초 '남만과자'라 하여 카스텔라가 일본의 나가사키를 통해 전해진 것으로 보인다.

시대 구분에 따른 빵의 역사를 종합해보면, 석기시대라 할 수 있는 B.C. 7000년경에는 무발효빵이 제조되었고, 메소포타미아시대라 할 수 있는 B.C. 4000년경에는 인류 최초의 소맥재배가 시작되었으며, 고대 이집트시대라 할 수 있는 B.C. 1500년경에는 야생 효모균에 의해 발효빵이 제조되어 빵을 굽는 오븐이 발달하였다. 그리스시대인 B.C. 1000년경에는 제빵법이 유럽에 전파되었으며 과실류 · 우유 · 치즈를 이용한 제과기술이 발전하였다.

로마시대인 B.C. 200년경에는 제빵업이 상업화되기 시작하면서 양산업체가 생기기 시작했고, 중세기 1500년경에는 지역적인 빵이 탄생되었다. 근대 1800년 이후에는 전기, 가스오븐이 사용됨으로써 대량생산 및 빵의 맛과 색의 발달에 있어서 획기적인 계기가 마련되었다.

4. 시대에 따른 빵의 변천과정

시대 구분	내 용
석기시대	• 무발효빵 제조(스위스 호숫가 주민들에 의한 무발효빵 제조) • 돌 위에 태양열로 구워서 먹음
메소포타미아시대	• 거친 가루를 이용하여 납작한 무발효빵 제조 • 빵 제법 및 곡물재배가 동방으로 전파
고대 이집트시대	• 야생 효모균에 의해 발효된 빵 제조 • 빵을 굽는 오븐의 발달, 오븐 안쪽에 반쪽을 붙여 직접 굽기 • 간접열을 이용하여 굽기
그리스시대	• 빵의 제법이 유럽으로 전파 • 베이커리 기술의 현저한 발달 • 과자와 빵 종류의 다양화(질적으로 향상)
로마시대	• 제빵업의 상업화 : 제빵업 크게 번성 • 경제력 발전 : 빵의 수요 한층 증가 • 제빵 동업자의 자치단체(길드) 형성 • 점포와 직업 훈련원 운영을 통한 품질관리체계 • 대량으로 생산할 수 있는 양산체제 확립 : 국영 운영되는 대형 오븐을 이용하여 굽기 • 새로운 제분법과 반죽법의 개발 : 기계식 반죽법 시도
중세시대	• 과자류와 빵류의 정착(기호식품으로 과자와 주식을 빵이 구분) • 전문직업인 및 판매점의 증가 • 제빵기술의 답보상태(혼란기) • 제빵 상업성의 퇴보 : 가정에서 빵을 구워먹게 됨 • 지역적인 특성을 가진 빵의 출연(French Bread, Italian Bread 등)

시대 구분	내 용
근 대	• 기계식 반죽기 발명(1800년경 프랑스) • 간접가열식 오븐 개발 • 속도조절이 가능한 반죽기 개발 • 석유나 가스를 연료로 이용한 간접가열식 오븐 제작 • 1890년경 구한말 때 외국선교사들에 의해 과자와 빵이 전래됨(정동구락부에서 면포라고 하는 빵과, 설고라고 하는 카스텔라를 판매) • 소규모 제과점이 생기기 시작 • 1963년에 대규모 양산업체 탄생 • 일본인들의 제과점이 다수 생김(일제강점기) • 일본인에 의해 한국인이 기술을 전수받음
현 대	• 제품의 다양화 및 국제화 • 자가 제조판매 형태의 제과점으로 발전 • 대한 빵 · 과자협회 창립(1963년 1월) • 과자 화보 창간(1968년) • 대한민국 최초의 한국제과고등기술학교 설립(1973년) • 베이커리 기술의 향상과 인재 양성 • 식생활개선으로 인한 분식장려책으로 빵류의 소비가 급속하게 증가 • 소자본으로 개업이 가능하여 제과점이 급격히 증가 • 베이커리 업계가 성숙단계에 접어듦(1980년대 중반) • 고려당, 뉴욕제과, 신라명과 등 제과점이 프랜차이즈사업을 본격적으로 시작 • 1980년대 후반 수입자유화(유럽의 유명제품이 국내에 보급) • 1990년대 해외여행 자유화(오래된 유럽 빵을 맛보게 되는 계기) • 2000년대 이후 파리바게트, 뚜레쥬르의 프랜차이즈 급성장(동네빵집, 양산업체가 시장에서 밀리게 됨)

5. 한국 베이커리 산업의 발달사

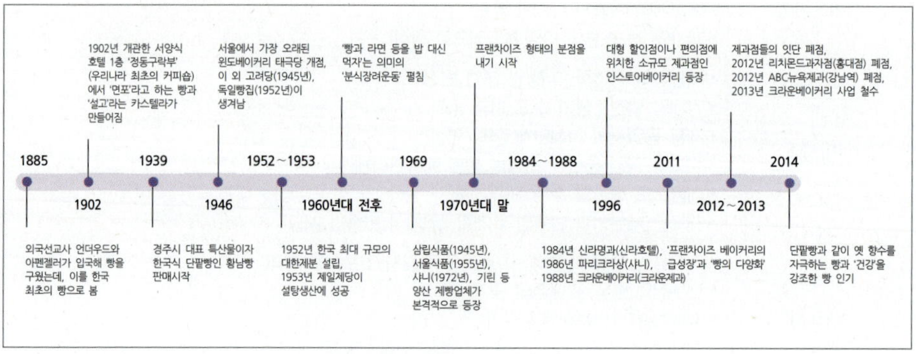

자료 : (사)대한제과협회의 '한국 빵 · 과자 문화사'

1) 도입기(1800~1910)

조선인이 처음 접한 서양 떡인 오늘날의 빵은 일본에서 전해진 것이다. 18세기 일본인들은 포르투갈어 '팡데로Pão-de-ló'를 '팡'이라 불렀고, 이것이 식민지 시기 이후 한국에서 빵이 되었다. 19세기에 선교를 위해 한반도를 찾았던 유럽 출신 가톨릭 신부의 가방에도 빵이 들어 있었다고 한다.

구한말에 비밀리에 입국한 선교사들에 의해 빵 · 과자가 전래되었고, 중국 · 미국 · 러시아 · 일본 등 세계 각국이 통상조약을 맺고 조선에 드나들었다. 특히 기독교가 용인되자, 1885년 4월에는 언더우드와 아펜젤러가 입국하였고, 그들이 와서 빵을 구웠는데 이것이 한국 최초의 빵 · 과자의 공인된 기원이라 하겠다.

당시에는 선교사들이 숯불을 피운 후에 떡시루를 엎어놓고 그 위에 빵 반죽을 올려놓은 다음 오이자배기(둥글넓적한 질그릇)로 덮어 화로를 만들어 빵을 구웠는데, 그 빵의 모양이 마치 우랑과 같다고 하여 '우랑떡'이라고 불렀다. 이것이 최초로 소개된 국내의 빵 · 과자로 알려져 있다. 1884년 한 · 소 통상조약이 체결됨으로써 1890년에 러시아공관이 세워졌고, 웨베르 러시아공관의 처제인 앙투아네아트 손탁A. Sontag 부인이 공관 앞에 정동구락부를 개설하여 차류와 양식을 판매하였다. 당시 선보인 빵을 '면포(麵包)'라 하였고, 카스텔라는 눈처럼 희다고 하여 '설고(雪糕)'라 불렀다고 한다. 그녀는 처음에는 양과자를 만들어 민비에게 선사하여 환심을 산 뒤, 민비에게 서양요리 강습도 해주고 손수 요리도 만들어 바쳤다.

고종은 양식을 매우 즐긴 것으로 유명한데, 한일합방 전에 이미 양식파티를 열었다는 기록이 있다. 당시 32살의 올드미스였던 손탁은 고종의 양식 시중으로 선망을 얻어 마침내는 정동의 왕실 부속건물을 기증받아 손탁호텔을 세워 운영했고, 황실의 양물 일체를 취급하는 어용계(御用係)를 맡아보게 되었다.

1899년 9월 18일 경인철도 개통을 시초로 경부선, 경의선이 개통됨에 따라 한반도와 만주를 잇는 철도가 완성되면서, 많은 외국인들이 한국을 경유하여 만주로 이동함에 따라 철도역 주변의 숙박시설이 필요하게 되었고, 이에 부산역사를 2층으로 건립하여 1층은 대합실로, 2층은 호텔객실로 꾸며 개관하였는데, 이 호텔이 우리나라 철도호텔의 효시이다.

이어 1914년 조선호텔에 이르기까지 많은 호텔이 개관하였다. 호텔에서는 빵과 아이스크림 · 푸딩 · 쿠키 등이 만들어져 식탁에 올랐으며, 일반제과점은 1925년에 들어서기 시작했는데, 이때부터 우리나라의 기술자와 자영업자가 나타났다.

2) 발아기(1910~1945)

제과업의 싹을 틔우게 되는 유년기는 한일합방(1910년) 이후 일본을 통해 그들의 화과자와 양과자가 유입되기 시작한 시기였다. 이때는 일본인들이 제과업계를 독점하다시피 했는데, 1925년 무렵만 하더라도 일본인이 운영하는 제과점수가 서울에만 무려 58개소에 이를 정도였다고 한다. 일본인들은 알사탕과 막과자를 진고개(충무로의 옛 지명)에서 팔았다고 하며, 찹쌀모찌는 이미 인천 등지에서 판매되고 있었다고 한다.

이렇게 과자업자들은 차츰 남대문시장에 모여 도매상을 열게 되었고, 소매상들은 주로 종로에 운집해 있었다. 당시 대표적인 과자로는 개당 1전 하는 접과자 · 생과자(비스킷 종류) · 알사탕 등이 있었으며, 도매상들이 이를 만들어 소규모 상점이나 지방업자들에게 공급하였는데, 이것이 바로 우리나라 제과업의 초기형태라 할 수 있다. 1925년부터 1936년까지의 기간에 해당되는 성숙기는 도입기 때와는 달리 우리나라 기술자와 자영업자가 다소 생겨나기 시작한 때이다. 그들은 집에서 알사탕, 센베 등을 손으로 만들어 구워냈는데, 당시 밤거리의 명물로 알려진 것이 삼덕당의 현미빵이었다. 1925년 봉래동에 개업한 '삼덕당'은 우리나라 사람에 의해 직접 운영된 최초의 제과점으로 알려져 있다.

당시 과자업의 판매 형태를 살펴보면, 오늘날과 같은 좌석판매보다는 주로 근량 판매와 방문판매가 이뤄진 것으로 보인다. 또한 일본업자들의 경우에는 각종 생과자와 카스텔라 등 고급 빵류를 유리진열장에 차례대로 정리해 놓고 낱개로 판매했는가 하면, 고급스런 횡병과 정병 등의 과자류를 색색이 갖춰놓고 판매했던 것으로 알려져 있다.

1920년대 이후 한반도에도 빵의 시대가 열렸다. 캐나다산 밀인 강력분을 만들 수 있었기 때문에, 빵의 재료로 가장 적당하여 많이 사용했다. 1920년 중반에 군산의 이성당, 운진의 상미당 등이 해방 이후 일본의 빵기술로 생겨났다.

우리나라 제과업계는 한일병합(1910년) 이후 1930년대 중반을 전후하여 제과점수와 종사자수가 대폭 증가하게 되었고, 이로 인해 1925년 삼덕당을 필두로 30여 개에 달하던 한국인 제과점이 1936년에 이르러서는 무려 3배가 훨씬 넘는 1백여 개 업소로 늘어났다. 대개의 제과점은 도 · 소매업이 분류된 형태로 운영되었는데, 1945년 8월 15일 해방을 계기로 일본인의 제과점들은 우리나라 사람들이 모두 인수하여 경영하게 되었다.

3) 정착기(1945~1959)

이 시기는 빵 · 과자업이 발전할 수 있는 사회 내 · 외부적인 환경이 조성되었던 때이다. 사실 해방 직후부터 1950년대까지는 사회적으로 매우 혼란스러웠던 시기였고, 더욱이 3년에 걸친 전쟁까지 겪어야 했던 때였다. 하지만 이 같은 혼란 속에서도 전국 제과점수는 해방 직후 5백여 개를 헤아릴 만큼 크게 증가했는데, 이는 해방 이후 미군정이 실시되면서 미국으로부터 다량의 원조물자가 국내에 흘러들어온 데서 그 원인을 찾아볼 수 있다.

8·15 광복 전의 판매형태는 단일점포가 있기도 했으나, 대체로 도 · 소매가 확실히 구분되어 도매업자가 생산시설을 갖추고 소매점에 제품을 제공하는 것이 일반적이었다. 이후 광복과 더불어 자가제조 · 자가판매의 형태로 판매구조가 변화하였다. 광복 전에는 대부분의 제품들이 일본인들의 양산공장에서 생산되었는데, 광복 후에는 일본인들의 업소가 폐쇄되었다.

1945년 10월 말 그동안 소규모 제분업을 통해 미군에서 들어오는 설탕, 버터, 캔디 등을 이용하여 빵과 과자를 만드는 상미당(賞美堂)이란 상호의 제과점이 옹진에 오픈되었다. 해방을 맞아 미국으로부터 다량의 원조물자가 유입되어, 밀가루와 설탕도 쉽게 구입할 수 있게 되었다.

광복 이후에는 일본인 제과점을 한국인들이 모두 인수하여 경영을 시작했는데, 이성당(전북 군산), 상미당(SPC그룹 전신, 황해도 옹진), 성심당(대전) 등이 개점되었다. 1946년 서울 태극당(장충동)이 개점되었고, 1947년 영일당제과가 개점되었다. 그리고 제2차 세계대전 중 감미식품에 굶주렸던 대중의 소비성이 급증되면서 빵 · 양과자가 생산원가에 비해 부가가치가 대단히 높았다.

1950년대로 들어서면서부터 원 · 부재료 관련업체를 비롯, 제과점을 상대로 각종 원료를 판매하는 재료상들이 속속 등장하기 시작했는데, 관련업체로는 1952년 창립한 대한제분을 비롯하여 1953년 대한버터에 돈지로 만든 국산 쇼트닝과 마가린을 처음 제조한데 이어 1961년에는 서울식품과 롯데삼강이 마가린을 제조하였다. 이밖에 1957년 국산 드라이이스트를, 그리고 1960년 생이스트를 제일 유니버셜에서 생산하였다. 이와 더불어 베이커리용 원 · 부재료를 취급하는 전문재료상이 등장하기 시작하여 방산시장 내의 협신상회와 대광상회를 비롯, 일부 원재료를 취급하는 업소가 남대문시장과 청량리시장 내에도 생겨나게 되었다.

1950년대에 제분 · 제당업계가 그 기반을 다지는 가운데 빵은 제2차 가공식품으로 점점 주목을 끌기 시작했고, 이에 따라 영세제빵업자들도 하나둘씩 생겨났다. 1950년대까지가 제과업의 발전 토대를 마련한 시기였다면, 1960년부터 1970년대까지는 한마디로 국내 제과산업의 정착기라고 할 수 있다.

1950년대 초 · 중반 이후 대전 성심당, 독일빵집, 뉴욕빵집, 뉴시카고 같은 서양식 이름의 빵집들도 생겨났다. 1956년에 영일당제과는 산도의 포장지에 그려놓은 크라운 마크를 응용해 회사이름을 크라운제과로 바꾸었다(2005년 해태제과를 인수하면서 빵은 물론이고 과자류에서도 국내 굴지의 대기업 중 하나가 되었다).

1960년을 전후하여 중요한 원재료가 국산화되고, 또 비교적 양질의 재료를 사용하게 됨에 따라 빵 · 과자업계는 비약적인 성장을 거듭하게 되었다. 게다가 외국산 제빵시설의 도입과 함께 기존의 단일점포 체제 형태를 벗어나 대량생산 체제를 갖춘 양산업체가 등장하게 됨에 따라 제빵공업에도 산업화 바람이 불기 시작했다. 특히, 이때는 식량 자급률이 떨어진 상태여서 국제가격이 저렴한 소맥을 수입하여 분식장려운동을 정책적으로 펼침에 따라 면류를 비롯한 빵류의 소비가 급속히 증가하게 되었다. 이에 따라 자연히 빵 · 과자산업이 발전할 수 있는 사회적 여건이 형성되었다.

4) 발전기(1960~1969)

해방이 되면서 '자가제조, 자가판매'로의 구조변화가 급속히 진전되어 전국의 제과점수는 500여 개소에 달했고, 1960년대에 들어 양산체제의 제과점이 등장했다. 일본에서 빵이 확산된 배경에 전투식량이었던 효모빵이 있었듯이, 한국의 빵 양산업체도 군대납품을 통해 사업을 확장할 수 있었다. 당시 국가에서는 식생활개선의 일환으로 분식을 장려했는데, 1953년 미국의 원조식량에 의지하여 실시된 초등학교 급식빵제도가 양산업체가 성장하는데 큰 힘을 보탰다.

여기에 박정희 정권의 혼분식 장려정책은 양산업체를 본격적으로 키우는 토양이 되었다. 이로 인해 제과점이 국가정책에 순응하는 성격이 되어 양산업체 태동의 사회적 여건이 성숙되었다. 원 · 부재료 면을 살펴보면, 6·25전쟁 후 원 · 부재료 모두 외국제품에만 의존했던 것과는 달리, 1950년대 말로 접어들면서 점차 국산품을 사용하여 빵 · 과자를 만들게 되었다.

1960년대에 접어들면서 제과점 상호 또한 정착단계에 들어서게 되었으며, 거의 모든 형태의 제과점 상호의 주류를 차지하던 '당' 외에 '○○제과', '○○빵집'을 비롯하여 외래어 상호도 상당수에 이르게 되었다. 1960~70년대에 뉴욕제과, 고려당, 태극당, 신라명과 등이 유명했고, 양산업체들이 생겨나기 시작했다. 대표적으로 1959년 삼립산업제과주식회사가 용산에 문을 열었는데, 그 모테는 상미당이었다. 이후 삼립과 샤니로 분리된 후 샤니가 파리바게트, 파리크라상 등의 프랜차이즈 빵집을 열면서 성공하여 현재에 이르고 있다. 이밖에도 매일식품, 아리랑관, 신흥다과점 등과 같이 독특한 상호가 1960년대에 등장하였다.

1966년 뉴욕제과가 명동에 오픈(1974년 강남역으로 이전)하였다. 서울 명동점이 번창하자, 1974년에 강남 뉴욕제과를 오픈하였다. 당시만 해도 반포천이 흐르고 콩밭이 펼쳐진 황량한 곳이었으며, 이후 이 빵집은 38년간 자리를 지키며 지하철역사가 세워지고 빌딩이 들어서는 '강남성장사'를 지켜봤고 1990년대 초반까지 승승장구했다. 1970년대에는 "박정희 대통령이 뉴욕제과 빵만 먹는다."는 소문이 돌았고, 1990년대 서울시장 후보들은 '강남역 뉴욕제과 앞'에서 유세를 했다. 하지만 뉴욕제과는 지점을 160개까지 내며 확장하다가 1998년 외환위기에 흔들렸다. 강남점과 뉴욕빌딩이 그 해 ABC상사에 매각되어 'ABC뉴욕제과'가 되었다. 그리고 2000년에는 뉴욕제과 본사가 부도를 냈다.

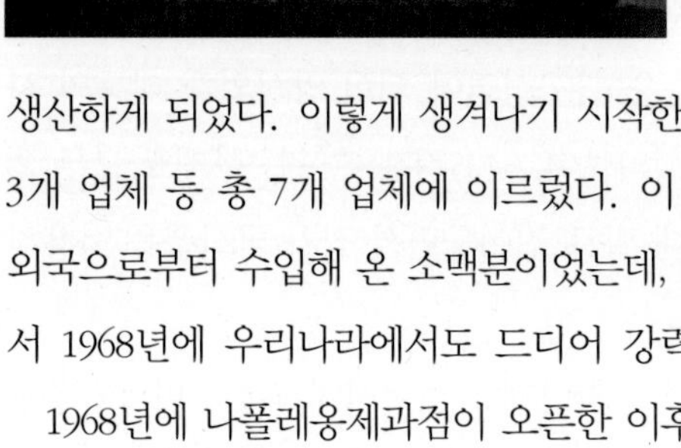

1966년에 양산업체의 선두주자인 삼립빵이 대량생산체제를 갖춘 이래, 1969년에는 유지업체로 출발한 서울식품이 빵 생산을 시작했다. 또한 1970년에는 한국 콘티넨탈식품이, 그리고 1972년에는 한국인터내셔널식품공업이 각각 콘티빵과 샤니빵을 생산하게 되었다. 이렇게 생겨나기 시작한 양산업체가 당시 서울에 4개 업체, 부산에 3개 업체 등 총 7개 업체에 이르렀다. 이 당시 빵제조에 주로 사용되었던 밀가루는 외국으로부터 수입해 온 소맥분이었는데, 제빵공업의 산업화가 본격적으로 시작되면서 1968년에 우리나라에서도 드디어 강력분을 생산하게 되었다.

1968년에 나폴레옹제과점이 오픈한 이후 고려당, 태극당, 풍년제과점, 뉴욕제과 등이 서울 5대 빵집으로 전성기를 누리게 되었다.

5) 번영기(1971～1979)

제3차 5개년 계획이 시작되었던 1970년대는 빵 · 과자업계의 성년기라 볼 수 있다. 미국의 원조물자는 1970년대 초를 정점으로 해마다 감소했고, 정부에서는 백미 소비 억제책의 일환으로 국제시장 가격이 저렴한 소맥을 수입, 적극적으로 분식을 장려하였다.

1970년대에는 일시적인 불황도 있었으나, 전체적으로 수요가 증가하고 비교적 호경기가 지속되어 제과점수가 급격히 증가하게 되었고, 이로 인해 서울에만도 제과점 수가 3백여 개에 이르게 되었다. 이에 따라 제빵회사들은 생산설비의 교체와 함께 확장을 추진했는데, 특히 주목할 만한 것은 명소로 알려졌던 뉴욕제과, 고려당, 태극당 등이 경영의 현대화를 꾀하기 시작했다는 점이다. 따라서 급속한 빵류의 소비증가는 빵 · 과자업계 발전의 기폭제가 되었다. 종전에 빵 · 과자점에서만 팔던 빵이 식생활개선이란 바람을 타고 소비가 급증했으며, 1968년에는 삼립식품공업주식회사를 시작으로 부산, 대구 등 지방에서도 양산공장이 속출하였다.

1972년에는 한국 최초의 제과학교인 한국제과학교가 개교하였고, 1973년 고려당이 종로건물을 8층으로 신축하는 한편, 같은 해 태극당은 장충동에 새롭게 점포를 마련하고 시내 몇 곳에 분점을 개설하였다. 또한 뉴욕제과는 1968년 신세계백화점 본점에 프랜차이즈 1호점을 개설한 것을 계기로, 1974년 강남에 5층 건물을 신축하면서 본격적으로 분점 개설경쟁에 불을 당겼다. 또한 1979년부터 호텔이 과자류 제조업 허가를 취득해냄에 따라 신라, 롯데, 프라자, 워커힐, 하얏트, 조선호텔 등이 1년 동안 20여 개의 업소를 오픈했고, 이 중 일부 호텔은 이후 별도법인으로 독립하여 신라명과나 프라자제과의 전신이 되기도 했다. 1979년 리치몬드과자점(당시 나폴레옹과자점 상호를 사용하다가 1985년 리치몬드로 변경)이 오픈되었다.

한편, 제과점수의 증가와 함께 원 · 부재료 취급재료상들도 하나둘씩 늘어나기 시작했는데, 방산시장의 경우 한성상회, 청운상회, 금오상회, 서울상회, 구영상회, 의신상회가 이때 새롭게 선을 보였다. 당시 이들 재료상에서 취급했던 원 · 부재료들은 마가린, 슈거파우더, 이스트, 초콜릿, 땅콩 등 1백여 가지에 달했다.

이처럼 제과점과 원 · 부재료의 품목수가 증가하게 되면서 일부 제과업자의 경우 일정품목을 재료상에게 주문했으며, 주문된 원료들은 직접 배달되었다.

6) 성숙기(1980~1989)

1980년대 이후의 큰 변화는 소규모의 지역빵집 가운데 몇몇 빵집이 기업형 대형화의 길을 걸었다는 점이다. 그 중 고려당, 뉴욕제과, 신라명과 등의 제과점이 빵을 공장에서 생산하는 프랜차이즈사업에 본격적으로 뛰어들면서 빵 양산업체의 판도가 달라지기 시작했다.

1970년대 후반에 들어서면서 소득수준 향상에 따른 식생활 고급화 추세에 부응하여 고려당, 뉴욕제과, 신라명과 등 준양산업체를 위시한 베이커리 업계가 차츰 부상하기 시작하더니, 더욱이 이들이 고급화된 상품을 내세워 적극적인 판촉활동을 펼쳐감에 따라 양산제빵 업계는 1985년을 기점으로 베이커리 업계에 주도권을 넘겨주게 되었다.

이 같은 양상은 매출실적 면에서도 확연히 나타나고 있는데, 즉 1970년대까지만 해도 전체 1천5백억 규모의 제빵시장 중 양산 5개사가 85%를 점유할 정도로 시장 우위를 차지하고 있었다. 그러나 1980년대 들어 차츰 베이커리 업계에 시장을 잠식당하기 시작하여 1984년에는 총 3천2백50억 원의 매출액 중 양산업계와 베이커리 업계가 각각 1천6백40억 대 1천6백10억으로 서로 엇비슷한 수준을 보이게 되었다. 점차 베이커리 업계의 시장점유율이 높아지기 시작하면서 결국 이듬해인 1985년에는 1천7백20억 대 1천7백30억으로 양산제빵 업계는 베이커리 업계에 시장우위를 뺏기게 되었고, 1989년 말에 이르러서는 마침내 45 : 55 정도로 판도가 역전되기에 이르렀다. 1983년 제1회 전국 빵 · 양과자품평회(현, 국제빵 · 과자경진대회)가 개최되었으며 리치몬드 홍대점이 오픈되었다.

1980년대 소비자의 구매형태 및 업계의 변화와 제품의 소비형태를 살펴보면, 1980년대 초반까지만 하더라도 식빵과 단과자류가 주종을 이루었으며, 케이크의 경우도

버터크림 케이크의 선호도가 높았다. 그러던 것이 1980년대 중반부터는 보리빵 · 옥수수빵 · 건강빵 등과, 케이크에 있어서도 당도가 낮고 크림의 양이 적은 제품을 찾게 되었다.

1980년대 후반기에는 수입자유화로 유럽의 유명제품이 국내에 보급되면서 빵 · 과자의 질이 한층 고급화되었다. 특히 다이어트식의 확대로 건강빵류를 비롯한 바게트 등의 프랑스빵과 페스추리제품의 신장세가 두드러졌다.

1983년 신라호텔 제과부에서 독립하여 본격적인 베이커리 영업을 시작한 신라명과, 1986년 크라운제과에서 베이커리사업본부로 독립한 크라운베이커리, 그리고 1988년 유럽식 고급매장을 선보인다는 취지 아래 (주)샤니에서 단독법인으로 출범한 파리크라상 등이 차례대로 가세하면서 프랜차이즈업계는 현재의 프랜차이즈 5사 체제를 구축하게 되었다.

1988년에 크라운베이커리가 한국 최초의 프랜차이즈 빵집을 시작하였다. 1988년 베이커리 프랜차이즈사업을 시작한 크라운베이커리는 1990년대 베이커리 시장을 주도하며 승승장구했으나, 1990년대 후반부터 파리바게트와 뚜레쥬르가 급성장하면서 선두자리를 내주고 내리막길을 걷기 시작했다. 25년 역사의 베이커리전문점 크라운베이커리가 변화의 파고를 넘지 못하고 결국 2013년 역사의 뒤안길로 쓸쓸히 퇴장한 것이다. 크라운베이커리의 가장 큰 실패요인은 시장변화에 능동적으로 대처하지 못했기 때문이라는 것이 업계의 분석이다. 경쟁브랜드인 파리바게트와 뚜레쥬르가 매장 확장과 함께 브랜드 리뉴얼, 신메뉴 출시로 업계 트렌드를 주도해 온 반면, 크라운베이커리는 과거모습 그대로 유지하면서 시장흐름에서 뒤쳐졌다는 평가이다. 또한 2000년대 이후에도 파리바게트와 뚜레쥬르라는 프랜차이즈 업체의 급성장으로 양산업체는 물론이고 동네빵집까지 시장에서 내몰리고 있는 현 실정이다.

7) 도약기(1990~2000년)

자유경쟁시기 후 1990년대에 들어와서는 제과업계가 기업화되기 시작하면서 각 프랜차이즈업체들이 지방으로 진출함에 따라 지방에 공장이 들어섰다. 그리고 대기업이 베이커리 업계 진출에 적극적으로 나서게 되었고, 대기업 베이커리업체의 제과산업 진출은 냉동 빵류가 대중화되는 계기가 되어 조리빵의 수요도 급신장하는 결과를 가져왔다.

고려당은 1989년 프랑스와 기술합작으로 1공장 1점포의 고급베이커리를 지향하는 '브랑제리 드 뻬에르'라는 브랜드를 도입한데 이어, 1993년에는 일본 사누끼와 기술제휴로 우동전문점인 '미미'를 오픈하기도 했다. 또한 1995년과 1996년에는 합 · 중합작법인인 '북경 고려당 식품유한공사'와 '청도 고려당 식품유한공사'를 각각 설립한 것을 비롯하여 프랑스와 '라미듀빵 코리아'라는 합작법인을 1996년에 설립하였다.

고려당의 뒤를 이어 뉴욕제과가 1988년 프랑스 빼띠에사와 기술제휴 협정을 체결하고, 1991년 4월 서울 청담동에 1호점을 오픈하기 시작하면서 프랜차이즈업체들은 하나둘씩 외국 유명브랜드와 기술제휴를 시작했다.

신라명과가 1992년과 1997년에 각각 프랑스 에디아르사, 일본 브씨엘 제과점과 합작계약을 맺은 것을 비롯해, 1994년에는 파리크라상이 프랑스 르노뜨르사와 기술제휴 계약을 체결하는 등 크라운베이커리를 제외한 상위 4개사가 모두 외국 유명브랜드와 계약을 체결하고 점포차별화를 꾀하기 시작했다. 이와 더불어 프랜차이즈업체들은 차별화된 자체 신규브랜드를 도입하여 사업다각화를 추진했다. 즉 다양한 상권에 대한 적응력을 키워나가기 위해 지역적인 특성에 따라 브랜드별로 제품의 종류나 가격대 등을 차별화하여 적용하기 시작했다.

이렇듯 승승장구하던 프랜차이즈업계도 1990년대 중반으로 접어들면서 위기상황에 직면하게 되었다. 공격적인 마케팅과 그로 인한 매출상승에도 불구하고 실질적인 이익률은 감소하거나 제자리걸음을 하는 등 저조한 양상을 보이기 시작했던 것이다. 이러한 현상은 프랜차이즈업체들이 매장확대에 따른 제품공급량을 확보하기 위해 공장을 증축하거나 설비를 새롭게 보강하는데 만만찮은 비용을 투자한데다, 임대료와 원 · 부재료, 인건비 등 제조원가의 상승이 어려움을 가중시켰기 때문이다.

게다가 IMF 한파는 그간 외형매출 위주의 사업전개로 몸집 키우기에 여념이 없던 프랜차이즈업체에 더욱 심각한 상황을 유발시켰다. 1996년 하반기부터 계속돼 온 경기침체와 함께 노동법파동, 한보와 기아의 부도 등은 곧 소비둔화로 이어져 매출감소

결과를 초래하게 되었고, 급기야 금융대란의 여파로 크라운베이커리가 화의신청을 한데 이어 1998년에는 고려당이 부도를 맞는 등 그야말로 위기일발의 상황에 처하게 되었다. 이에 따라 프랜차이즈업계는 IMF를 계기로 곧 조직정비에 들어갔다. 즉 그간 외형 성장위주의 경영에서 내실위주의 경영으로 전략을 수정하고, 문어발식이던 계열사를 대폭 정리하는가 하면 효율적인 운영을 위해 조직개편을 과감히 단행하는 등 이익중심의 경영전략을 시작했던 것이다.

1990년대 해외여행 자유화가 이루어지면서 일본식과 미국식 빵맛에 길들여져 있던 많은 한국인이 유럽의 오래된 빵을 맛볼 수 있는 계기가 되었으며, 1990년대 제과업계의 가장 큰 변화로는 수도권에서 포화상태에 이른 각 프랜차이즈업체들의 지방 중소도시로의 진출과 그에 따른 각사마다 지방공장의 준공을 서두르게 되었다. 고려당의 충북 도안 · 정읍 · 경산, 크라운베이커리의 대전 · 김해 그리고 신라명과의 창원공장 등이 이러한 계획 하에 설립된 공장들이다.

베이커리 산업이 성장 가능성이 높은 업종으로 각광을 받으면서 끊임없이 거론되었던 것이 바로 대기업의 제과점업 진출이었다. 이들이 시장에 참여할 경우 막강한 자본력을 바탕으로 하여 집중적인 투자를 할 것임이 분명한 만큼 대기업의 시장참여는 업계의 매우 민감한 사안이 되었다.

그동안 대기업의 제과점업 진출은 외국회사와의 합작이나 자체브랜드 개설로 시도되었는가 하면, 기존업체를 흡수하는 방식으로 진행되었다. 실제로 (주)한주소금이 동규제과를, (주)녹십자의 계열사인 녹우산업이 인천 밀타운베이커리를, 그리고 (주)빙그레가 썬메리제과를 인수하면서 제과사업을 개시했는가 하면, 유공의 계열사로 편의점업체인 (주)에이엠피엠 코리아가 꼬레뚜앙이라는 이름으로 별도 제과매장을 개점함으로써 시장진출을 현실화하기도 했다.

그러나 대기업의 본격적인 시장진출은 제일제당이 참여하면서부터 시작되었다. 삼성과의 그룹분리 이후 사업다각화의 일환으로 타 업종 진출을 검토해 온 제일제당이 1997년 9월 '뚜레쥬르' 구리교문 1호점을 시발로 하여 본격적인 체인사업에 나섰던 것이다. 전 품목을 냉동생지를 이용하여 생산하는 등 차별화된 점포운영전략을 구사해 온 뚜레쥬르는 1백호점인 태평로점을 오픈하는 등 빠른 사업전개를 보였다.

1996년에는 할인점 내 제과점이 국내에 첫선을 보였는데, 가격파괴와 높은 매출로 제과시장에 일대 돌풍을 일으키며 등장했던 것이 바로 대형할인점 내의 가격파괴형 제과점이었다. 할인점 내의 제과점은 시중제과점과 완전히 차별화된 매장 콘셉트로 대성공을 거두었고, 현재도 전성기를 누리고 있다.

이렇듯 새로운 제과 업태로 급부상한 할인점 내 가격파괴형 제과점은 현재 마크로, 코스트코 홀 세일과 같이 직영방식으로 운영되거나, 혹은 나산클레프의 상제리제베이커리, 홈플러스 아티제 블랑제리, 이마트의 데이앤데이, 신세계 달로와요, 롯데백화점 포숑 등처럼 외부입점 형태로 운영되고 있으며, 질 좋은 제품을 저가로 공급한다는 마케팅 원칙아래 그 세력을 점점 더 키워가고 있다.

8) 2000년대 제과업계의 변화(2000~현재)

2000년대에 들어 기능성제품의 확대로 기능성 빵 · 과자가 출현하였다. 또한 케이크 카페, 커피 및 샌드위치 전문점 등 특정분야의 전문점 시장이 확대되면서 신규 아이템 접목의 시도와 본격적인 멀티숍 형태의 복합매장 구성이 증가하고 있다. 또한 2000년에 대한민국 제1호 제과명장이 선정되기도 했다.

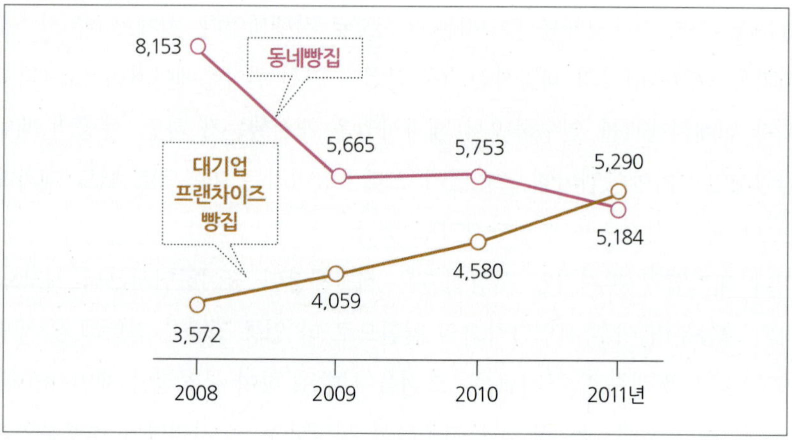

자료 : 중소기업청

그림 3.2 동네빵집 프랜차이즈 점포수 비교(단위 : 개)

2003년과 2004년에 베이커리 업계의 가장 큰 변화는 두 가지로 대별되는데, 첫째는 인스토어베이커리의 성장이다. 현대인의 쇼핑문화의 변화로 대형화되어 있는 할인점 내의 제과점이 비약적으로 발전하고 있다. 실제로 이마트의 데이앤데이, 롯데마트의 보네스페, 홈플러스의 아티제 블랑제리 등 작게는 17%, 많게는 50%의 신장세를 기록했다. 두 번째는 케이크 카페 또는 베이커리 카페 등과 같이 변형된 형태의 제과점이다. 웰빙트렌드에 편승하여 각종 기능성 재료를 사용한 제품을 생산해서 고소득 계층과 젊은 계층을 겨냥하고 있다.

2012년 중소기업청에서 조사한 바에 따르면, 프랜차이즈빵집은 점차 늘어가는 반면, 동네빵집은 지속적으로 감소하고 있는 추세에 있으며, 2011년에는 프랜차이즈 베이커리 점포수가 동내빵집 점포수를 추월하였다.

이러한 상황 속에서 대전의 '성심당'과 전주의 'PNB 풍년제과', 군산의 '이성당'을 비롯한 서울의 '나폴레옹제과점', 안동의 '맘모스제과', 광주의 '궁전제과' 등 각 지역의 오랜 동네빵집이 2013년 이후 다시 주목받고 있는 것은 반가운 일이라 할 만하다. 프랑스나 일본 등의 국가에서는 이미 프랜차이즈빵집에서 다시 개인베이커리로 제빵업계의 주도권이 넘어간 상태이다.

최근 우리나라에도 어디에서나 맛볼 수 있는 빵이 아닌 특색 있는 빵, 어디에나

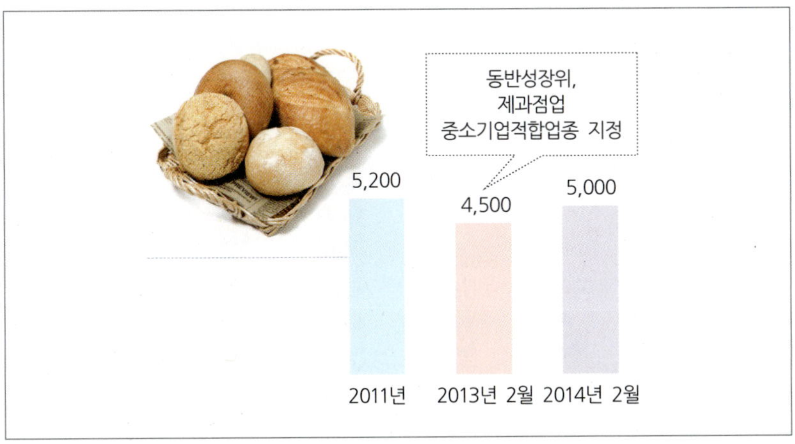

자료 : 대한제과협회

그림 3.3 동네빵집수 변화(단위 : 개)

널려 있는 빵집이 아닌 오직 그곳에만 있는 특색 있는 동네빵집들이 서서히 생겨나고 있는 추세이므로, 개인베이커리가 다시금 주도권을 잡을 수 있는 시대가 머지않아 올 것으로 보인다.

2013년 3월 동반성장위원회가 제과업을 '중소기업적합업종'으로 지정하여 제과점업의 중소기업적합업종 지위가 대기업제과업 진출로부터 보호받게 되었다. 그래서 제과업 대형 프랜차이즈들은 신설 점포수를 직전 해 말 점포수의 2% 이내에서만 늘릴 수 있고, 중소제과점과 도보 500m 거리에 점포를 신설하거나 재출점해서는 안 되게 되었다. 이후 2016년 3월 제과점업의 '중소기업적합업종' 지위가 3년 더 연장되어 대기업 제과업 진출로부터 3년간 더 보호를 받게 되었다.

9) 제과업계에 새롭게 부상하는 디저트시장

2016년 한국농수산식품유통공사에 따르면, 국내 디저트시장 규모는 매년 높은 성장을 기록하고 있다. 2013년 3,000억 원 수준에서 2014년 8,000억 원으로 성장했으며 지난해 대비 166%가 증가했다. 2015년에는 1조5,000억 원으로 88% 증가하여 3년 사이 무려 5배나 성장되었으며, 2016년의 시장규모도 2조 원을 돌파하였다.

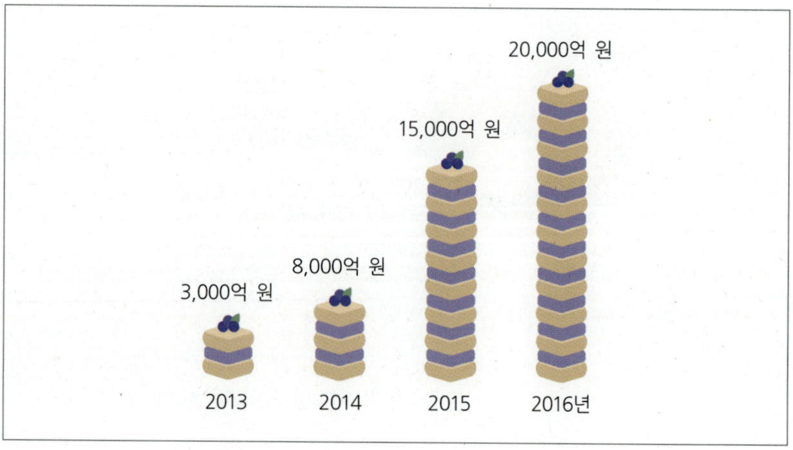

자료 : 한국농수산식품유통공사

그림 3.4 국내 디저트시장 성장추이

디저트시장은 1980~2000년 사이에 출생한 밀레니얼Millennial 세대의 등장과 편의점 커피문화 확산에 따라 급속히 성장하였다. 주 소비층으로 떠오른 밀레니얼 세대는 '작은 사치'를 즐기며, 커피와 디저트 등 기호식품 구입에 쉽게 지갑을 여는 특성을 보이고 있다.

최근 국내 디저트시장은 편의점과 대형마트를 중심으로 급속히 커지고 있다. 특히 편의점에서 고품질 원두커피를 값싸게 팔면서 디저트의 매출을 견인하고 있다. 2015년 12월부터 Cafe 25를 본격 시작한 GS25의 올해 1분기 원두커피 매출은 전년 동기 대비 191.7%, 디저트는 189.7% 각각 증가했다. 또한 백화점 업계에도 디저트 매출이 매년 성장하고 있는 가운데 국내 주요백화점들은 유명디저트 브랜드를 모셔 디저트 노마드족을 잡기 위해 치열한 경쟁을 펼치고 있다.

신세계백화점 영등포점은 2015년 4월, 마약 빵으로 유명한 '삼송빵집'과 오사카 유명 슈크림 브랜드 '홉슈크림', 이태원의 티라미수 맛집으로 유명한 '비스테까' 등 유명 맛집을 대거 입점시켰다. 이에 2015년 4월 25일부터 5월 5일까지 영등포점을 방문한 고객 수는 2014년 같은 기간 대비 약 2만 명 가까이 늘어났으며, 식품 매출은 26%가 급증한 것으로 나타났다. 이는 신세계백화점 전체 식품매출 신장이 6%에 그친 것에 비하면 주목할 만한 성장이다.

2015년 이후 한국에서 새로운 유행을 불러일으키고 있는 프리미엄 디저트가 화제이다. 이제 디저트는 단순히 맛있기만 해서는 안 되는 것 같다. 디저트도 맛을 뛰어넘어 시각적으로 봤을 때 예쁘거나 특이한 디저트들이 인기를 끌 수 있다.

식사 후 후식으로 디저트를 먹는 사람이 많이 늘어가는 추세인데, 이런 디저트들이 국내에서 환영을 받고 있다. 해외의 유명디저트 브랜드들이 국내시장에 앞다퉈 진출하는 이유도 이와 같다. 한국에 들어온 몇 가지 해외 유명디저트들을 살펴보면 표 3.1과 같다.

표 3.1 한국에 들어온 해외 유명디저트

브랜드	내 용
피에르에르메	프랑스 대표제과 브랜드
제니베이커리	홍콩에서 들어온 쿠키
베니에르	토스카나 레시피로 만든 뉴욕 3대 치즈케이크
레이디엠	미국 40년 전통의 수제케이크
로이스	일본대표 생초콜릿
가렛팝콘	미국 시카코의 팝콘
웨즐스프레즐	미국대표 프레즐 브랜드

한국에 들어온 해외프리미엄 디저트들은 국내 유명백화점이나 거리의 유명한 디저트숍에서 인기를 끌고 있다. 사람들에게 미각뿐만 아니라 시각적으로도 특이한 디저트들을 개발하는 것에 있어 각 디저트업체들의 아이디어전쟁이 거세지고 있다. 해외 유명디저트 브랜드들이 국내로 들어옴에 따라 이제 사람들은 해외로 직접 나가지 않아도 귀한 디저트들을 맛볼 수 있게 되었다.

6. 밀가루

1) 밀가루의 개요

(1) 밀

밀Wheat이란, 벼과Poaceae의 한해살이풀 또는 두해살이풀Triticum Aestivum 그리고 그 열매를 총칭한다. 밀은 겨층 · 배유 · 배아로 구성되어 있으며, 비율은 겨층의 경우에 대략 14%, 배유는 대략 83%, 배아는 대략 3%이다. 겨층에는 각종 섬유소와 나이아신(비타민 B)의 함량이 높고, 배유는 제분 시 밀가루가 되는 부분이며, 탄수화물의 함량이 높다. 배아에는 단백질, 지방질, 비타민 B1의 함량이 높다.

밀은 가공 또는 이용 목적에 따라 크게 두 가지로 분류할 수 있다. 밀에 함유된 단백질함량에 따라 경질밀Hard Wheat과 연질밀Soft Wheat로 나눌 수 있다. 단백질함량이 높아지면 조직이 치밀해지면서 단단해지는 경향을 보인다. 보통 연질밀은 단백질함량이 7~9% 정도이고, 경질밀의 경우는 10~14% 정도의 단백질을 함유하고 있다.

밀의 주요성분 중 한 가지인 단백질은 글리아딘Gliadin과 글루테닌Glutenin이란 성분으로 구성되어 있는데, 이 두 가지 성분의 단백질이 물과 혼합되면 글루텐Gluten이라는 밀 특유의 단백질이 형성된다.

(2) 밀가루

빵을 만드는 주재료는 밀가루Wheat Flour이다. 밀가루는 식품공정상 밀을 사용하여 선별, 분쇄 등의 제분과정을 거쳐 얻은 분말 혹은 분말에 식품첨가물을 첨가한 것을 의미한다.

밀 특유의 단백질인 글루텐Gluten은 독특한 반죽을 형성한다. 그물망구조를 만들어서 반죽이 발효될 때 생기는 이산화탄소나 굽는 과정에서 생성되는 수증기를 보유·유지하는데 중요한 역할을 한다. 그러므로 단백질함량이 높은 경질밀(강력분)은 주로 빵과 피자 등 발효가 필요한 가공법에 이용되는데, 그 이유는 발효가 일어나는 동안 이산화탄소, 알코올, 가스 등을 보유할 수 있는 망 구조를 많이 형성하여 가스가 밖으로 배출을 막아줌으로서 반죽이 잘 부풀게 해주기 때문이다.

반면에, 단백질함량이 낮은 연질밀(박력분)은 케이크, 국수, 과자(쿠키, 크래커) 등에 적합하다. 이런 종류의 제품들은 발효과정이 필요가 없으며, 또한 최종 제품의 수분함량(2~5% 이하)이 낮아 고단백의 밀가루는 글루텐을 많이 형성하여 반죽에 탄성을 준다. 이러한 반죽의 끈기는 과자에서 반죽에 수축을 가져오기 쉬우므로 과자가 딱딱하거나 원하는 모양을 갖기가 어렵고, 오히려 역효과가 날 수도 있기 때문이다.

이러한 단백질 특성 때문에 빵·과자·국수 등의 제품을 만들 때 밀가루는 가장 중요한 원료로 주목받고 있다. 그러나 단순히 밀가루품질의 특성 한 가지에만 초점을 맞춘다고 해서 맛있는 빵·과자·국수 등이 만들어지는 것은 아니다. 밀가루의 생산과정, 즉 같은 밀을 가지고 다른 제분공정을 거치면 다른 품질 특성을 가진 밀가루제품을 생산할 수 있기 때문에, 제분공정 또한 좋은 밀가루를 만드는데 중요한 과정 중의 하나이다.

1 밀가루 제조공정

소맥분 제조업은 대규모 장치가 필요한 장치산업이다. 정선단계에서는 원맥에 섞여있는 이 물질을 제거하고 조질단계에서 적절한 시간동안 원맥을 보관하면서 원맥이 제분에 적합한 수분함량을 갖도록 만들어준다. 제분과 분쇄과정을 거치면서 점차적으로 입자를 가늘게 만들면서 밀가루를 생산한다. 이후에 순화과정 등 몇 가지 과정을 더 거치면서 배유부만을 분리하고 밀가루제품의 완성품을 만든다.

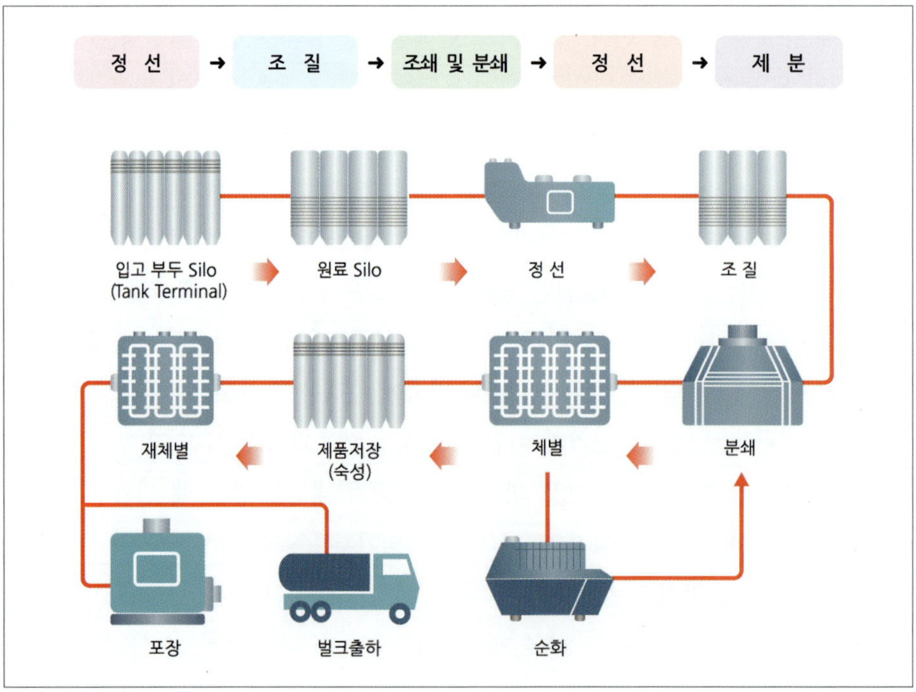

자료 : 삼양밀맥스

그림 3.5 밀가루 제조공정

2 원재료

원재료 매입비중이 높아 원재료의 국제시세가 이익의 질에 절대적인 영향을 미친다. 주요 매출 원인인 밀가루와 사료에 필요한 원재료에 관해 알아보도록 한다.

소맥분(밀가루)의 원재료는 원맥이다. 그림 3.6에서 밀알의 구조를 보면, 밀알은 크게 세 부분으로 구성되어 있다. 밀알을 감싸고 있는 껍데기 부분과 배유 부분, 배아 부분이다. 하나의 밀알에서 배유는 83%, 배아가 2%의 비중을 차지한다.

그림 3.6 **밀알의 구조**

제분공정의 핵심은 밀알의 83%를 구성하는 배유를 추출하여 밀가루로 만드는데 있다. 그러므로 소맥분 제조에 필요한 원료 100%는 원맥이고, 원맥은 밀에서 추출할 밀알을 의미하므로, 원재료값 추정에는 국제 밀시세(소맥, 원맥)를 추적해야 한다.

연결 매출의 절반 가까이를 차지하는 사료의 주원료는 옥수수와 대두박 그리고 소맥이다. 2013년 CME 대한제분사업보고서 기준으로 사료의 원료비중 55%가 옥수수이므로, 옥수수가격의 영향을 크게 받는다는 것을 알 수가 있다. 전체적으로 원료 매입에 의거 거의 100%를 곡물이 차지하고 있으므로, 국제 곡물가에 따라 이익률이 달라진다고 추정해 볼 수 있다.

2011년 1분기부터 매출총이익률과 주요 원재료인 옥수수, 소맥가격을 비교해 본 결과, 매출총이익률은 국제 곡물시세의 영향을 매우 크게 받는 것을 알 수 있다. 국제 곡물시세와 매출총이익률은 부의 관계를 가지고 있다.

곡물가가 최고치를 형성하고 있던 2012년 3분기와 곡물가가 꾸준히 하향 안정세를

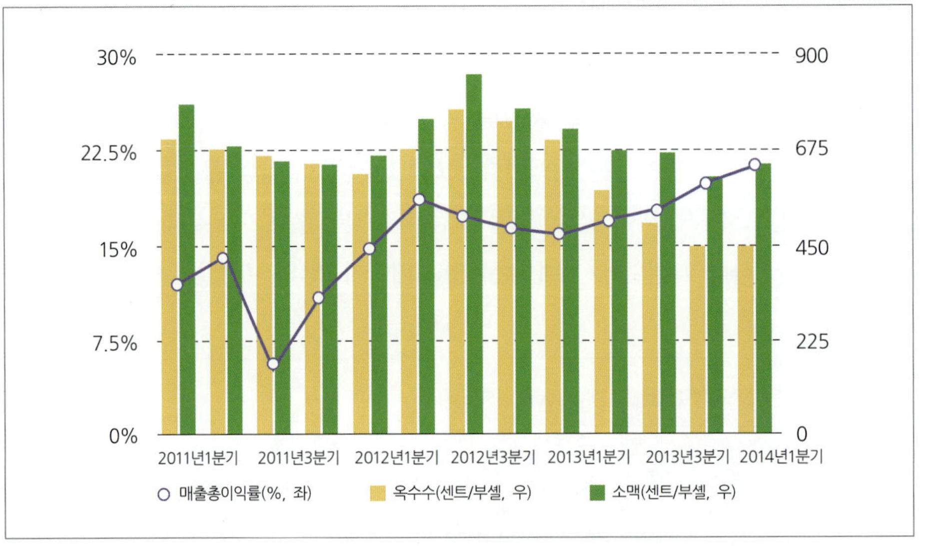

자료 : CME, 대한제분. IFRS 연결기준

그림 3.7 매출총이익률과 곡물가 상관관계

보이고 있는 2014년 1분기의 매출총이익률은 5% 이상 차이가 나는 것으로 확인되었다. 2013년 매출액이 8,647억 원이므로 이의 5%를 금액으로 환산하면 432억 원 정도이다. 즉 국제 곡물가에 따라서 매출총이익은 수백억 원씩 왔다갔다 할 수 있으며, 이익이 매우 약한 사업구조상 꾸준히 곡물가 모니터링이 필요하다.

또 하나 확인할 수 있는 부분은 국제 곡물시세가 실적에 곧바로 적용되지 않고 2분기 정도 시간차를 두고 반영된다는 부분이다. 1분기 때보다 곡물가가 더욱 하락하고 있으므로 실적에서 원재료 매입 관련 리스크는 적게 나타났음을 알 수가 있다.

국내 제분업체에서 사용하는 원맥은 99%가 수입되고 있다. 1% 남짓 되는 국내 원맥으로는 빵을 만들기가 힘들기도 하거니와 생산량도 적다. 2013년 기준으로 전체 원맥 수입량의 48.69%가 미국에서, 45.37%가 호주에서, 5.85%가 캐나다에서 수입되었다. 캐나다는 세계 밀 수출량의 2위, 러시아가 3위로 올라왔으나 국내업체에서 수입하는 순서는 미국, 호주, 캐나다에서 주로 수입하고 있다.

곡물 시세변동의 가장 큰 원인은 기후와 관련이 있다. 주요 곡물 생산국의 기후에 문제가 생겨 흉작이냐, 풍작이냐에 따라 곡물가격은 요동을 친다. 업체에서는 대체로 기상이변보다는 기후가 좋아 풍작이 나야 곡물가 하락으로 업황이 좋아진다고 말한다.

그리고 원재료 대부분을 수입하다보니 환율의 영향을 절대적으로 받는다. 특히 USD의 영향을 크게 받는다. USD가 5%만 오르내려도 실적이 적게는 30~40억 원에서 많게는 100억 원 가까이 이익을 내거나 손실을 낼 수 있는 구조이다. 2013년부터는 국제 곡물시세 하락과 더불어 원화대비 USD의 시세도 하락했기 때문에 이익을 내기에는 좋은 환경이다. 추후 기업가치평가Valuation를 할 때, 향후 곡물가와 USD 환율 움직임에 절대적인 비중을 두어야 하는 이유이다.

3 국내 밀가루시장

우리밀 산업이 무너지고 있다. 정부의 2015년 자급률은 10%가 달성 목표였지만 주춤했다. 밀 소비지엔 수입밀 제품들이 즐비하고, 농가현장에선 인위적으로 재배면적을 줄이고 있다. 우리밀 재고량은 쌓여만 가는데, 정부에선 수입밀에 대해 할당관세까지 내렸다. 한마디로 우리밀은 내우외환에 있다.

반면에, 밀 소비량은 꾸준히 증가하여 바야흐로 밀 전성시대가 도래했다. 국민 1인당 쌀 소비량이 2000년 93.6kg에서 2010년엔 72.8kg까지 떨어졌지만, 밀 소비량은 꾸준히 30~35kg을 유지하고 있다. 쌀 소비의 절반까지 육박한 것이다. 제빵업체도 2000년 109개에서 2009년엔 151개로 늘어났고, 출하액도 1조5,600억 원에 달해 2배

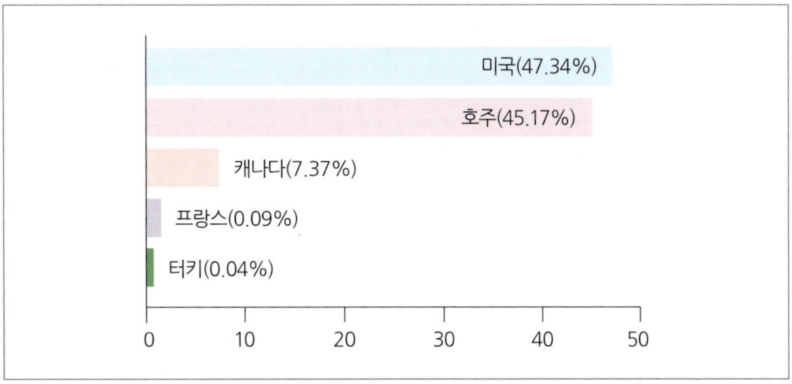

자료 : aT한국농수산식품유통공사

그림 3.8 수입밀 국가별 비중(2014년)

가 넘었다. 미국산과 캐나다산이 70%를 넘었고, 호주산도 비교적 많은 점유를 하고 있다. 우리밀은 몇몇 빵에서만 10% 정도 들어가 있을 뿐이다. 불과 몇 해 전만해도 대기업들이 지자체나 농가들과 협약을 맺고 우리밀 광고를 대대적으로 하던 풍경이 허풍처럼 터지고 마는 것이다.

2014년 한 해 동안 우리나라는 식용 밀 2,256,130톤, 사료용 밀 1,456,213톤을 수입하여 1,197,101천 달러의 외화를 지출했다. 6월의 밀 수출실적 6톤의 41달러 수입이 있어, 전체 적자는 1,197,061천 달러로 소폭 줄어들었다. 이를 원화로 환산하면 1조3천1백5십6억8천9백7십4만5천1백 원에 이른다.

식용 밀은 예전과 같이 미국, 호주, 캐나다 순으로 수입이 많으며, 그 중 미국과 호주가 각각 47.18%와 44.76%로 압도적이었다. 그리고 캐나다가 그 뒤를 이어 7.83%였다. 2014년 식용 밀 수입에서 특이한 점은 프랑스와 터키로부터도 수입이 제법 늘었고, 꾸준함을 보이고 있다는 점이다.

먼저 프랑스산은 2, 4, 6, 9, 10, 11, 12월 수입실적이 있는데, 9월 이후는 350톤 이상으로 양이 제법 늘어난 모습이었다. 터키산은 7월부터 12월까지 지속 수입되었는데, 그 양은 11월의 30톤에서 12월의 450톤 등 기복이 컸다.

표 3.2 2014년 식용 밀 국가별 수입량 비중

국가명	수입중량(톤)	비중(%)	수입금액(천달러)	비중(%)
미 국	1,067,992	47.34	367,367	47.18
호 주	1,018,998	45.17	348,505	44.76
캐나다	166,233	7.37	60,935	7.83
프랑스	2,040	0.09	1,113	0.14
터 키	930	0.04	665	0.09
계	2,256,130	100.00	778,585	100.00

자료 : 관세청, 수출입통계

2014년에는 국내 최대 제빵기업인 SPC그룹(파리바게트, 삼립식품)이 국내 제분업체의 큰손으로 떠올랐다. 자회사인 밀다원의 연간 생산능력이 20만 톤을 넘어 대한

제분, CJ제일제당, 동아원, 한국제분, 삼양사(삼양밀맥스)에 이어 5위의 생산능력을 갖췄기 때문이다. 공장을 풀가동하면 자체수요를 충족시킬 뿐만 아니라 외부에도 밀가루를 판매할 수 있게 된다. 4위인 삼양사와 월 10만 톤 정도의 차이에 불과하다. 아직 빅3 업체와는 생산량에서 차이가 나지만, 국내 최대 밀가루 수요업체인 SPC그룹이 뒤에서 든든하게 받쳐주고 있어 4위와 언제든지 판도가 바뀔 수 있다는 평가이다.

제분업체는 원맥을 수입 · 가공하여 밀가루로 만들어 판매한다. 한 해 170만 톤이 생산된다. 시장 규모로는 1조5,000억 원 정도이다. 국내 제분시장은 1970~1980년대 30개 가까운 업체가 난립했다가, 1990년대 치열한 경쟁을 거친 후 2013년 8개사(총 11개 공장)로 재편됐다. 대한제분, CJ제일제당, 동아원, 한국제분, 대선제분, 삼양밀맥스, 삼화제분, 영남제분 등 8개사가 한국제분협회 회원사로 등록되어 있다.

SPC그룹은 창립 이후 줄곧 CJ제일제당 등으로부터 밀가루를 구입해왔다. 하지만 1997년 IMF 외환위기 때 샤니의 부도설이 나돌자, CJ는 밀가루 대금을 현금결제 할 것을 요구했다. 사정이 어려운 샤니는 양해를 부탁했지만, CJ는 결국 밀가루 공급을 중단했다. 이를 계기로 두 회사는 소원해졌다.

밀가루파동을 겪고 난 후에 SPC그룹은 대한제분, 동아원, 한국제분에서 밀가루를 구입해 썼지만, 원맥가격 상승과 환율 등으로 주기적으로 밀가루가격이 급 · 등락을 하면서 수급에 어려움을 겪었다. 이를 타개하고자 SPC그룹은 2008년 7월 국내 최대 밀생산과 가공업체(시장점유율 40%)인 밀다원을 인수하여 제분시장에 본격 진출하

표 3.3 주요 제분업체 밀가루 생산량(2012년 기준) (단위 : 톤)

기 업	생산량
대한제분	46만
CJ제일제당	42만
동아원(한국제분 포함)	42만
산양사	16만
밀다원	14만(2013년 17만 예상)

자료 : 각사

였다. 우리밀 사업을 지원한다는 대의명분을 내세웠지만, SPC그룹은 주력이었던 우리 밀뿐 아니라 수입밀 제품비중도 꾸준히 높여나갔다.

제분사업을 키우는 과정에서 우여곡절도 많았다. 2009년 9월 밀가루 숙성제로 사용되는 아조다이카본아마이드가 발암물질로 지목되어 홍역을 치렀다. 당시 SPC측은 "국내 허용된 식품첨가물로 미량인데다 빵으로 만들어지면 검출되지 않는다."고 해명했지만, 안전성 문제가 불거지면서 해당 수입밀가루 사용을 전면 중지시켰다. 이런 어려움 속에서도 밀다원의 생산량은 꾸준히 증가했다. 인수 당시 연간 4만 톤 수준에서 2012년 증설작업을 마무리해 14만4,000톤까지 늘었다. 이 정도 생산량이면 자체 수요를 충족시킬 뿐 아니라 외부에도 판매할 수 있는 수준이다. SPC그룹은 밀가루를 자급하면서 국제 밀값 상승에 따른 원가부담과 수급불안도 해소하게 되었다.

현재 SPC그룹 내 파리바게트, 던킨도너츠, 삼립식품 등은 밀다원의 연간 생산량 17만 톤 가운데 67% 정도를 사용한다. 밀다원에서 생산하는 나머지 33%는 외부로 판매된다. 빅3인 대한제분(2012년 연간 생산량 46만 톤), CJ제일제당(42만 톤), 동아원(42만 톤, 한국제분 포함)에는 못 미치지만, 4위 삼양사(16만 톤)를 능가할 가능성이 매우 높아졌다.

2012년에 밀다원은 파리크라상 자회사에서 계열사인 삼립식품 자회사로 옮겼다. 삼립식품은 밀다원 지분 약 80%를 41억 원에 인수했고, 3월 종속기업으로 편입시켰다. 이로써 삼립식품은 밀다원의 기존 보유지분을 포함해 100% 지분으로 운영되었다. 밀다원의 자산총액은 1,857억 원으로 삼립식품 자산총액(3,890억 원)의 48%에 달한다. SPC그룹 관계자는 "그동안 밀다원 영업을 삼립식품에서 해왔다. 삼립식품의 영업이익률이 1.5%로 낮은 데다 떡집 프랜차이즈인 빚은의 출점이 어려워지면서 매출다각화 차원에서 삼립식품의 시너지효과가 더 클 것으로 판단했다."고 설명했다.

밀다원이 성장하면서 기존 제분업체는 수요처 확보에 비상이 걸렸다. 파리바게트나 삼립식품에 공급하는 물량이 매년 줄어드는데다 밀다원의 외부 판매량이 늘면서 기존 안방시장마저 뺏길 판이다. 뚜레쥬르를 가지고 있는 CJ제일제당이나 2012년 4월 호텔신라 자회사였던 베이커리전문점 아티제를 인수한 대한제분은 비교적 안정된 판매처를 확보한 반면, 동아원 · 한국제분은 자체 베이커리 브랜드를 가지고 있질 않다.

동아원은 제과명장들과의 친분관계를 활용하여 동네빵집을 공략 중이다. 동네빵집 수가 줄었다고는 하지만, 현재 전국에 약 5,000여 곳이 넘는다. 동아원은 2011년부터 일본 제빵명장을 초청하여 대한제과협회 소속 자영업자들을 대상으로 제빵기술과 노하우를 전수해주는 시연회를 열고 있다. 그리고 아예 동네빵집을 직접 겨냥하여 '맥선 파티쉐 케이크 밀가루'를 내놓았다. 현재 동네빵집에서 동아원의 밀가루를 사용하는 비중이 30%에 이른다.

4 소맥분

소맥분 매출의 대부분이 내수시장에서 발생하고 있으므로, 소맥분 내수시장 현황만 확인하면 될 것 같다. 연간 국내 밀가루 소비량을 보면 매해 180만 톤 수준을 유지하고 있다. 1인당 연간 밀가루 소비량은 33kg 수준을 유지하고 있는데, 2012년에 최대 소비량을 돌파하기는 했지만 추세적 상승은 감지할 수가 없다.

국내 소맥분시장은 CJ제일제당, 대한제분, 동아원이 각각 1/4씩 75%의 시장을 과점하고 있고, 기타업체들이 나머지 25%의 시장을 쪼개서 지배하고 있다. 상위 3사 과점체제는 꽤 오래도록 지속되어왔고 당분간 이 체제가 깨지지는 않을 것 같다.

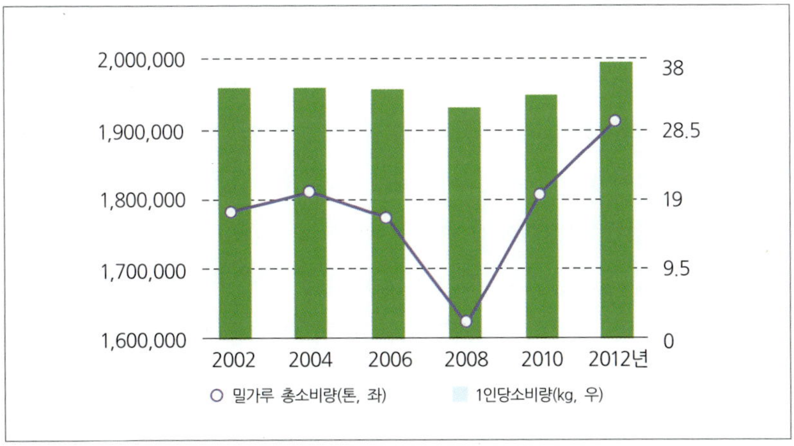

자료 : 한국제분협회, 통계청

그림 3.9 국내 밀가루소비량

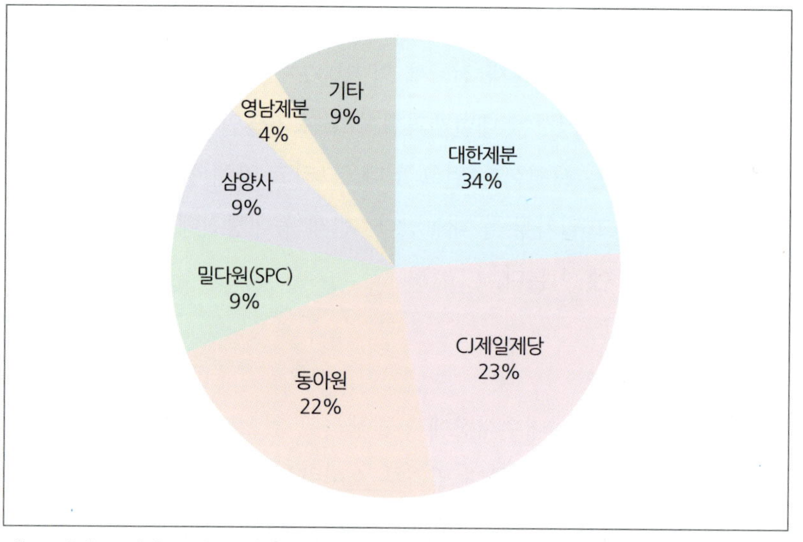

자료 : 각사 공시자료(전제 시장규모 : 1조5,300억)

그림 3.10 **밀가루업체 내수시장 점유율(2013년)**

소맥분의 이익은 매우 박하고, 환율이나 곡물가에 따라 이익의 변동폭도 크다. 제분업체들의 자기자본이익률ROE을 보면 이자도 못 건지거나 겨우 건지는 수준이다. 그래서 막대한 자본이 투입되는 대규모 장치산업인 소맥분시장에 새로운 경쟁자가 들어오기에는 부담스러워 보인다. 막대한 자본을 들여 신규로 이 시장에 들어올 메리트가 없다고 판단하기 때문이다. 공장이 폭발하거나 어떤 자본가가 신규로 시장에 진입해서 대규모 생산관리CAPA를 증설하지 않는 이상은 대체적으로 상위 3사 과점체제가 당분간 유지되겠지만, 최근 시장의 미묘한 변동조짐도 몇 가지 감지되고 있다. 즉 국내 1위 양산빵 삼립식품이 밀가루사업을 본격화한 것이다. 삼립식품과 제분업체 밀다원이 함께 공장증설로 '제분 빅4' 자리를 위협하고 있는 것이다.

먼저, 파리바게트와 삼립식품 등을 소유한 거대 제빵기업 집단인 SPC그룹에서 2013년에 업체 4위 수준의 제분업체인 밀다원을 인수했고 증설까지 했다. 게다가 자사에서 쓰이는 모든 밀가루를 자체 생산하기로 결의하고, 물량을 공급받던 CJ제일제당, 대한제분, 동아원과 거래를 끊었다.

밀다원은 연간 16만 톤에서 20만 톤의 밀가루 생산이 가능할 것으로 추정되며, 비

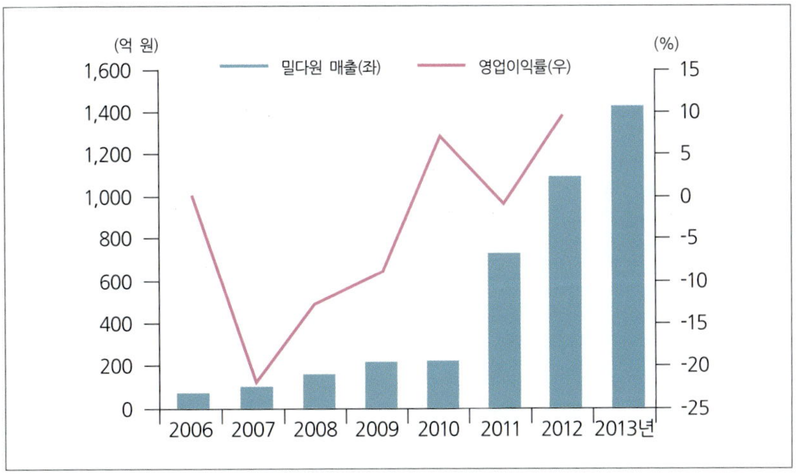

자료 : 밀다원

그림 3.11 **밀다원 성장세 추이**

슷한 규모의 삼양사보다 유리한 위치에 있을 것으로 판단된다. SPC의 지원사격으로 밀다원의 점유율이 미세하나마 조금씩 상위 3사 점유율을 빼앗지는 않을까? 혹은 기타업체의 점유율 1/4도 조금씩 축소되지는 않을까 생각해 볼 수 있다. 또 다른 한편으로는 밀다원이 한국제분협회 회원사가 아니라서 점유율 확대엔 한계가 있을 것 같다는 반론도 있다. 밀다원을 제외한 상위 8개사가 1955년부터 사단법인 한국제분협회를 만들어 운영하고 있다.

두 번째 미묘한 부분은, 시장점유율 4%대를 유지하고 있는 영남제분의 매각설이다. 회사에서는 공식적으로 부인했지만, 영업악화가 계속된다면 매각까지 갈 가능성을 염두에 둬야 할 수도 있는 것이다. 상위 3사는 물론이고 4위 업체들 중에서도 영남제분 생산관리CAPA를 품에 안게 된다면 점유율에 일대변동이 생길 수 있다. 4위 업체가 3강 업체와 함께하여 4강체제가 되거나, 3강 업체 중 하나가 앞서나가 3강 회사 중 1강이 먼저 앞서는 현상이 생길 수도 있다.

국내 밀가루시장만 놓고 보면 소비와 생산 양쪽 모두가 거의 성장을 하지 않는 수준의 안정된 산업으로 보이고, 기존업체들 간 점유율의 뺏기 싸움이 시작되지 않는 이상 이 시장이 고착화될 가능성이 높다.

표 3.4 제면류 세분화(2012)

식품유형	세부유형	정 의
국 수	일반국수	밀가루반죽을 치고 잡아당겨서 가늘고 길게 뽑아낸 것을 말함
	호화건면	밀가루, 소금, 첨가물, 물을 넣고 반죽하여 제면을 이용하여 국수를 빼낸 다음, 수증기 또는 끓는 물에서 삶고 일정한 모양으로 성형한 후 건조시켜 포장한 제품
	숙 면	밀가루, 소금, 첨가물, 물을 넣고 반죽하여 제면을 통해 국수를 빼낸 다음, 수증기 또는 끓는 물에서 삶고 포장한 후 살균처리 한 제품
냉 면		메밀가루에 전분을 약간 섞어 만든 압착형 국수의 일종으로, 원료가루에 물을 가한 후 믹서로 혼합하여 스크류로 가는 망을 통과시켜 면을 성형하고, 압출과정으로 인해 뜨거워진 면을 냉각시킨 후, 냉각된 면을 주정침지, 건조 등의 방법으로 보존성을 향상시킨 제품
당 면		감자, 고구마, 녹두 등을 파쇄하여 사별, 분리, 정지, 건조 등의 과정을 거쳐 만든 분말(전분)에 각종 첨가물을 넣어 혼합, 성형하여 알파화 한 후 건조시킨 것을 말함
유탕면류		밀가루, 소금, 첨가물, 물을 넣고 반죽하여 제면 롤을 통해 국수를 빼낸 다음, 수증기 또는 끓는 물에서 삶고 일정한 모양으로 성형한 후 튀겨 냉각시켜 포장한 제품
파스타류		밀가루를 이용하여 만든 국수로, 세몰리나와 물을 혼합한 다음, 압출기로 압출하여 건조시킨 것을 말함
기타 면류		면류 중 위 다섯 가지 식품 유형에 정해지지 아니한 것으로, 수제비나 만두피를 말함

자료 : aT한국농수산식품유통공사

밀가루시장의 분위기가 B2C 시장은 축소되고 있고, B2B 시장은 확대되고 있다. 외식이나 가공식품의 소비증가로 인한 것임은 확실하다. 한쪽에서 소비가 느는 만큼 다른 쪽에서는 소비가 빠지고 있는 것이다. 앞으로 전체적으로 밀가루시장 자체의 성장성은 기대하기 힘들 것으로 보이며, 1인가구 증가나 자영업 증가가 밀가루소비 증가와는 별다른 관련이 없을 것으로 보인다.

5 신사업

삼성계열의 빵집 '아티제'는 한때 여론의 뭇매를 맞았다. 한창 대기업의 골목상권 침해에 대한 논란이 언론에서 언급될 때, 신라호텔은 아티제의 지분 100%를 대한제분에 매각(공시날짜 2012년 6월 28일)했다. 삼성에서는 불필요한 논쟁에 휘말리는 피곤함을 덜고 이미지 쇄신을 할 수 있었고, 대한제분은 신규사업을 통해 새로운 성장동력을 창출할 수 있는 윈-윈Win-Win 거래였다.

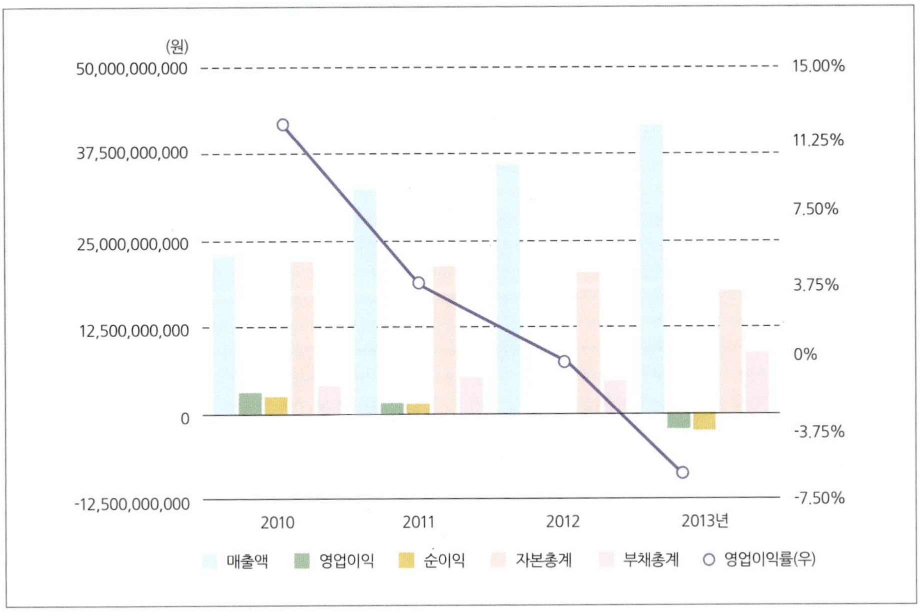

그림 3.12 아티제를 운영하는 (주)보나비의 실적추이

그림 3.12의 (주)보나비의 실적 추이를 보면, 매출은 높은데 영업이익이 가파르게 하향곡선을 그리고 있다. 공시자료가 있는 2010년부터 영업이익률OPM은 꾸준히 내리막길을 걷고 있었다. 적자를 내다보니 자본총계를 깎아먹기 시작했고 부채도 늘어났다. 외형이 성장하고 있는 점은 좋아 보이지만, 왜 이익을 내지 못했을까?

신라호텔 측에서는 회사를 2012년 중반에 매각했으니, 이미 이전부터 아티제(보나비)를 매각하려고 염두에 두고 있었던 것으로 보인다. 적절한 시점에 손절매를 했다는 생각이며, '골목상권에 대한 여론악화'는 그저 매각을 위한 핑계였다. (주)보나비의 1분기 실적은 당기순손실 금액이 26억 원 수준으로, 2013년 한해 당기순손실 금액에 맞먹는다. 실적악화가 계속되고 있었던 것이다.

(주)보나비가 그래도 외형은 꾸준히 성장하고 있어서 '혹시 매장수가 많이 늘어나거나 다른 곳에 투자금이 많이 들어가고 있나?'라는 의문도 있어, 2014년까지 공시된 자료를 찾아 아티제 매장의 숫자와 설비를 위한 자본적 지출CAPEX 증가 추이를 확인해 보았다. 대한제분이 (주)보나비를 인수할 때 아티제 매장은 27개였고, 2014년 반

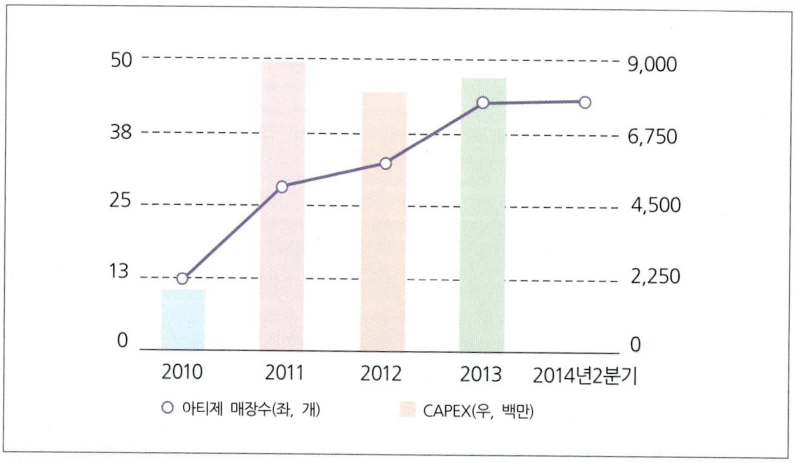

자료 : 송종식, 전자공시, 보나비

그림 3.13 아티제 매장수, 보나비의 CAPEX 추이

기는 42개 매장이 운영 중이었다. 직영점으로 운영하는 특성상 2011년부터 매장이 많이 늘어나면서 자본적 지출도 꾸준히 유지되었다.

이처럼 매장도 늘고 매출도 늘고 있었는데, 자본적 지출CAPEX은 늘지 않고 이익의 질은 급격히 떨어지고 있었다. 이는 인건비, 재료비, 감가상각비의 부담 때문인 것으로 확인되었다. 프리미엄 전략에는 크게 문제가 없어 보였지만, 일부고객들 사이에서는 '뭔가 이상하다'는 느낌이 감지되었던 것 같다. 매장 당 매출액도 2010년에는 연간 17억4천만 원에서 2013년에는 9억9천만 원으로 떨어졌다. 일단은 외형이 성장하고 있으니, 추후 비용통제를 통해서 이익의 기업회생Turnaround을 기대해 볼 수도 있었겠지만, 아직은 이익의 질이 계속 떨어지고 있으니 회사의 연결이익에는 부정적인 영향을 주고 있다고 생각되었다. 전체이익의 규모에서 (주)보나비의 손실이 미치는 영향이 크지는 않았지만, 이 추세로 간다면 이익에 적지 않은 영향을 미칠 것으로 보인다.

CHAPTER 4

제과제빵
경영관리

베이커리 업계의 현황

SECTION 01

국내 제과점시장 규모 및 현황

프랑스 식민지였던 캄보디아는 빵으로 유명한 나라이다. 한 여행가는 "갓 구운 바게트 냄새가 캄보디아의 아침을 깨운다."라고 말할 정도이다. 우리나라의 빵집에서 사먹는 빵맛도 이에 못지않다. 대한민국 제과명장이기도 한 김영모는 "우리나라 빵의 역사도 100년에 이른다. 구한말에 도입된 이래 빵은 우리나라 사람 모두가 좋아하는 음식이 되었고, 고급스러운 식문화로 자리잡았다."면서 "한국의 제과·제빵 기술도 세계적인 수준"이라고 강조했던 게 떠올랐다.

시청률 44.1%를 기록한 KBS드라마 '제빵왕 김탁구'의 인기는 '빵'에 있다고 해도 과언이 아니다. 대중문화 평론가 이문원은 "빵이란 음식 소재에 주인공과 라이벌의 대결구도가 들어가면서 극의 전개가 더욱 흥미로워졌다."며 "특히 옛날 빵을 통해 우리나라 문화에 녹아든 빵의 역사를 다루면서 젊은 여성층은 물론, 빵과의 다양한 추억을 떠올리는 중장년층까지 흡수할 수 있었다."고 설명했다.

빵은 포르투갈어인 '팡'이 일본에서 변형되어 우리나라에 소개된 말이다. 일반적으로 밀과 호밀 같은 곡분에 물과 이스트, 다양한 재료를 넣어 발효시켜 구운 음식을 뜻한다.

그렇다면 빵은 언제 처음으로 우리나라에 들어온 것일까? (사)대한제과협회에서 만든 '한국 빵·과자 문화사'에 따르면, 1885년 선교사 언더우드와 아펜젤러가 입국하여 빵을 구웠는데, 이를 한국 최초의 빵으로 보았다. 이후 1902년 개관한 서양식호텔 '정동구락부'에서도 빵을 만들었는데, 여기서 만들어진 빵을 '면포'라 했고, 특히 카스텔라는 눈처럼 희다고 해서 '설고'라 불렀다. 외국인은 물론 당시 세도가 조선인에게서도 큰 사랑을 받았다고 한다.

빵이 널리 알려지기 시작한 것은 일제병합 당시 일본의 양과자점들이 국내에 진입하면서부터이다. 단팥빵, 크림빵, 소보로빵, 술빵 등 지금도 큰 인기를 끄는 '옛날빵'이 이때에 들어왔다(이는 빵의 본산지인 유럽에서는 존재하지 않는 일본식 빵이다). 당시 일본인들이 운영하던 빵집에서 기술을 전수받은 한국인들이 광복 이후 우리나라 베이커리 업계의 토대를 다졌다.

이는 6·25전쟁 후 미국에서 다량의 밀가루 원조가 들어오면서 베이커리가 인기업종으로 떠오르며 빵집이 많이 생겨났는데 '뉴욕제과'(서울 명동), '고려당'(서울 종로), '풍년제과'(부산 부평동), '덕수제과'(서울 광화문), '태극당'(서울 명동), '독일빵집'(서울 동작구 흑석동)이 대표적이다. 하지만 이때까지만 해도 빵은 부유한 사람이나 먹을 수 있는 고급음식이었다.

미국의 원조로 밀가루가 풍부해지자, 우리나라 정부는 1960년대를 전후해 '빵과 라면 등을 밥 대신 먹자'는 의미의 분식장려운동을 펼쳤다. 당시 학교에선 학생들에게 옥수수빵과 가루로 된 우유를 공짜로 나누어주었는데, 이때부터 빵이란 음식이 일반 대중의 머릿속에도 각인되기 시작했다. 실제로 〈주간동아〉가 온라인 리서치기업 '마크로밀코리아'에 의뢰해 이틀간 전국 5대도시 20~50대 남녀에게 '빵에 대한 추억'을 물어보니 40, 50대 상당수(40대 18.4%, 50대 26.9%)는 '학교에서 우유와 함께 나눠주던 배식빵'이라고 대답했다.

1960년대 말부터 삼립식품, 샤니, 서울식품, 기린 등 양산제빵 업체가 본격적으로 등장하면서, 공장에서 빵을 대량생산하는 시대가 열렸다. 1970~80년대 동네 구멍가게나 학교매점 등에서 사먹던 빵이 바로 이들 업체가 만든 '양산빵'이다. 기억은 시대를 반영하듯, 앞선 조사에서 50대를 제외한 전 연령대(20대 23%, 30대 22.8%, 40대 27.9%)에서는 학교매점 등에서 사먹던 양산빵을 가장 머릿속에 오래 남은 '추억의 빵'으로 꼽았다.

1970~80년대는 '빵공장'에서 만든 양산빵과, '빵집'에서 직접 만든 제과점빵이 공존했다. 대표적인 인물로 김영모, 서정웅 등 대한민국 제과명장으로 활약하는 사람들이 본격적으로 빵을 배우며 만들고 팔던 시기이기도 하다.

당시에는 빵을 배우려면 제과점에 들어가 선배제빵사들에게서 도제식으로 가르침을 받아야 했다. (사)대한제과협회 서정웅 회장은 "태극당, 풍년제과, 청자당, 나폴레옹 제과점 등에서 배우고 일했는데, 당시의 제과점은 마치 군대처럼 엄격했다. 일을 잘못하면 작업대에 엎드려 맞는 일도 잦았다. 그때 엄하게 배우고 함께 일했던 동료들은 모두가 성공한 제빵사가 됐다."고 회상했다.

1970년대 말부터 뉴욕제과와 고려당, 독일빵집 등 중견제과점의 규모가 커지면서 프랜차이즈 형태의 분점을 내기 시작했다. 이후 1984년 신라호텔에서 분리한 '신라명과'와 1986년 샤니를 모기업으로 하는 '파리크라상', 1988년 크라운제과가 만든 '크라운베이커리' 등이 이 시장에 합세했다.

이처럼 1980년대 중반 이후 양산제빵 업체에서도 프랜차이즈를 통한 제과점(베이커리) 사업에 뛰어들었는데, 그 이유는 경제성장으로 부유해진 소비자들이 빵집에서 직접 구운 신선하고 고급스러운 빵을 선호했기 때문이다. 실제로 1985년부터 제과점의 시장점유율이 양산제빵 업계를 앞섰고, 이런 경향은 1990년대 이후 한층 가속화되어 1990년대 말에는 제과점의 점유율이 양산제빵 업계의 2배 이상이 되었다.

2000년대 이후는 프랜차이즈 베이커리의 급성장과 빵의 다양화로 특징지을 수 있다. 국내 제과점시장은 크게 '파리바게트', '뚜레쥬르' 등 특정브랜드의 이름 아래 관리 · 운영되는 '프랜차이즈 베이커리'(이하 프랜차이즈)와 베이커리 기술을 습득한 일반인이 개별적으로 운영하는 '윈도베이커리' 이른바 동네빵집(이하 윈도)으로 나뉜다. 2000년대 중반까지만 해도 윈도의 매장수가 프랜차이즈의 4배에 이르렀지만, 2009년에는 매장수가 거의 같아졌다(윈도 약 4,400개, 프랜차이즈 약 4,300개). 하지만 매출규모는 프랜차이즈가 약 1조8,600억 원으로 7,300억 원인 윈도의 2배 이상이었다. 즉 프랜차이즈의 규모와 마진, 효율성이 높았다고 볼 수 있다.

호텔이나 백화점, 마트 등에서 운영하는 이른바 '인스토어베이커리'의 비중도 점점 커졌다. 샤니, 삼립 등 양산제빵업체 역시 편의점, 마트, 학교매점 등에 저렴한 빵을 공급하며 어린이와 청소년을 대상으로 한 시장을 형성했다. 특히 '국진이빵', '포켓몬스터빵', '핑클빵' 등 트렌디한 메뉴를 개발하여 폭발적인 인기를 얻었다. 한편 유기농 재료와 선진 제빵제과 기술을 앞세운 고급베이커리로 시장을 확대하고 있다.

우리나라 사람들이 빵집을 선택할 때 가장 중요하게 생각하는 것은 무엇일까? 누가 뭐래도 빵맛이다. 앞서 언급한 설문조사를 통해 20~50대 남녀에게 '빵집을 선택하는 기준'을 물은 결과 '빵맛'이 41.2%로 압도적인 1위였고, '특정브랜드 선호'(6.6%), '저렴한 가격'(6.2%), '쾌적하고 세련된 매장분위기'(1.2%) 등은 미미한 수준이었다.

빵은 간식에서 식사를 대신하는 주식으로 자리 잡았다. 2000년에는 웰빙 열풍에 따라 각종 건강빵이 등장하면서 '빵은 소화가 잘 안 되고, 건강에 좋지 않다'는 인식마저 불식하고 있다. 이처럼 맛도 좋고 몸에도 좋은 다양한 빵들이 대세를 이루고 있다.

1. 베이커리 산업의 분류

산업특성에 따라 자영 베이커리, 프랜차이즈 베이커리, 양산업체 베이커리, 인스토어 베이커리, 호텔 베이커리 등으로 분류할 수 있다.

1) 자영 베이커리(윈도 베이커리)

근무인원이 10명 미만의 중대형 베이커리와, 운영자가 직접 만들고 판매인이 1명 정도인 소형 베이커리로 나눌 수 있다.

국내 빵집의 역사는 광복을 맞던 1945년 전북 군산과 서울 을지로에서 시작되었다. 군산에 '이성당(李成堂)' 빵집을, SPC그룹이 '상미당' 제과점을 냈다. 이후 68년 뒤 이성당과 상미당은 동네빵집과 대형 프랜차이즈의 대표주자로 자리잡았다.

동네빵집과 대형 프랜차이즈의 경쟁으로 대변되는 국내 빵시장이 2013년 새로운 전환기를 맞았다. 동네빵집과 대형 프랜차이즈 간 전쟁은 프랜차이즈 출점제한으로 휴전상태에 돌입했다. 그 빈자리에 대형마트 · 기업형 슈퍼마켓SSM · 편의점 빵집이 들어왔다. 68년 만에 국내빵집 지형도가 바뀐 것이다.

동네빵집과 프랜차이즈빵집 경쟁은 2000년대 들어 승부가 갈렸다. 2000년 1만8,000여 개였던 동네빵집수는 10년만에 4,000여 개로 줄어들었다. 반면, 프랜차이즈 빵집은 같은 기간 4,400여 개로 늘어났다. 전체 빵시장에서 프랜차이즈 베이커리의 매출은 3조7,745억 원(2010년 기준) 중 1조7,947억 원으로 48%에 달했다. 이성당 이후 제주 명당양과 대전 성심당, 서울 나폴레옹 등은 지역상권을 장악했다. 동네빵집은 1980년대 말 SPC 파리바게트와 크라운베이커리의 등장으로 이때부터 새로운 국면을 맞는 계기가 되었다.

(1) 상공인 주요정책

[1] 반경 500m~1km 입점 제한거리 제한 및 프랜차이즈 매장확대 금지

동종업종 간 과당경쟁을 방지하고 기존 자영제과점 및 전문기술인들의 생업보호와 안정적인 생활을 영위하기 위해 제과점 동종업종 간 입점 제한거리를 반경 500m~1km로 지정하였다.

제과점은 업종특성 상 동일상권 내 매장이 입점할 경우 매출이 40~50% 감소하는 양상을 보여 입점거리 유지가 필요한 업종이나, 대기업 프랜차이즈 간의 경쟁과 무분별한 사업영역 확대로 전통제과점의 수가 급속히 감소하였다. 그러나 대기업 프랜차이즈제과점(냉동빵을 단순하게 오븐에 넣어서 굽는 형태)과는 달리 전통제과점은 고급재료를 이용하여 수작업으로 만든 빵을 판매하는 곳으로, 국내 제과산업 발전을 위해서도 프랜차이즈의 무차별적 확대는 제한되어야 한다.

[2] 베이커리 경영 및 인력양성 연구소설립 예산지원

원재료 원가상승, 인력난 및 대기업 프랜차이즈의 난립 등으로 인한 종합적인 문제점을 해결하고 베이커리 자영업자 분야의 고유영역을 유지함으로써 일자리창출과 판로개척 지원요청을 위해 대기업 프랜차이즈와 같이 제과관련 기술 및 마케팅향상 기능을 수행할 수 있는 베이커리 경영 및 인력양성연구소가 설립될 수 있도록 적극적인 지원이 필요하다.

③ 제과제빵자격증 취득 후 경력자 제과점 오픈 허용

현재 제과점 매장을 오픈하는 데는 허가제가 아닌 신고제로 되어있기 때문에, 아무나 신고만 하면 장사를 할 수 있어 무분별한 매장 확장의 원인이 되어왔다. 즉 세탁소, 미용실과 같이 자격증을 보유한 사람만이 매장을 차릴 수 있듯이, 특히 국민건강과 보건을 책임지는 제과점업의 경우는 당연히 제과제빵자격증 취득 후 경력자가 제과점을 오픈할 수 있도록 해야 한다.

(2) 제과점업 중소기업적합업종 지정에 따른 현황

2013년 초 제과점업이 중소기업적합업종으로 지정되어 대기업빵집이 출점제한을 받았다. 대기업의 빵집진출 제한 이후 동네빵집이 2년간 1,641개인 16%가 늘었고, 반면 대기업의 매출 점유율은 5%p 하락하였다. 정부의 대기업빵집 출점제한으로 인해 동네빵집이 점포수와 매출 모두가 확연한 성장세를 보인 것이다.

동반위와 제빵업계 관계자들의 말을 종합하면, 중기적합업종 지정 3년 연장을 놓고 동네빵집과 대기업 사이에 의견이 팽팽히 맞서기도 했다. 앞서 2013년 2월엔 동네빵집 반경 500m 안에는 대기업빵집이 들어서지 못하게 하고, 매장수 증가도 전년대비 2% 내로 제한하도록 합의가 이루어졌다. 이런 제한이 적용된 곳은 '파리바게트'와 '뚜레쥬르' 두 개 브랜드였다.

내리막길을 걷던 동네빵집의 성장세는 2013~14년 통계에서 확인된다. 통계청 서비스업 조사 등을 보면, 전체 제과점수에서 파리바게트와 뚜레쥬르의 점포를 뺀 나머지 빵집수는 대기업 규제 이전인 2012년 1만248개였으나, 규제 2년차인 2014년 1만1,889개로 늘어났다. 사실상 동네빵집으로 볼 수 있는 매장이 2년간 1,641개로 16%가 늘어난 것이다. 그러나 파리바게트와 뚜레쥬르의 점포수는 둘 다 정체되어 합계가 2012년 4,551개에서 2014년 4,607개로, 2년간 1.2% 증가하는데 그쳤다.

제과점업 매출 성장세에서도 이런 흐름은 확인되었다. 제과점업 전체매출에서 파리바게트와 뚜레쥬르의 매출을 뺀 나머지 빵집의 매출은 대기업 규제 이전인 2012년 2조3,209억 원에서 규제 2년차인 2014년 2조9,901억 원으로 28.8% 급증했다. 반면, 파리바게트 매출은 2012년 1조3,199억 원에서 2014년 1조3,129억 원으로 제자리걸음을 했다. 뚜레쥬르의 매장수는 정체했지만, 매출은 2012년 3,290억 원에서 2014년 3,790억 원으로 15.2% 증가했다. 이에 따라 대기업 매출점유율은 2012년 41.5%에서 2014년 36.1%로 떨어졌다.

대한제과협회 회장은 "2013~2015년 3년간 동네빵집을 열려고 협회에 위생교육을 받으러 온 사람이 2,700~2,800명 정도가 된다. 동네빵집이 늘어나면서 획일화한 프랜차이즈 빵만 맛봐야 했던 소비자의 선택권이 커졌다."고 말했다. 하지만 적합업종 재지정에 반대하는 SPC그룹과 CJ그룹의 공세도 만만치가 않았다. 이들은 "대기업 점주들도 대부분 영세영업자라며, 새로 프랜차이즈 빵집을 운영하려는 사람들이 거리제한 때문에 원하는 지역에 점포를 내지 못하고, 기존점주들도 매장을 옮겨야 하는 상황에서 거리제한 규제 때문에 큰 제약을 받고 있다."고 주장했다.

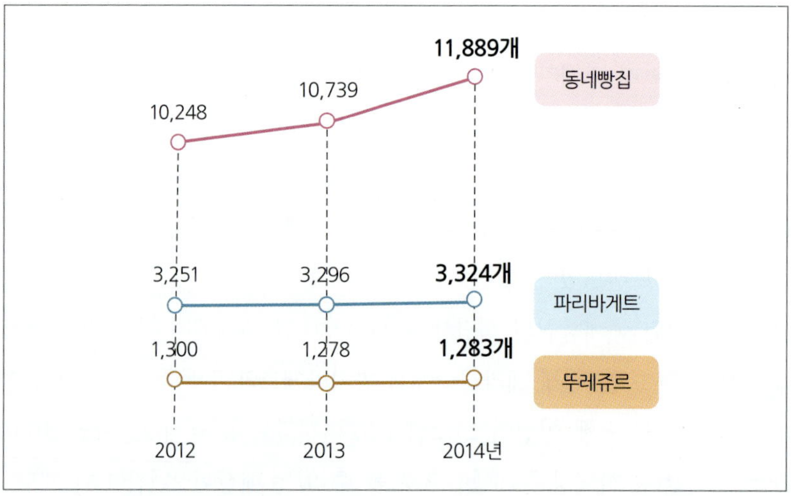

자료: 공정거래위원회, 통계청

그림 4.1 연도별 제과점 점포수현황

(3) 동네빵집을 이용하는 이유

요즘은 개인빵집들이 당일 생산·판매하는 등 의식이 많이 개선되었다. 제과점 스스로 각성해야 생존할 수 있다. 실제 몇몇 유명한 개인제과점들을 제외하고는 소비자 대다수는 동네빵집보다 대기업 프랜차이즈베이커리 가맹점을 선호하는 편이다.

시장조사전문기업 '마크로밀엠브레인'의 트렌드모니터가 한 달 기준 빵을 먹어본 경험이 있는 서울, 경기 및 6대 광역시 만 19~59세 남녀 1,000명을 대상으로 동네빵집과 프랜차이즈빵집을 비교조사한 결과, 전체 10명 중 7명(69.6%)이 동네빵집보다 프랜차이즈빵집을 더 많이 이용하고 있는 것으로 나타났다. 아울러 프랜차이즈빵집과 동네빵집의 이미지는 확연히 다르게 인식되고 있었다. 프랜차이즈점에 대해 소비자들이 가진 이미지는 제품이 다양하고 대중적이며 편리하다는 점이다. 믿고 먹을 수 있으며 깨끗하고 위생적인 요즘시대의 감성과 분위기에 맞는 장소라는 인식도 많았다. 이에 반해, 동네빵집에 대해서는 가격이 저렴하고 친근하며 정이 있다는 평가가 주를 이루었다.

동반성장위원회는 2013년 3월 골목상권 베이커리 보호를 위해 대기업 프랜차이즈의 출점 매장수와 거리를 제한하면서 파리바게트, 뚜레쥬르 등 대형 프랜차이즈는 매장수를 전년대비 2% 이상 늘릴 수 없고, 인근 중소베이커리의 500m 이내에는 출점할 수가 없는 것이 현실이다.

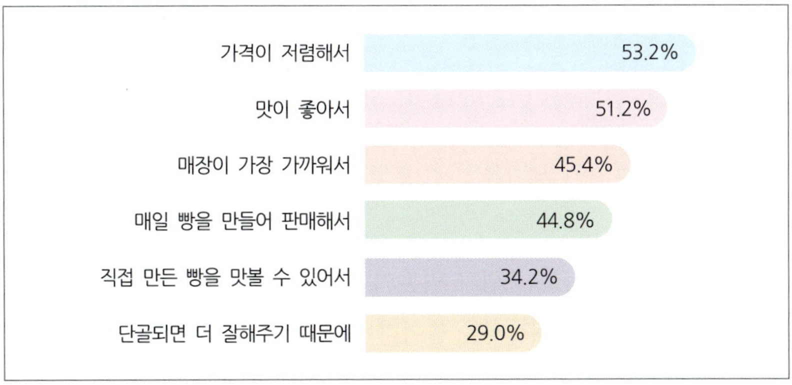

자료 : 마크로밀엠브레인

그림 4.2 동네빵집을 이용하는 이유

중소제과점을 대표하는 대한제과협회는 2015년 10월에 2016년 2월 29일 적용 만료를 앞두고 있는 적합업종의 재지정을 동반위에 요청했다. 이에 대기업 프랜차이즈와 대한제과협회, 동반위는 향후 이 제도를 3년 더 연장할지 여부를 논의하였다 3년간의 성과를 살펴보면, 대기업 프랜차이즈의 경우는 성장이 제한된 모습이다. SPC그룹의 파리바게트는 2012년 국내 매장수가 3,175개였는데, 2013년 3,220개, 2014년 3,254개, 2015년 3,354개로 3년간 총 179개가 늘어나는데 그쳤다. CJ푸드빌 뚜레쥬르는 2012년 매장수가 1,280개였는데, 2013년 1,258개, 2014년 1,264개, 2015년에는 1,275개로 3년 전에 비해 줄어들었다.

그렇다면 대기업 프랜차이즈의 성장이 제자리걸음을 하고 있는 만큼 과실이 중소베이커리로 흘러갔을까? 업계는 이 부분에 대해 의문을 제기한다. 일각에서는 최근 다양한 편의점과 마트, 카페 등에서 빵을 판매하면서 소비의 다원화가 이루어진 만큼 대기업 프랜차이즈만 규제해서는 중소베이커리를 보호하기 힘들다는 분석을 내놓는다. 뿐만 아니라 중기적합업종제도의 규제를 받지 않은 중소프랜차이즈 업체들만 수혜를 입었다는 평가도 나온다.

한편, 동반위는 중소기업청의 지원을 받아 동네베이커리의 경쟁력 강화를 위해 경쟁력 강화사업을 펼쳐왔다. 2016년 적합업종 경쟁력강화를 위한 예산도 2015년 6억 4,000만 원에 비해 50% 증가한 9억6,000만 원을 확보했다. 대표적으로 적합업종 품목별 시장현황 및 특성을 분석하여 중소기업 경쟁력 강화를 위한 사업모델 발굴을 지원해왔다. 앞으로도 공공사업화의 모델을 구현하며 활성화 할 수 있도록 판로개척 등의 지원이 더욱 지속적으로 필요하다.

(4) 지역별 우수소상공인 제과점

1 나폴레옹과자점(서울)

- 프랑스를 중심으로 하는 유럽과 일본의 빵을 연구, 다채롭고 독특한 빵들의 모티브를 적용하는 등 세계각지를 돌아다니며 맛있는 빵을 찾는 끊임없는 연구를 수행한다.
- 신선도 유지를 생명으로 하며 당일 즉석에서 반죽하여 생산된 빵이 아니면 판매

하지 않아 항상 신선한 식감을 유지한다.

2 리치몬드과자점(서울)

- 주변제과점보다 30% 정도 비싸지만 품질을 최우선으로 하고 있으며, 판매되지 않은 빵은 모두 경찰서에 전달하고 다음날은 판매하지 않는다.
- 단순히 맛있고 비싼 것이 아닌 "만드는 사람이 마음을 듬뿍 담아 정직하게 잘 만들 때 가치가 생겨난다."는 관점에서 도덕, 소비자가 최고의 가치를 느껴야 한다는 철학으로 경영한다.
- 빠르게 변하는 시장의 트렌드와 소비자의 욕구에 맞춰 학습을 지속하고 기술과 제품의 지속적인 혁신을 위해 노력한다. 또한 기회만 되면 일본에 건너가 짧게는 보름, 길게는 3개월 간 일본제과점에 머무르면서 신기술을 익힌다. 1980년대에는 유럽연수(독일, 스위스, 스페인, 이탈리아 등)도 다녀왔다. 매년 프랑스리옹에서 열리는 '월드페스추리컵World Pastry Cup'에 심사위원으로도 참석한다.

3 성심당

- 손님들이 줄을 서서 사가는 등 전국에서 매출이 가장 클 듯한 빵집이다.
- 빵이 고급스럽기보단 옛날빵 같은 촌스럽고 소박한 느낌이 든다.
- 특허를 받았다는 튀김소보로 빵이 유명하고, 요즘은 부추빵도 인기가 있으며, 만주는 여러 가지 맛이 신선하고 모양도 좋다. 떡과 결합한 빵들이 많이 있고, 인절미를 구운 듯한 빵, 넙적한 호떡 같은 빵도 있다.

4 이성당

- 전국 3대빵집을 꼽을 땐 단연 첫손에 꼽히는 곳이다.
- 빵이 나오는 시간이 되면 빵을 사려는 손님들로 길게 줄이 늘어선다. 바로 이성당의 명물로 꼽히는 단팥빵과 야채빵을 바로 먹기 위해서다. 그 맛을 잊지 못해 일부러 멀리서 찾거나 택배로 주문해 먹는 마니아도 많다고 한다.

5 ABC뉴욕제과(서울)

- 고객의 건강을 생각하고 낭만과 추억을 담을 수 있는 인테리어를 확충한다.
- 무첨가제, 천연발효종만을 고집하여 빵을 생산한다.

6 맘모스제과(안동)

- 프랜차이즈 베이커리와 차별화하기 위한 최상의 품질을 유지하는 한편, 프랑스와 일본 등의 제과제빵을 연구한다.
- 3~5년 주기로 매장시설을 개선한다.
- 맘모스제과점 전용상품권을 발행하여 활용한다.

(5) 전국 5대빵집 소개

1 군산 이성당(본점)

군산 이성당은 우리나라에서 가장 오래된 빵집으로 유명한 곳이다. 1900년대 지금의 이성당이 있던 자리엔 이즈모아라는 제과점이 있었다. 우리나라에서 처음으로 단팥빵을 판매한 제과점이다. 광복과 함께 '이씨 성을 가진 사람이 운영하는 빵집'이라는 뜻의 이성당을 오픈하여 지금에 이르렀다. 전국 3대빵집을 꼽을 땐 단연 첫손에 꼽히는 곳이며, 빵이 나오는 시간이 되면 빵을 사려는 손님들로 길게 줄이 늘어선다.

주말에는 300~2,000명 정도가 빵을 사간다고 한다. 바로 이성당의 명물로 꼽히는 단팥빵과 야채빵을 먹기 위해서다. 얇은 빵에 팥소가 꽉 찬 단팥빵은 달지가 않아 일품이며, 단팥빵의 인기비결은 일반 단팥빵보다 세 배 가량 많은 팥의 양을 넣는다고 한다. 이렇게 만들어진 빵은 하루에 단팥빵은 1만6,000개, 야채빵은 5,000개 정도이다. 한 사람이 살 수 있는 양을 10개 이내로 제한하고 있으며, 전화주문은 받지만 직접 찾아오는 손님 때문에 택배로 배달하는 물량이 하루에 4,000개로 묶어놓고 있다. 야채가 듬뿍 들어간 야채빵은 아삭아삭한 식감이 살아있어 사람들이 많이 찾는 빵이다. 이성당 대표는 이성당을 프랜차이즈로 만들 생각이 없다며 고유의 맛을 보존하기 위해 노력하고 있다.

- 위치 : 전라북도 군산시 중앙로 1가 12-1
- 영업시간 : 오전 07:30 ~ 오후 10:00
- 휴일 : 매일 첫째, 셋째 주 일요일
- 대표빵 : 단팥빵, 야채빵
- 연락처 : 063-445-2772

2 대전 성심당

1956년 역 앞에 있는 작은 찐빵집에서 시작하여 현재 은행동 본점, 롯데백화점의 롯데점, 대전역점, 성심당, 케이크부띠끄 등 다양한 매장이 생겼다. 특히 대전역사 안에 있는 성심당 앞은 대전역을 경유하는 여행객들이나 출장을 온 직장인들로 늘 북적거리는 것을 볼 수 있다. 다른 곳에서 볼 수 없는 다양한 종류의 빵이 있지만, 그 중에서도 특히 부추빵과 튀김소보로는 이곳의 대표메뉴라고 할 수 있다. 부추빵은 만두처럼 빵 안에 두부와 부추가 들어있고, 튀김소보로는 기름에 튀긴 소보로 안에 단팥이 들어있다. 튀김이지만 느끼하지 않고 바삭한 질감과 부드러운 단팥의 맛이 잘 어울리는데, 안 먹어본 사람은 있지만, 한 번만 먹은 사람은 없다는 말이 있을 정도이다.

- 위치 : 대전시 중구 대종로 480번길 15
- 영업시간 : 08:00 ~ 22:00
- 휴일 : 연중무휴
- 대표빵 : 부추빵, 튀김소보로
- 연락처 : 042-256-4114

3 서울 나폴레옹과자점

1968년에 오픈한 서울시 성북구에 위치한 서울 3대빵집 중 하나로 불리는 나폴레옹과자점이다. 이 과자점은 현재 몇 개의 체인점을 가진 굉장히 큰 규모의 빵집으로, 성북동에 본점이 있다. 특징은 굉장히 다양한 종류의 빵이 있다는 점이다. 보통 이름난 빵집들은 잘 팔리는 몇 가지의 빵들로 채워놓은데 비해, 나폴레옹과자점의 빵은 그것과는 달리 종류가 다양하다는 게 특징이다. 우리나라 제과명인들 중 많은 분들이 이곳을 거쳐갔다는 사실을 감안해 본다면, 다양한 종류의 빵을 만들고 실험한 곳이 이곳 나폴레옹과자점의 특징이고 그 결과물이 오늘날까지 이어오고 있다. 대표적인 빵은 사라다빵이며, 나폴레옹과자점은 대한민국 제과명장 10인 중 3인을 배출한 한국 제과명장의 산실로 불리고 있다. 베이커리 업계의 사관학교라는 칭호를 받기도 한다.

- 위치 : 서울시 성북구 성북동1가 35-5
- 영업시간 : 09:00 ~ 22:00
- 휴일 : 연중무휴
- 대표빵 : 사라다빵
- 전화 : 02-742-7421

4 광주 궁전제과

1973년에 오픈한 광주시에 위치한 궁전제과이다. 궁전제과는 1970~1980년대 광주 젊은이들의 데이트장소로 인기를 끊었던 빵집이다. 빵이 맛있을 뿐만 아니라 편안한 카페공간도 있어 잠시 쉬었다가기가 좋다. 동그란 바게트에 마요네즈로 버무린 달걀, 피클 등을 넣은 공룡알빵과, 파사삭 말랑 달콤한 나비파이가 유명하다. 궁전제과하면 뭐니뭐니해도 공룡알빵이 제일 유명한데 이름이 굉장히 특이하며, 공룡알빵은 바게트 끝에 동그란 부분을 잘라 그 안에 달걀샐러드를 넣어 채운 빵이다. 두 개가 붙어있는 모습이 마치 알 같다고 해서 공룡알빵이라고 이름이 붙여졌다.

- 위치 : 전남 광주시 충암로
- 영업시간 : 08:00 ~ 22:30
- 휴일 : 연중무휴
- 대표빵 : 공룡알빵
- 문의 : 062-222-3477

5 맘모스제과

1974년 처음 문을 열고서 40여 년 동안 오늘날까지 그 유명세를 떨치고 있는 5대 빵집 중의 하나이다. 특히 안동을 찾는 관광객들이 필수적으로 들르는 지역명물이기도 하다. 여기에는 각종 맛집 평가, 미식방송 프로그램에 의한 소개와 더불어 2011년

발행된 미슐랭가이드의 한국편에 별 세 개를 받았다. 건물이 세련되어 있으며 서울의 대형빵집 못지않다. 가장 인기 있는 메뉴는 바로 크림치즈빵인데, 1초에 몇 개씩 팔린다고 할 만큼 많은 분들이 좋아하는 빵이다. 늦게 가면 동이 날 정도로 인기 있는 제품으로 빵 안에 짭조름한 하얀 치즈가 가득 들어있으며, 치즈빵을 좋아하는 고객들에게 아주 인기가 있다.

- 위치 : 경북 안동시 문화광장길 4
- 영업시간 : 08:30~22:00
- 휴일 : 연중무휴
- 대표빵 : 크림치즈빵
- 연락처 : 054-857-6000

6 전주 PNB 풍년제과

풍년제과는 1951년 개점하여 3대째 전통의 맛을 계승하고 있는 전주의 유명제과점이다. 1951년 우리나라에서 최초로 센베이를 만들어 팔던 빵집으로, 이곳은 재료들을 여러 번에 걸쳐 손으로 반죽한 후 풍미를 위해 하루 숙성시키고, 바삭한 식감을 위해 전기가 아닌 불로 8시간에 걸쳐 구워내어 빵을 만든다. 전주역이나 한옥마을을 거닐다보면, 풍년제과 쇼핑백을 들고 다니는 여행객들이 많아 그 인기를 실감할 수 있다. 대표적 상품은 하루 평균 만개 이상 팔리는 '수제초코파이'다. 100% 국내산 밀을 사용하며, 속에 들어있는 딸기잼과 마시멜로우가 조화를 이루고 겉 초콜릿 코팅이 단맛을 살린다. 여기에 견과류로 고소함을 더했다. 이외에도 인기메뉴는 땅콩센베이인데, 바삭하게 먹는 과자에서 느껴지는 땅콩의 고소한 맛이 일품이다.

- 위치 : 전라북도 전주시 완산구 팔달로 180
- 영업시간 : 09:00 ~ 22:00
- 휴일 : 연중무휴
- 대표빵 : 초코파이, 땅콩센베이
- 연락처 : 063-285-6666

뚜레쥬르를 크게 앞서나가는 것으로 전해진다.

식품업계 관계자는 "뚜레쥬르가 한때 파리바게트의 강력한 라이벌로 꼽혔지만, 사실 매장수는 파리바게트가 훨씬 빠르게 늘어가고 있다."며 "여기에는 창업자들의 쏠림현상도 주효했지만, 중기적합업종에 따른 출점제한 규제가 주효했다."고 평가했다. 실제 2012년부터 적용되기 시작한 중소기업적합업종에는 대기업 베이커리의 출점제한과 함께 출점가능 총량을 제한하는 규제가 담겨있다. 총점포수의 2% 내로만 점포를 늘리는 것이 가능하도록 한 것이다. 즉 총점포수가 3,364개인 파리바게트는 연간 69개 매장확대가 가능하지만, 뚜레쥬르는 점포수 26개를 늘리는 것까지만 허가된다. 양사가 출점한계까지 점포수를 지속적으로 늘린다면, 산술적으로 뚜레쥬르가 파리바게트를 따라잡는 것은 영영 불가능하게 된다. 프랜차이즈 사업은 특성상 가맹점수가 곧 경쟁력이 되기 때문에, 뚜레쥬르 입장에서는 점차 벌어지는 격차에도 불구하고 이렇다 할 뚜렷한 방법이 없다.

CJ푸드빌은 지난달 뚜레쥬르 브랜드를 리뉴얼하는 한편, 해외매장 확대에 공격적으로 나서는 상황이다. 하지만 브랜드 리뉴얼을 기존매장에 모두 일괄 적용하기는 힘들 뿐더러, 해외점포가 직접 수익을 내는 상황까지는 상당한 시간이 필요할 것으로 예상되고 있다.

대기업 프랜차이즈제과점을 조사한 결과에 따르면, 15년간(1999~2014년까지) 파리바게트와 뚜레쥬르의 점포수는 각각 622개에서 3,254개(2,632개 증가), 205개에서 1,264개(1,059개 증가)로 급증한 것으로 나타났다. 2010년까지 기하급수적으로 늘어나던 점포수는 2013년 3월 동반성장위원회가 제과업을 중소기업적합업종으로 지정하면서야 주춤해졌다.

(2) CJ푸드빌과 파리크라상 연도별 매출 추이비교

현재 국내 제빵라이벌 파리바게트와 뚜레쥬르를 각각 운영하는 파리크라상과 CJ푸드빌의 2015년 영업실적을 분석한 결과를 보면, 매출격차는 좁혀진 반면에 영업이익 격차는 더욱 확대된 것으로 나타났다.

두 대기업 회사의 2014년 감사보고서에 따르면, 별도재무제표 기준 매출액은 업계

1위 파리크라상이 0.1% 성장한 1조6,532억 원으로 주춤한 반면에, CJ푸드빌은 18.3% 증가한 1조1,121억 원을 기록하며 파리크라상을 압도하는 증가세를 보였다. 영업이익 또한 CJ푸드빌이 2013년 124억 원 적자에서 2014년에는 285억 원 개선된 161억 원의 흑자를 기록하며 흑자전환에 성공했다. 하지만 파리크라상은 2014년에 0.3% 늘어난 665억 원에 그쳐 영업이익 증가율에서도 CJ푸드빌보다 저조하였다. 파리크라상이 2013년 이후 2년 연속 외형과 손익 모두 제자리걸음을 보인 것은 2012년 공정위의 점포 출점 규제와 동반성장위원회의 제빵업 중소기업적합업종 지정 등 이중규제의 영향 때문이라는 것이 업계의 지적이다. 하지만 파리크라상의 영업이익은 매년 꾸준한 증가추세를 보이고 있는데 비해, CJ푸드빌은 적자와 흑자를 오락가락하는 불안정한 실적을 보여 근본적인 수익성 개선대책이 필요하다는 지적이다.

표 4.1 CJ푸드빌, 선두 파리크라상과 연도별 매출액 추이비교 (단위 : 억 원)

연도 / 회사	2009	2010	2011	2012	2013	2014
파리크라상	10,015	13,126	15,733	16,243	16,512	16,532
CJ푸드빌	6,489	7,365	7,958	8,552	9,478	11,211

파리크라상은 2013년 공정위와 동반성장위 규제의 직격탄에서 벗어나지 못하며 2년 연속 주춤하는 사이에, 베이커리사업 외 다양한 외식브랜드를 보유하여 상대적으로 운신의 폭이 넓은 CJ푸드빌이 약진을 펼치며 매출격차를 좁혔다. 파리크라상(파리바게트)이 2012년 5월 공정위의 프랜차이즈 빵집 신규출점 거리제한, 또 같은 해 12월 동반성장위의 골목상권보호를 위한 제빵업 중소기업적합업종 지정 등 이중규제로 인해 신규출점이 거의 봉쇄되면서 성장세에 발목이 잡힌 것이다. 반면, CJ푸드빌의 경우 2013년 대비 18.3% 증가한 1조1,211억 원의 매출을 기록하며 창사 이래 처음으로 별도재무제표 기준 '매출 1조클럽'에 이름을 올리게 되었다.

이 같은 성과는 제빵브랜드 뚜레쥬르와 커피전문점 투썸플레이스 등 다수의 외식브랜드들이 파리크라상과 동일한 정부의 규제 속에서 이뤄낸 것이어서 파리크라상에 비해 선전을 펼친 것으로 평가하고 있다. 두 회사의 2009~2014년간 매출성장세를 보면, 규제로 인한 영향이 파리크라상에게 얼마나 불리하게 작용했는지를 확연하게 보여준다.

(3) 파리크라상과 CJ푸드빌 연도별 매출액 증가율 추이

제빵브랜드 '파리바게트' 단독체제인 파리크라상의 연도별 매출성장률을 보면 2009년 27.9%, 2010년 31.1%, 2011년 19.9%로, CJ푸드빌을 2~3배 압도하는 성장세를 보였다. 하지만 규제가 시작된 2012년 말 3.2%를 기록하며 CJ푸드빌의 7.5% 성장세에 역전당하더니, 규제가 본격 적용된 2013년 1.7%, 2014년 0.1%로 급감했다.

반면, CJ푸드빌은 뚜레쥬르 외에도 '빕스', 한식브랜드 '비비고'와 '계절밥상', '제일제면소', '차이나팩토리', '투썸플레이스' 등 10여 개가 넘는 외식브랜드들이 규제에도 불구하고 양호한 실적을 기록하며 성장세를 이끌었다.

그 결과 2012년 7.5%, 2013년 10.8%, 2014년 18.3%의 매출 증가세를 보이며 2011년 이전과는 반대로 파리크라상을 3년 연속 앞섰다. 이로써 지난 6년간 두 회사의 매출액 격차는 2009년 1.5배, 2010년 1.8배, 2011년 2.0배로 최대치를 기록한 후, 2012년 1.9배, 2013년 1.7배에 이어 2014년 1.5배 수준으로 점차 좁혀지고 있어 파리크라상의 향후대응이 주목되고 있다.

표 4.2 연도별 매출액 증가율 추이비교 (단위 : %)

회사 \ 연도	2009	2010	2011	2012	2013	2014
파리크라상	27.9	31.1	19.9	3.2	1.7	0.1
CJ푸드빌	10.4	13.5	8.1	7.5	10.8	18.3

(4) 파리크라상, CJ푸드빌 연도별 영업이익 추이비교

감사보고서를 보면, 임차료가 2013년 607억 원에서 지난해 668억 원으로 무려 61억 원이나 늘었고, 상기용역비 등을 처리한 지급수수료 총액도 2012년 대비 약 78억 원이 증가하여 영업이익 증가세를 둔화시킨 것으로 분석됐다. 반면에, CJ푸드빌의 경우엔 2009년 94억 원, 2010년 -57억 원, 2011년 -216억 원, 2012년 63억 원 흑자,

2013년 -124억 원 적자 전환한데 이어, 지난해 161억 원의 흑자를 시현하며 큰 폭의 흑자 전환에 성공했다.

표 4.3 **연도별 영업이익 추이비교** (단위 : 억 원)

연도 회사	2009	2010	2011	2012	2013	2014
파리크라상	380	489	569	615	663	665
CJ푸드빌	94	−57	−216	63	−124	161

지난 7년간 두 회사의 영업이익을 비교해 보면, 파리크라상은 지난 2009년 380억 원에서 매년 점증하며 지난해 663억 원을 기록, 최고치를 경신했다. 반면에 CJ푸드빌은 2009년 94억 원, 2010년 97억 원, 2011년 -182억 원, 2012년 64억 원으로 흑자를 기록하더니, 2013년에는 -124억 원으로 또다시 적자전환하며 불안정한 실적을 보였다.

업계관계자는 "제빵라이벌 두 회사의 지난해 영업실적에는 각사가 지속성장을 위해 풀어야 할 과제가 무엇인지 그대로가 표출되어 있다."며 "CJ푸드빌의 경우엔 안정적 수익구조 창출, 파리크라상의 경우엔 성장세가 급격히 둔화되고 있는 국내 사업에 대한 대비책 마련이 필요할 것으로 보인다."고 지적했다.

국내 대표적 베이커리 프랜차이즈 라이벌인 파리크라상과 CJ푸드빌의 매출 격차가 8년 전 2,500억 원에서 2013년 7,000억 원으로 3배 이상 크게 벌어진 것으로 조사되었는데, 특히 2013년 CJ푸드빌의 영업이익이 적자로 돌아서면서 수익성에서도 CJ푸드빌은 파리크라상에 완패를 당했다. 기업경영성과 평가사이트인 CEO스코어가 파리크라상과 CJ푸드빌의 매출과 영업이익 등 실적을 조사한 결과, 지난해 파리크라상 매출은 1조6,513억 원, CJ푸드빌은 9,478억 원을 각각 기록했다. 8년 전에 비해 CJ푸드빌의 매출이 487%나 증가했음에도 불구하고 같은 기간 양사 간 매출 격차는 2,452억 원에서 7,035억 원으로 무려 3배나 확대됐다.

영업이익의 경우는 명암이 더욱 극명하게 엇갈린다. 2013년 파리크라상이 663억 원의 흑자를 기록한 반면, CJ푸드빌은 124억 원 적자를 냈다. 2008년 이후 파리크라상의 압도적 우위가 지속되고 있는 것이다.

이 같은 양사 간의 실적 격차는 '선택과 집중'에서 갈렸다는 분석이다. 각사가 운영하는 브랜드를 보면, 파리크라상이 파리바게트 · 파스쿠치 · 잠바주스 · 퀸즈파크 · 라글라리아 등 9개이며, CJ푸드빌은 뚜레쥬르 · 투썸플레이스 · 빕스 · 비비고 · 차이나팩토리 등 19개이다. 언뜻 보기에는 두 회사의 사업구조가 베이커리 · 커피전문점 · 외식업체 운영 등으로 비슷해 보이지만, 속사정을 들여다보면 다소 차이가 있다. 파리크라상은 외식브랜드 수가 많지 않을 뿐더러 매출의 대부분이 파리바게트에 편중되어 있는 반면, CJ푸드빌은 뚜레쥬르와 나머지 외식브랜드의 매출규모가 비슷하다. 브랜드수도 CJ푸드빌의 경우, 기존 외식브랜드에 올 초 인수한 CJ엔시티의 외식 브랜드까지 합치면 보유브랜드가 15개 수준인 반면, 파리크라상은 외식브랜드가 5개 안팎에 불과하다.

(5) 중기적합업종 지정에 따른 점포수 추이비교

제과점업이 중소기업적합업종에 재지정되면서 파리바게트(SPC그룹)와 뚜레쥬르(CJ푸드빌)의 고민이 깊어지고 있다. 불황으로 소비심리가 잔뜩 위축되어 있고 외국 베이커리 브랜드의 진출이 이어지는 상황에서 이번 재지정으로 국내에서 또다시 3년간 신규출점에 제약을 받기 때문이다. 국내에서 한동안 성장을 기대하기 어렵게 되었다는 게 이들 업체의 공통된 견해이다.

이들 대형 프랜차이즈는 지난 3년간 극심한 성장정체를 겪은 만큼 이번에 규제완화 입장을 고수해 왔으나, 대기업의 골목상권 침해에 대한 부정적인 여론으로 막판

합의에 이른 것으로 보인다.

파리바게트의 2015년 말 기준 국내 매장수는 3,354개로 제과점업의 중소기업적합업종 지정 이후 3년간 127개 증가에 머물렀고, 뚜레쥬르 역시 1,280개에서 2015년에 1,275개로 5개 줄어들었다. 이들 대형 프랜차이즈로서는 불황과 시장포화, 외국 베이커리 브랜드의 국내진출 등 열악한 시장상황 속에서 또다시 성장 걸림돌에 부딪힌 셈이다.

이번 합의에서 신도시나 신상권에서의 신규출점은 500m 거리제한에 예외를 둬 매장확대에 다소 숨통이 트이긴 했어도 국내성장에는 여전히 한계가 있는 만큼 중국·미국을 앞세운 해외시장을 위기극복의 돌파구로 삼을 것으로 보인다. 현재 중국·미국·베트남·싱가포르·프랑스에서 200개 점포를 연 파리바게트는 중국에서만 운영 중인 해외 가맹사업을 2016년에는 본격화한다는 방침이다.

해외에서 218개 매장을 운영 중인 뚜레쥬르는 특히 중국에서 2020년까지 1,000개 점을 운영한다는 내부목표를 세워두고 중국사업 확장에 많은 노력을 하고 있다. 중국 100호점을 오픈한 만큼 5년 내 10배 성장의 청사진을 그리고 있는 셈이다. 이를 위해 광저우 등의 주요지역 사업을 강화하고 미진출 지역에 추가진출 할 계획이다.

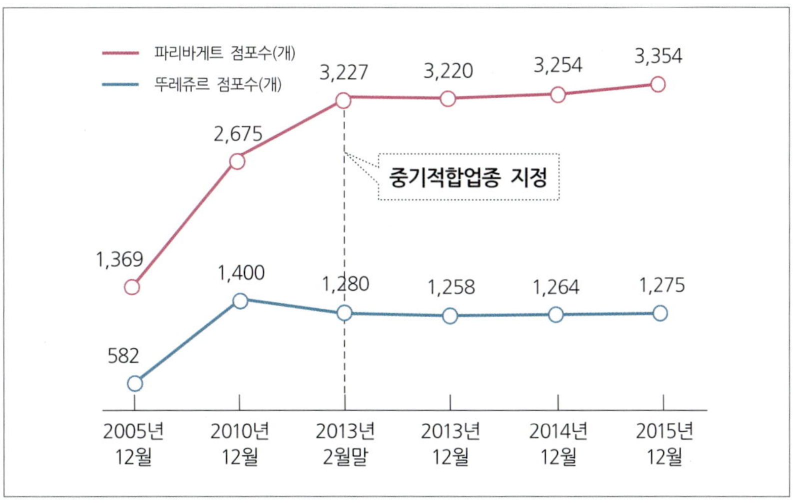

그림 4.5 파리바게트, 뚜레쥬르 연도별 매장 추이비교(단위 : 개)

(6) 프랜차이즈 베이커리 매출 및 창업비용 비교

국내 주요 베이커리 브랜드 가운데 창업비용에 비해 가맹점 평균매출이 가장 높은 곳은 '파리바게트', 가장 낮은 곳은 GS그룹의 '미스터도넛'으로 나타났다. 파리바게트의 가맹점 평균 매출은 창업비용의 3배에 가까운 반면, GS리테일에서 운영하는 미스터도넛은 0.7배로 창업비용이 기대에 못 미치는 것으로 조사되었다.

표 4.4 프랜차이즈업계 제빵산업 매출 / 비용현황 (단위 : 억 원)

그 룹	브랜드	가맹점수	평균매출액	비 용	매출액 / 비용
파리크라상	파리바게트	3,175	729,913	264,000	276%
CJ푸드빌	뚜레쥬르	1,260	419,744	190,350	221%
신라명과	신라명과	42	215,073	106,800	201%
(주)브레댄코	브레댄코	32	386,435	196,432	197%
비알코리아	던킨도너츠	732	343,984	207,350	166%
삼립식품	따삐오	227	152,000	127,520	119%
GS리테일	미스터도넛	32	248,325	321,300	77%
평 균		786	356,496	201,965	177%

기업경영성과 평가사이트인 CEO스코어가 공정거래위원회의 가맹사업거래 현황을 분석한 결과, 국내 주요 제빵프랜차이즈 7개 브랜드의 지난해 가맹점 평균매출은 3억 5천649만 원으로 집계됐다. 이는 평균 창업비용 2억196만 원의 1.77배 규모이다.

창업비용은 '가맹점사업자의 부담금'을 의미하는 것으로 가맹비 · 교육비 · 보증금 등을 합친 금액이며, 매출은 직영점을 제외한 순수가맹점 매출만 집계했다. 또 투자 효율성을 나타내는 지표로서 창업비용 대비 매출액 규모를 계산했다.

창업비용에 비해 가맹점 평균매출이 가장 높은 곳은 파리크라상에서 운영하는 파리바게트였다. 파리바게트 가맹점 평균매출은 7억2천991만 원으로 제빵 프랜차이즈 가운데 가장 높았다. 창업비용 역시 2억6천400만 원으로 7개사 중 2번째 높은 것으로 조사되었다. 가맹점 평균매출이 창업비용의 276%에 달해 타사에 비해 들어가는 비용도 많고, 벌어들이는 수입도 많았다.

이처럼 수입이 높은데 대해 파리바게트 측은 '맛'과 '서비스' 때문이라고 설명했다. 파리바게트 관계자는 "일단 맛이 중요한데, 파리바게트의 경우 1천 가지 이상의 원재료로 600가지가 넘는 빵을 수백만 개씩 만들어내는 '베이크 오프시스템'을 도입해 고객들이 매장에서 갓 구운 빵을 만날 수 있도록 했다."며 "또 가맹점주들의 서비스역량 향상을 위해 인터넷 학습사이트 '가맹점 사이버스쿨'과 '가맹대표 MBA과정'을 운영"한다고 설명했다.

이어 CJ푸드빌에서 운영하는 뚜레쥬르가 221%로 2위를 차지했다. 뚜레쥬르는 가맹점 당 1억9천35만 원을 투자하여 평균 4억1천974만 원의 매출을 올렸다. 뚜레쥬르의 경우에 창업비용이 평균보다 적고, 매출은 평균보다 높은 것으로 나타났다. 특히 투자비용 부분은 파리바게트보다 평균 7천만 원 정도 적었다. 이는 초기 투자비용의 대부분을 차지하는 '인테리어 비용'에 대한 부담이 상대적으로 적기 때문인 것으로 분석된다.

일반적으로 프랜차이즈업체들은 시공을 할 때 인테리어업체를 지정해주거나 본사가 직접 하는데, 뚜레쥬르는 어느 지역에 어떤 평수에 매장을 어떤 구조로 해야 한다는 공시를 하고, 가맹점주들이 입찰을 통해 인테리어업체를 자유롭게 선택할 수 있어 조금이라도 비용이 절감된다. 또 인테리어 비용은 대부분 인건비인데 얼마나 숙련된 사람들을 투입해 공사기간을 짧게 하느냐가 관건이라며, 이 부분에 있어서도 개선노력을 하고 있다고 한다. 이어 신라명과가 201%로 3위를 차지했고, 신라명과 계열의 프랜차이즈 베이커리 전문브랜드인 브레댄코가 197%로 4위에 올랐다.

신라명과의 경우, 가맹점 평균매출이 2억1천507만 원에 그쳤지만, 가맹점주들이 초기에 지불하는 평균비용이 1억680만 원으로 7개사 중 가장 적어 창업비용 대비 매출이 높은 편이었다. 2009년 신라명과로부터 법인분리를 한 브레댄코의 가맹점주들은 평균 1억9천643만 원의 비용을 투자했고, 3억8천643만 원의 매출을 올린 것으로 조사됐다. 특히 브레댄코는 폐업을 결정한 크라운베이커리의 가맹점주들이 빠르게 사업을 브레댄코로 전환하고 있어 실적이 기대된다.

2012년 7월 일산백병원점을 시작으로 크라운베이커리의 서울, 경기권 매장 25개 중 브레댄코로 전환했거나 전환오픈이 확정된 매장은 현재 12개이며, 이 숫자가 앞으로 약 20개 정도로 늘어날 것이라고 회사 측은 전망했다. 또 큰 베이커리 프랜차이즈가 출점제한이 있지만 브레댄코는 출점제한을 적용받지 않아 유리한 점이 있었다고 덧붙였다.

5위는 166%를 기록한 비알코리아 던킨도너츠였고, 삼립식품에서 운영하는 따삐오가 119%를 기록해 6위를 차지했다. 던킨도너츠 가맹점주들은 2억735만 원을 투자해 연평균 3억4천398만 원의 매출을 냈다. 삼립식품의 따삐오는 본전치기 수준으로 초기 투자비용이 1억2천752억 원, 연평균 매출은 1억5천200만 원으로 조사됐다. 가장 수익성이 안 좋은 곳은 GS리테일에서 운영하는 미스터도넛으로 조사되었다.

미스터도넛의 경우에 투자비용은 3억2천130만 원, 매출액은 2억4천832만 원으로 조사되었다. 한 해 매출로 창업비용조차 감당하지 못하는 셈이다. 이 때문에 미스터도넛은 가맹점이 32개에서 16개로 절반이 떨어져나가는 등 가맹점 해지가 급속도로 이루어지고 있다.

(7) 프랜차이즈 베이커리 가맹점 폐점률

2015년 기업경영성과 평가사이트인 CEO스코어에 따르면, 국내 6개 주요 제빵프랜차이즈 업체를 대상으로 2014년 말 기준 가맹점주의 창업비용과 평균 매출, 고정비(로열티, 광고·판촉비), 폐점률 등을 조사한 결과 파리바게트가 폐점률이 가장 낮고, 평균매출은 가장 높은 것으로 나타났다.

가맹점 폐점률은 한 해 동안 가맹점주가 가맹본사와 계약을 중단(기간만료, 중도해지 포함)한 비율을 말한다. 점포운영의 안정성을 나타내기 때문에 창업 전 가장 먼저 확인해야 할 지표로 꼽힌다. 하지만 현재 7개 업체는 규모의 차가 커 폐점률 대신 폐점 점포수를 기준으로 살펴보았다.

6개 업체 중 작년기준 폐점 점포수가 가장 많은 곳은 CJ푸드빌의 뚜레쥬르였다.

계약종료 39곳, 계약해지 24곳으로 총 63곳(폐점률 5.1%)이 문을 닫았다. 이어 파리크라상의 파리바게트는 50곳(1.6%)이 문을 닫아 두 번째로 폐점 점포수가 많았다. 규모에 비하면 두 곳 모두 폐점 점포수가 많은 편은 아니다. 다음으로는 앤티앤스 13곳(29.5%), 신라명과 12곳(26.7%), 브레댄코 11곳(23.4%), 롯데제과의 보네스뻬 8곳(16.7%) 등의 순으로 폐점 점포수가 많았다.

표 4.5 프랜차이즈 베이커리 가맹점 폐점률(2014년 기준) (단위 : 개)

구 분	2013년	2014년	폐 점	신규개점	가맹점수	가맹점 비중
뚜레쥬르	8.9%	5.1%	63	70	1,245	98.5%
파리바게트	0.7%	1.6%	50	84	3,254	98.9%
앤티앤스	8.3%	29.5%	13	28	58	52.7%
신라명과	23.8%	26.7%	12	0	33	75.0%
브레댄코	21.9%	23.4%	11	18	54	94.7%
보네스뻬	15.7%	16.7%	8	1	41	27.3%

자료 : CEO스코어

(8) 프랜차이즈 가맹사업자 부담금 비교

가맹비와 교육비, 보증금, 기타 비용을 합친 창업비용(가맹사업자 부담금)이 가장 많은 곳은 파리바게트로 2억9,000만 원이었다. 이어 보네스뻬 1억9,500만 원, 뚜레쥬르 1억9,100만 원, 브레댄코 1억8,400만 원, 앤티앤스 9,200만 원 순이었다.

파리바게트는 가맹점주의 평균매출도 6억3,200만 원으로 1위였다. 2위인 뚜레쥬르보다 1억8,700만 원이나 많았다. 다음으로 브레댄코 3억8,300만 원, 보네스뻬 3억600만 원, 앤티앤스 2억4,900만 원, 신라명과 1억9,000만 원 등의 순으로 조사되었다.

두 지표를 종합해 구한 가맹점주의 창업비용 대비 매출비율은 앤티앤스가 272%로 가장 높았다. 파리바게트와 뚜레쥬르는 비용이 상대적으로 많아 매출이 많았음에도 2 · 3위를 차지했다.

표 4.6 프랜차이즈 가맹사업자 부담금 (단위 : 백만 원)

구 분	부담금	평균매출	매출 / 비용
뚜레쥬르	191	445	233%
파리바게트	290	632	218%
앤티앤스	92	249	272%
신라명가	107	190	178%
브레댄코	184	383	208%
보내스뻬	195	306	157%

자료 : CEO스코어

3) 양산업체 베이커리

(1) 양산빵시장의 정의

양산빵이란, 공장에서 대량으로 기계작업으로 생산 포장하여 슈퍼마켓, 편의점, 할인점 등에서 판매하는 빵을 말한다. 전국적인 판매망을 갖추고 기계화된 시설로 대량생산, 품목면에서 다양성은 떨어지나 손쉽게 구매할 수 있다. 공장에서 제조와 포장까지 일관하여 대량으로 완성되고 유통되는 빵을 양산빵이라고 하는데, 한때 베이커리 시장을 월등히 앞질렀던 양산빵시장은 소득수준 향상 및 웰빙을 중시하는 소비심리 변화에 대응하지 못하고 현재는 급격히 감소하고 있는 것으로 나타났다.

(2) 양산빵 유통과정

먼저 대형마트, 편의점, 외식업체 및 군납, 식자재 공급업체 등 대규모 수요처에는 직판 또는 특판 등의 영업조직을 통해 공급된다. 그리고 동네슈퍼 등에는 특약점(도매업체) 등을 경유해서 공급된다. 이런 식으로 양산빵의 유통과정을 알 수 있는데, 현재는 삼립식품, 샤니, 기린, 서울식품 등 4개 업체가 시장점유율을 대부분 형성하고 있는 가운데, 이러한 일부업체의 독과점 현상이 제품의 질을 하락시켜 베이커리 시장에서 급격한 감소현상을 보이고 있다. 이처럼 베이커리 시장의 현황을 파악하면서 관련 사업이나 납품영업을 하는 업체들은 사업에 참고하면 많은 도움이 될 수 있다.

흔히들 겨울에 먹는 '호빵'을 만드는 회사로만 인식하고 있는 삼립식품은, 이제 단순히 호빵만 만드는 회사가 아니라 대한민국의 독보적인 시장지배력을 가진 양산빵 업체로 성장하였다. 우리가 매일 사먹는 그것이 크라운베이커리이든 편의점이든 혹은 뚜레쥬르이든 마트의 식빵이든, 우리가 매일 생각 없이 먹는 빵의 대부분을 '삼립식품'에서 만들어낸다는 사실이다.

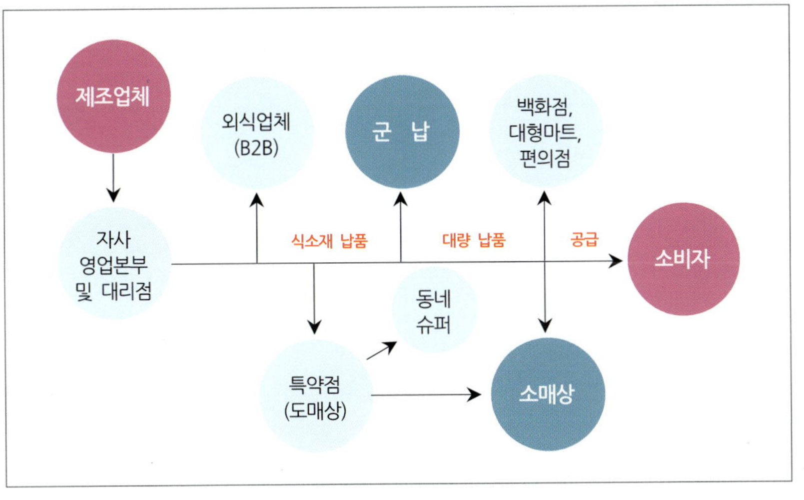

그림 4.6 양산빵의 유통경로

표 4.7 양산빵의 유통구조(2가지)

구 분	내 용
대형마트, 편의점, 외식업체, 군납, 식자재 공급업체	직판 또는 특판 등의 영업조직을 통해 직접 공급
동네슈퍼	특약점(도매업체) 등을 경유해 공급

(3) 양산베이커리 시장점유율

삼립식품은 경쟁관계에 있던 '샤니'를 인수하여 양산빵 시장 내에서 점유율 89%로 독보적인 독점력을 장악하게 되었다. 단순히 호빵 만들던 회사에서 프랜차이즈사업과 휴게소사업, 식소재, 식유통 등으로 사업 포트폴리오를 확대하고 있고, 특히 공급업체인 밀다원(밀가루), 알프스(육가공) 등을 인수하여 재료공급에도 원활한 효율성을 보이고 있다.

특히 밀다원은 SPC그룹(파리바게트, 던킨도너츠, 베스킨라빈스, 파스쿠치 프랜차이즈회사)에 인수되었는데, 삼립식품에는 2012년 말에 100% 종속법인으로 편입되었다. 밀다원은 SPC에 인수된 후 매출이 2008년 169억 원에서 2012년 1,093억 원으로 4년 만에 5배 이상 대폭 성장하였다. 이는 삼립식품의 폭발적인 이익급등에 앞으로도 기여할 것으로 예상된다.

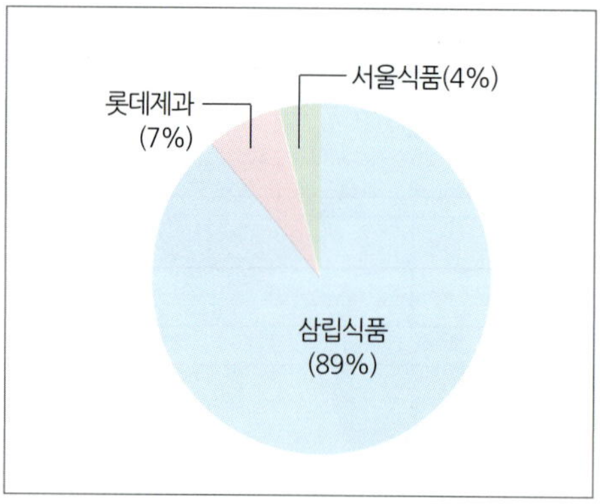

자료 : 식품유통연감

그림 4.7 양산빵 시장점유율

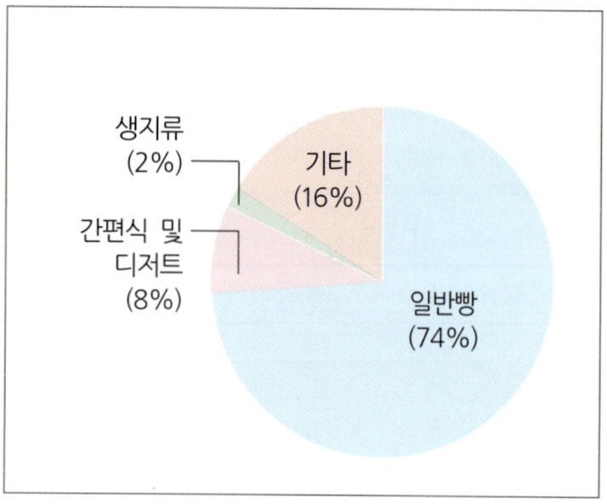

자료 : 삼립식품(2015년)

그림 4.8 삼립식품 제빵사업 매출구성

(4) 양산베이커리 시장규모 특성

1 양산빵 시장규모

2010년 양산빵 시장은 약 7,600억 원 규모로 2009년 대비 16% 성장한 것으로 추정된다. 식품연감에 따르면, 2009년 양산 4개사의 매출액은 6,563억 원으로 전년대비 약 7.7% 성장하였다.

업체별 매출액을 살펴보면, 삼립식품이 전년대비 15.8% 증가한 2,182억 원의 매출액을 올리면서 양산 4개사 중 가장 큰 증가율을 보였다. 샤니는 3,302억 원으로 전년대비 12.7% 증가, 서울식품은 10.2% 증가한 445억 원의 매출을 기록하였다. 그러나 기린의 매출액은 624억 원으로 전년대비 -27.9% 감소하였다.

② 기업별 주요 브랜드와 제품

양산빵 생산 상위기업은 식빵, 일반빵(과자빵), 페스추리, 도넛, 호빵, 호떡 등을 다양하게 생산하고 있다. 각 기업별 주요 양산빵 브랜드 제품은 표 4.8과 같다. 기업별 대표적인 브랜드를 살펴보면, 삼립식품은 '삼립빵', '보니또', '후레쉬메이트'가 있으며 가장 많은 브랜드를 보유한 샤니는 '팡찌니', 'thePan', '샤니베이커리', '런치팩', '김탁구의 행복한 빵', '포켓몬스터', '샌드팜' 등이 있다. 기린은 '본아뻬띠'가 있으며, 서울식품은 '코알라', '맨치트'가 있다.

표 4.8 주요기업별 제품브랜드

품 목	생산품목	주요브랜드
삼립식품	식빵, 일반빵, 케이크, 페스추리, 도넛, 호떡, 호빵 등	삼립빵, 제빵왕 김탁구, 보니또, 후레쉬메이트 등
샤니	식빵, 일반빵, 케이크, 페스추리, 화과자, 호떡, 호빵, 샌드위치 등	김탁구의 행복한 빵, 포켓몬스터, 런치팩, 샌드팜, 팡니 등
기린	도너츠, 식빵, 과자빵, 카스텔라, 페스추리 등	본아뻬띠 등
서울식품	식빵, 과자빵, 냉동생지류, 빵가루 등	코알라, 맨치트 등

자료 : 각사 홈페이지

③ 양산빵 매출증가

인기드라마 '제빵왕 김탁구'는 양산빵에 대한 소비자 인식의 개선에 크게 기여하였으며, 양산빵 매출증대에 기여하였다.

(5) 양산베이커리 시장의 특성

① 원재료비 상승, 인건비 상승 등으로 인한 경영환경의 압박

해외에서의 곡물작황에 따른 곡물가인상은 원재료가격을 인상시키는 주요 요인으로 제빵산업의 경영환경에 막대한 영향을 미쳤으며, 또한 인건비상승은 양산빵 원가상승의 주요인으로 작용하고 있다. 2008년 이후에 유가변동 및 환율상승, 원·부재료의 가격인상은 원가상승의 주요요인이 되었으며, 지속된 경기침체에 따른 소비위축으로 가격경쟁력이 부족한 소규모 양산업체는 점차적으로 시장에서 도태되고 있는

실정이다. 그 중에 주요업체들이 원가구조개선 노력과 품질경쟁력을 바탕으로 한 신제품 출시로 성장을 이끌고 있다.

② 고령화에 따른 인력공급의 어려움

빵공장에서의 노동인력은 고령화로 퇴직률이 높아지고 있으며, 대체인력을 공급하는 것이 주요이슈로 대두되었다. 인력문제를 해결하기 위해 노력하고 있는 회사는 공장 자동화시스템에 막대한 투자를 하고 있음에도 불구하고 고학력과 젊은 인력의 공장근무 기피경향으로 인력공급에 어려움을 겪고 있다.

③ 시장의 양극화현상

지속되는 경기불황 속에서도 소비자들은 품질에 대한 요구수준이 높아져가고 있는 반면, 납품 · 식자재용 제품 등 저가형 상품에 대한 수요도 꾸준히 지속되고 있어 소비수요의 양극화현상이 뚜렷하게 나타고 있다. 각 업체들은 다양해진 소비층에 대한 맞춤 제품전략을 구사하기 위해 노력하고 있다.

④ 식품안전 트렌드의 확산

식품안전과 관련된 사건 이후 소비자들의 식품안전 의식이 크게 높아짐에 따라, 사회문화적인 기준 또한 엄격하게 강화되고 있다. 이러한 사회적 트렌드를 따라가지 못하는 식품과 업체는 도태되어가고 있으며, 각 양산업체는 위해요소 중점관리기준 HACCP 인증 등을 통해 식품안전트렌드에 맞추고자 하고 있다. 그리고 식품안전트렌드에 맞춰 우리쌀, 우리밀제품 등의 국내산제품으로 재료의 안전성을 강조하는 제품이 출시되고 인기를 얻고 있다.

샤니는 2006년 1월 국내 양산빵 업계 최초 햄버거빵, 핫도그빵 라인 HACCP 인증을 획득하였고, 8월 국내 양산빵 업계 최초 식빵 생산라인 HACCP인증을, 이듬해에는 국내 최초 잼류, 식품소재용 잼류, 젤리류 3개 유형에 대한 HACCP인증을 획득하였다. 그리고 삼립식품은 2007년 햄버거류, 2008년 냉동면류에 HACCP인증을 획득하였다. 기린은 2008년 설립한 부산공장은 전 공정에 업계 최초로 HACCP 인증을 획득하였다.

4) 인스토어베이커리In-store Bakery

대형 할인매장이나 백화점 내에 소규모의 공장이 딸린 베이커리로서 지속적인 매출증대와 성장이 가능하다. 인스토어빵집은 대형마트나 SSM, 편의점 내에 있는 소규모 빵집이며 대형 유통업체 안에 위치하여 매년 높은 성장세를 보이고 있다. 인스토어빵집의 매출은 2007년 8,000억 원에서 2010년 1조2,000억 원으로 증가했다.

백화점이나 대형 할인점에 입점한 이른바 인스토어In-store베이커리가 최근에 달라지고 있다. 과거 저렴한 가격과 고소한 빵냄새로 쇼핑객들의 얇은 지갑을 열던 방식에서 벗어나, 고급제과 기술을 도입하여 소비자들의 입맛을 맞추고 있다.

IMF 외환위기 직후만 해도 중저가의 실속형 베이커리들이 인기를 끌었지만, 2000년 이후 생활수준이 높아지면서 고급베이커리에 대한 수요가 꾸준히 늘어나고 있다.

조선호텔베이커리는 1999년 '달로와요'와 독점계약을 했다. 달로와요는 200년 전통의 프랑스 베이커리 브랜드로, 1802년에 프랑스 파리에서 설립되었다. 제과, 초콜릿, 아이스크림뿐 아니라 프랑스요리 전문레스토랑으로도 유명하다.

제빵기술을 전수받은 조선호텔베이커리는 한국인이 좋아할 만한 80여 가지 제품을 별도로 개발하였다. 달로와요는 1999년 신세계백화점 광주점에 첫 매장을 연 이후 현재 8개의 백화점에서 운영되고 있다. 매장 당 일평균 매출은 800만 원 선이다.

이후 현대백화점이 2000년에 자체개발한 '베즐리'도 고공성장을 하였다. 2005년 1분기 매출은 85억 원으로 지난해 같은 기간보다 28% 상승했다. 2006년 16.4%, 2005년은 20% 성장했다. 백화점 일반식품의 매출이 3% 증가에 그친 것을 감안하면 9배 이상 높은 성장세이다. 현대백화점 측은 고급 수제 유기농빵을 강조한 점이 매출증가로 이어졌다고 분석한다. 베즐리는 밀가루뿐 아니라 우유 · 올리브유 등 모든 재료를 유기농으로 만들고 있다고 백화점 측은 밝힌다. 2007년 베즐리의 매출 목표는 310억 원이었다.

롯데백화점도 2007년 베이커리 매출이 10% 이상 늘었다. 2008년 1분기 15%가 증가했다고 회사 측은 밝힌다. 롯데백화점에는 관계사인 롯데브랑제리가 만든 '보네스뻬'란 베이커리전문점이 들어간 상태이다. 롯데브랑제리 담당자는 "같은 보네스뻬라도 백화점과 병원 등 고급시설에 입점한 곳은 직접 만들어 굽고, 일반마트나 슈퍼에 들어간 곳은 냉동생지(반제품 상태)를 공급해 만든다."고 말했다.

표 4.9 인스토어베이커리 현황

제과업체(회사명)	브랜드(상호)	매장수
조선호텔 베이커리	데이앤데이(이마트)	193
	이데이앤데이(SSM)	16
롯데 블랑제리	보네스뻬(백화점, 마트, SSM 포함)	139
아띠제 블랑제리	아띠제블랑제리(홈러스, SSM 포함)	315

자료 : 대한제과협회(2011년)

업계추산에 따르면, 인스토어베이커리의 시장규모는 약 2,000억 원이다. 국내 전체 베이커리 시장을 약 3조 원으로 볼 때, 인스토어베이커리가 차지하는 비중은 6.7% 정도이다. 프랜차이즈제과점과 윈도베이커리(개인베이커리 전문점)가 각각 1조 원 시장인 것을 감안하면, 그 비중은 작은 편이다. 하지만 향후 성장성은 더 높다는 게 전문가들의 의견이다.

2000년 이후 동네빵집이 50% 가까이 폐점하면서 그 빈자리를 프랜차이즈와 인스토어베이커리가 채워나가고 있다. 최근 프랜차이즈제과점들이 과도한 점포경쟁을 펼치는 것과는 달리, 인스토어베이커리는 안정적인 수요층을 바탕으로 꾸준히 성장하고 있다고 분석했다.

공정위의 '피심인 제출 증거자료'에 따르면, 신세계빵집의 매출은 2,538억 원(2011년 기준)으로 2010년보다 54%, 롯데는 1,047억 원으로 19% 늘었다. 이마트, 홈플러스, 롯데마트 등 대형마트 빵집은 338개, SSM은 528개, 편의점은 2,300개에 달한다.

또 다른 업계 관계자는 "대형 유통업체가 생기면 주변에 있는 대형 프랜차이즈 점포의 매출도 20~30% 영향을 받는다."며 "인스토어빵집은 대형 유통업체에 입점해 있다는 장점뿐 아니라 좋은 상권, 가격경쟁력 등 여러 요소들을 등에 업고 빵시장의 새로운 강자로 떠오르고 있다."고 말했다.

인스토어베이커리의 가장 큰 장점은 백화점 등에서 장을 보면서 빵까지 원스톱 쇼핑이 가능하다는 것이다. 지역백화점 식품관에 있는 베이커리브랜드의 경우 매년 10~20% 성장세를 이어가고 있다. 대구백화점의 경우, 프라자점에는 프랑스 베이커리 브랜드인 '달로와요', 본점에는 CJ푸드빌에서 운영하는 '뚜레쥬르'가 입점해 있다. 달로와요 브랜드는 일반빵에 비해 약간 가격이 비싸지만, 단골층이 꾸준히 늘어나면서 매출도 꾸준히 늘었다.

예전엔 백화점을 방문한 고객들이 다른 상품을 쇼핑하면서 한두 개 사가는 정도였지만, 최근엔 일부러 빵을 구입하러 오는 고객이 많다. 인스토어베이커리 매장에 수입브랜드, 호텔 제빵브랜드 등이 들어와 고급화되면서 찾는 층이 두터워지고 있다. 크라운베이커리에서 운영하는 '도미니크듀세'와 프랑스 수제빵 브랜드인 '베즐리베이커리'는 유럽스타일의 매장구성과 클로렐라, 식이섬유, 현미배아 등 웰빙형 고급원료 사용으로 차별화를 꾀해 40대 이상의 주부들에게 특히 인기가 높다. 롯데백화점 대구점에 있는 '포숑베이커리'도 올들어 2007년 대비 25% 이상 매출이 신장했다.

이마트, 홈플러스 등 대형마트도 조선호텔 베이커리 브랜드인 '데이 앤 데이', 신라호텔 브랜드인 '아티제 블랑제리' 등 고급브랜드를 잇따라 선보이면서 매출 상승세를 이어가고 있다.

(1) 다양해진 인스토어베이커리

인스토어베이커리가 인기를 끌면서 갖가지 종류의 빵을 다 취급하는 기존 빵집에서 벗어나 치즈케이크, 찰보리빵 등 특화된 단일종목만 판매하는 빵집이 늘어나고 있다. 젊은 취향을 고려한 치즈케이크 · 도넛 · 조각케이크 등을 전문적으로 판매하거나 경주빵 · 찰보리빵 등 전통빵을 취급하는 매장, 다양한 재료를 넣어 만든 샌드위치 매장 등도 속속 들어서고 있다. 이들 제품은 대부분 매장에서 직접 만들어 판매하기 때문에, 신선하고 제품에 대한 신뢰감을 높여준다. 선물용은 물론 싱글족이나 간단하게 빵으로 식사를 해결하는 직장인들에게 특히 인기가 높다.

생활수준이 높아지면서 고급스럽고 색다른 맛을 찾는 경향이 두드러진다. 기존 베이커리와 차별화된 다양한 형태의 빵을 선보이는 것이 매출상승을 주도하고 있다.

표 4.10 인스토어베이커리 경영현황 (단위 : 억 원)

	신세계 SVN	홈플러스베이커리	롯데 브랑제리
매출액	2,358	1,078	861
매출원가	1,850	526	591
매출총이익	509	552	270
영업이익	34	42	-6
순이익	17	32	-21
판관비	475	509	275
자본총계	220	195	39
자본금	60	167	222
마진율	21.6%	51.2%	31.4%
내부거래비율	12.3%	100.0%	66.1%

자료 : 금감원(2012년 말 기준)

신세계와 롯데, 홈플러스 등 국내유통 빅3 제빵업체의 경영실적을 분석한 결과, 롯데그룹 계열 제빵업체의 실적이 유독 부진하다. 특히 운반보관비가 과도하였고, 20% 안팎의 지급수수료가 판관비 부담을 키워 경영실적 악화를 부채질하고 있다.

금융감독원 전자공시에 따르면, 유통 빅3 제빵업체 중 롯데그룹 계열사인 롯데 브랑제리는 수년째 적자에서 벗어나지 못해 부분 자본잠식 상태인 것으로 조사되었다. 롯데 브랑제리는 2011년 861억 원의 매출과 6억 원의 영업손실, 21억 원의 순손실을 기록했다. 신세계그룹 계열 제과업체 신세계 SVN이 2,358억 원의 매출과 34억 원의 영업이익, 17억 원의 순이익을 달성하고, 홈플러스그룹 계열사 홈플러스베이커리가 매출 1,078억 원, 영업이익 42억 원, 순이익 32억 원을 기록한 것과 대조를 보였다. 특히 롯데 브랑제리는 제빵업체 3사 중 마진율과 그룹 내 계열사들과의 내부거래 비율이 모두 두 번째로 높은 수준임에도 실적이 부진했다.

롯데 브랑제리의 마진율은 홈플러스베이커리 51.2%에 이은 31.4%로 신세계 SVN의

21.6%보다 높다. 또 내부거래 비율도 홈플러스베이커리 100%, 롯데 브랑제리 66.1%, 신세계 SVN 12.3%로 중간 수준이다. 두 항목만 보면 수년째 적자를 기록하고 있다는 것이 쉽게 이해되지 않는다. 하지만 3사의 판관비 항목을 보면 롯데 브랑제리의 실적부진 원인이 확연히 드러난다. 제과업체 3사의 판관비 지출항목은 대체로 유사하지만, 판관비 지출에서는 확연한 차이가 있다. 롯데 브랑제리는 경쟁업체들이 수천만 원을 지출하는 운반 보관비로 매년 수십억 원을 사용하고 있다. 롯데 브랑제리의 운반 보관비는 2011년 74억 원, 2012년 64억 원으로 판관비의 23% 가량을 차지하고 있다.

5) 호텔 베이커리

다른 베이커리와 달리 판매보다는 내부적인 업무가 많고 별도의 판매 매장을 운영하기도 한다. 자기만족과 가치소비를 중시하는 사람이 늘면서, 디저트의 인기는 꺼질 줄을 모른다. 편의점에서도 에클레어, 롤케이크 등 고급 디저트를 만날 수 있고, 디저트 전문 프랜차이즈도 증가하는 추세이다. 그뿐 아니다. 맛있다는 소문이 퍼지고 있는 숨은 맛집도 동네 곳곳에서 찾아볼 수가 있다.

디저트의 춘추전국시대라 해도 과언이 아닌 지금, 과거 고급디저트의 본가라 할 수 있었던 호텔 델리는 어떤 모습으로 고객을 기다리고 있을까? 고유의 분위기와 서비스, 시그니처 메뉴로 중무장한 서울 내 특급호텔들의 델리를 알아본다.

(1) 서울 신라호텔 '패스트리 부티크'

실패 없는 빵 선물이 필요할 때, 서울 신라호텔 '패스트리 부티크'를 찾는다면 상대방에게 선물에 대한 실패 가능성을 '제로'로 만들 수 있다. 이곳에는 누구나 보기만 해도 기분이 좋으면서 모두의 입맛을 만족시킬 수 있는 빵이 있다. 녹차 초콜릿 케이크는 위에 듬뿍 올린 화이트

초콜릿이 인상적인 데다 보기만큼 달지가 않아 어른 · 아이 · 친구들 모두를 만족시킬 수 있다. 친구들과 모임이나 홈파티가 예정되어 있다면 디저트로 에클레어나 다쿠아즈를 준비할 경우 '마스터셰프 코리아' 심사위원을 자청하는 친구들도 흡족하게 만들 수 있다. 말린 무화과와 오렌지, 호두 등으로 장식한 무화과 파운드를 찾으면 된다.

신라호텔의 빵집 '패스트리부티크'는 명품 보석숍 같은 인테리어와 고급디저트가 특징이다. 2006년부터 운영되고 있으며, 대표상품은 계절과일 쇼트케이크이다. 푹신한 스펀지빵에 딸기와 생크림을 조화했다.

(2) 서울 그랜드하얏트호텔

남산 그랜드하얏트서울은 베이커리 · 패스트리 · 초콜릿 · 와인 등을 4가지 섹션으로 나누어 빵집 '델리'를 운영하고 있다. 간단한 샐러드나 살라미 등의 음식 · 발사믹식초 등 식재료도 함께 판다. 오전 7시부터 셰프가 만든 빵을 판매한다. 그랜드하얏트 서울호텔베이커리 더 델리는 독일식 호밀빵이 유명하다. 독일에서 직수입한 원재료로 반죽하고 천연효모로 발효한 이 빵은 통밀 · 해바라기씨 · 호박씨 등 다양한 곡물을 이용하여 만든 건강빵으로 유명하다.

(3) 서울 웨스턴조선호텔

신세계그룹 계열 서울 웨스턴조선호텔은 유럽감성의 베이커리 '조선델리'를 오픈하였다. 조선델리는 웨스턴조선이 103년간 호텔을 운영한 역사와 노하우를 바탕으로 만든 고급빵집으로, '식사나 간식을 넘은 특별한 선물'로서 베이커리의 가치를 살린 것이 특징이다. 특히 조선호텔은 1인용 빵 종류를 대거 출시했다. 1인용 식빵은 물론이고, 1인용 선물케이크와 빵 종류를 출시했다. 조선호텔 지배인은 “나 자신을 위해 작은 1인용 케이크를 스스로 선물할 수 있도록 했다.”고 설명했다.

(4) 포시즌스서울호텔

광화문 포시즌스서울호텔은 1층에 카페 ‘컨펙션 바이 포시즌스’를 운영하고 있다. 붉은 과일 밀페유, 헤이즐넛 프랄린 등의 디저트메뉴가 인기이다. 이곳에서는 커피와 같은 제조음료 및 케이크 구입 시 도장을 하나씩 찍어주는 ‘쿠폰제’도 운영하고 있다. 도장 5개에 커피 한 잔, 도장 10개에 에클레어 한 개, 도장 15개에 타르트 케이크 한 개를 무료로 증정한다.

카페델리 역시 호텔 디저트치고는 저렴한 가격이며, 한 개에 6,000원대 정도로 제일 유명한 유자타르트는 금방 솔드아웃Solded Out된다. 인기 있는 디저트는 망고 타르트, 밀페유 등이 고객에게 좋은 반응이다. 요즘 카페의 디저트들과 다르지 않은 가격에 좋은 서비스와 시설까지도 이용할 수 있다.

(5) 롯데호텔서울

소공동 롯데호텔에서는 빵집 ‘델리카한스Delica-Hans’가 운영되고 있다. 케이크와 샌드위치 · 커피 · 음료 등이 판매된다. 이곳에서는 막걸리를 활용해 만든 ‘롯데단팥빵’이 인기이다. 막걸리로 만들어 상온에서도 쉽게 딱딱해지지 않고, 폭신한 식감이 특징이다. 오전 7시와 낮 12시 등 두 차례 판매되지만, 1시간 정도면 준비된 물량이 대부분 팔린다.

롯데호텔 델리카한스는 고급스러움이 돋보이는 'Bread & Pastry Boutique'이다. 호텔 고객은 물론 디저트에 관심이 많은 20~30대 여성이 특히 많이 찾는다. 웰빙트렌드에 발맞춰 건강에 부담을 주지 않는 빵을 개발하는데 많은 노력을 기울인다. 특히 델리카한스는 프랑스 미슐랭 3스타인 '피에르 가니에르'와의 기술제휴를 통해 양질의 디저트와 빵을 제공한다. 프랑스 정통 레시피에 한국 고유의 식재료를 가미한 미각세계를 선보인다. 더불어 이곳에서는 빵뿐 아니라 100여 종의 와인까지 맛볼 수 있다.

몽블랑 케이크

가을을 대표하는 식재료인 밤을 이용해 만든 제품이다. 델리카한스의 몽블랑은 퍼프 페스추리 사이사이로 바닐라크림, 밤크림, 당절임 밤을 번갈아가며 포개어 넣었다. 그 후 토핑으로 당절임 밤을 슬라이스하여 올리고 화이트 초콜릿을 건으로 분사해 만든 케이크이다. 밤크림의 달콤함과 퍼프 페스추리의 바삭함이 잘 어울린다.

(6) 쉐라톤그랜드 워커힐호텔

아차산에 위치한 쉐라톤 그랜드 워커힐은 4월이 가장 아름답다. 호텔주변 산책로를 따라 벚꽃이 가득 피기 때문이다. 한 바퀴 돌고 난 후 쉐라톤그랜드 워커힐의 더델리The Deli에서 커피 한 잔과 빵으로 잠깐의 여유를 즐길 수도 있다. 더델리의 베스트셀러 제품은 호두와 타피오카 전분으로 만들어 찹쌀처럼 쫄깃한 식감을 주는 노아 브레드와 크랜베리 치즈의 조화가 돋보이는 크랜베리 치즈 토스트가 있다. 제주도의 백년초가루를 이용해 만든 백년초 크림치즈 케이크, 하와이의 유명 도넛을 벤치마킹한 하와이 도넛이 유명하다.

(7) 더 플라자

에릭 케제르Eric Kayser는 프랑스의 최고명장 베이커이자 프리미엄 베이커리 브랜드

다. 에릭 케제르 코리아는 프랑스 본사로부터 지속적인 품질관리를 받고 있다. 에릭 케제르의 가장 큰 경쟁력은 빵을 만드는 방식인데, 흔히 찾아보기 어려운 액체효모 방식이다. 이 전통 수공제빵기술을 통해 건강한 베이커리를 추구하고 있다. 또한 모든 케이크와 타르트 제품에 100% 동물성생크림을 사용하여 최고의 맛과 신선함을 자랑한다. 에릭 케제르는 현재 식재료 트렌드와 고객의 라이프스타일을 반영하여 제품을 만든다. 고객군을 분석하여 비즈니스 고객을 위한 샌드위치, 여성고객을 위한 건강한 베이커리와 담백한 제품 등을 만든다. 덕분에 에릭 케제르에서는 늘 유행을 선도하는 메뉴를 만날 수 있다.

과일 활용 베이커리

건강디저트가 인기를 얻으며, 에릭 케제르는 이에 맞는 과일 활용 베이커리를 선보인다. 독창적인 베이커리 노하우에 맛과 건강을 한 번에 챙기는 과일을 활용한 것이다. '데니쉬 페스추리'와 '브리오슈'가 그 메뉴이다. 제철과일을 활용하여 건강한 맛을 즐길 수 있다. 사과, 복숭아, 오렌지, 블루베리 등 4종류가 있다.

(8) 밀레니엄 힐튼(실란트로 델리)

밀레니엄 힐튼의 실란트로 델리 콘셉트와 특징은 선물 가게나 주얼리숍처럼 세련되고 깔끔하다. 2014년에 대대적으로 수리하면서 콘셉트를 더 감각적으로 바꿨다. 우리 델리의 특징은 트렌드를 무작정 좇기보다는, 전통과 기본을 지키는 것이다. 60, 70대 고객도 편안하게 즐길 수 있는 델리라는 특징이 있다.

밀레니엄서울 힐튼호텔은 오랜 역사만큼 단골도 많다. 그 고객들이 꾸준히 찾는 메뉴가 팥빵이다. 팥빵만큼은 큰 변화를 주기보다는 맛을 그대로 유지하고자 노력한다. 이 점을 단골들이 알아주며 '추억의 맛'이라며 좋아한다. 그 외 시그니처 메뉴는 곡물빵이다. 특히 곡물빵에 크림치즈를 결합한 빵이 인기가 높다. 건강하면서도 신선한 맛에 매우 좋은 반응을 얻고 있다. 주 고객층은 힐튼 체인이다보니, 힐튼 멤버십 고객이 많다. 특히 10년, 20년간 이곳을 찾는 단골이 많은 편이며, 호텔 헬스 멤버십회원, 근처의 주민들도 많다.

해피아워Happy Hour프로모션을 시작한 후로는 산책삼아 들르는 고객도 꽤 있다. 해피아워는 시간대별로 차이가 있다. 8시 이후에는 30%를, 9시 이후에는 50%를 할인한다. 홀 케이크 등 일부제품은 제외된다. 그러나 시그니처Signature메뉴의 경우엔 해피아워 시작 전에 동이나버리기 때문에 미리 사거나 예약하는 고객이 많다.

메뉴개발을 할 때는 가로수길이나 경리단길 등 젊은 층이 많은 지역에서는 독특한 디저트를 쉽게 찾아볼 수가 있다. 그 디저트를 맛보고 연구하기도 하지만, 이를 우리에게 즉시 접목하진 않는다. 왜냐하면, 실란트로 델리에는 단골이 많고 이들이 바라는 바를 잃고 싶진 않기 때문이다. 또한 우리 델리 콘셉트는 전통이기에 '클래식'을 기반으로 하되 새로운 시도를 하고 있다.

외부 베이커리에 비해 실란트로 델리가 갖는 경쟁력은 크게 세 가지이다. 재료 엄선, 당일판매 원칙 고수, 합리적인 가격이 그것이다. 정말 자부할 수 있는 것은 원재료에 대한 신뢰를 철저히 지키고 있다. 이는 실란트로 델리에 단골이 많은 이유기도 하다. 호텔 베이커리라고 해서 어렵게 느껴지는 곳이 아니라, 편안하게 들를 수 있는 점이다. 가격 또한 터무니없이 책정하지는 않는다. 합리적인 가격으로 제공하려 노력하고 있다.

(9) 그랜드 힐튼서울

그랜드 힐튼서울의 알파인델리Alpine Deli는 '유럽의 작은 베이커리' 콘셉트이다. 1988년에 개관한 그랜드 힐튼서울(구 스위스 그랜드호텔)은 그때부터 호텔을 꾸준히 이용하는 단골이 많아, 알파인 델리 주요고객 또한 단골들이다. 매달 이달의 빵과 이달의 케이크를 출시하는 덕에, 늘 새로운 빵과 케이크를 접할 수 있다. 10월에는 고구마빵과 인삼 허니무스 케이크를 선보일 예정이다. 알파인 델리는 신규호텔 델리처럼 트렌디하지는 않지만, 언제 가도 편안하고 질리지 않는 아늑한 델리이다.

블랙 포레스트 케이크와 롤 케이크 2종

알파인 델리의 블랙 포레스트 케이크는 촉촉하고 부드러운 초콜릿 스펀지에 체리가 듬뿍 올라간 메뉴이다. 달콤하면서도 담백해 인기가 많다. 바나나 초코 롤 케이크는 기린무늬, 크림치즈 롤 케이크는 젖소무늬로 보는 재미까지 더했다. 달콤한 맛과 귀여운 모양 때문에 남녀노소 모두가 좋아하는 인기메뉴이다.

(10) 리츠칼튼 서울

더 리츠 델리The Ritz Deli는 건강한 재료를 이용한 프리미엄 베이커리가 특징이다. 최고의 제철재료를 이용하여 트렌드를 선도하는 제품을 만드는데 중점을 두고 있다. 특히 견과류, 콩 등의 곡물을 이용한 베이커리가 많다. 식재료가 가지고 있는 단맛을 최대한으로 끌어올려 빵을 만들기 때문에 아이부터 어른까지 누구나 거부감 없이 빵을 즐길 수 있다. 더 리츠 델리는 베이커리 이외에도 와인 케이브를 가지고 있다. 약 200여 종의 와인을 보유하고 있는 등 고객에게 부족함 없는 서비스를 제공하고 있다.

크랜베리 크림치즈 빵, 블루베리 치즈케이크

크랜베리 크림치즈빵은 크림치즈와 새콤달콤한 크랜베리가 빵 안 가득하다. 보기만 해도 든든한 비주얼뿐 아니라 빵 위에 견과류도 뿌려져 있어 아침식사 대용으로 인기가 많다. 케이크 종류 중에는 블루베리 치즈케이크가 가장 많은 사랑을 받고 있다. 블루베리 치즈케이크에는 아몬드파우더가 들어간 조콩드(Joconde) 스펀지에 캘리포니아 우유로 만든 리전트 크림치즈와 신선한 블루베리가 듬뿍 들어간다. 크림치즈의 진한 풍미는 물론 상큼함과 고소함을 한 번에 맛볼 수 있다.

(11) The-K호텔 서울

더케이 델리The-K Deli는 다양한 고객층의 입맛을 사로잡을 수 있게 현대적인 맛과 전통적인 맛이 적절히 섞인 퓨전베이커리이다. 트렌드에 맞춰 화려한 제품들을 만들어 내기보다 더케이 델리가 품은 오랜 전통을 살려 파티시에Patissier의 철학이 담긴 베이커리를 선보인다. 더케이 델리베이커리에서만 맛볼 수 있는 풍미와 맛은 오랜 친구와 같은 정겨움을 느끼게 한다.

카놀리

카놀리는 얇게 튀긴 튜브 모양의 페스추리 속에 리코타치즈를 채워 넣은 이탈리아 대표 디저트로 부드러운 맛이 일품이다. 더케이 델리의 카놀리는 초콜릿과 피스타치오 등을 가미했다. 이탈리아 현지 못지않은 다양한 맛을 즐길 수 있다.

(12) 서울 W워커힐 호텔 키친팬트리

서울 W워커힐 호텔에서 가장 유명한 제품은 레드벨벳 케이크이다. 키친팬트리에서 4~5년 전쯤 선보였는데, 서울 시내에서 레드벨벳 케이크를 찾아보기 힘들었다. 당시 유행했던 케이크보다 무거운 질감이라 인기를 얻을 줄 몰랐는데, 호응이 대단했

다. 그 이후로 쭉 인기를 유지하고 있는 레드벨벳 케이크는 젊은 여성들 사이에서 특히 좋은 반응을 얻고 있다. 추천하는 메뉴는 블루베리 케이크다. 새로 선보인 신메뉴로, 크림이 포인트다. 보통 블루베리 케이크 하면 기존 생크림에 블루베리를 섞은 것을 생각하기가 쉽다. 그러나 키친팬트리 블루베리 케이크의 경우, 크림치즈와 블루베리, 레몬을 섞어 상큼한 맛이 난다.

주 고객층은 젊은 여성고객이 많으며, 트렌드에 민감한 분들이 많이 찾는다. 종종 신메뉴를 정식으로 출시하기 전에 호텔 내 뷔페의 디저트메뉴로 먼저 선보인 후, 반응이 좋으면 출시하기도 한다. 그때 디저트의 맛을 보고 찾아주는 고객도 있다.

신메뉴를 개발할 때 가장 중요한 것은 맛이다. 특히 일반적인 맛보다는 독특하고 신선한 맛을 중요시하며, 평소 여러 음식을 맛보는 것을 즐기고 연구한다. 그래서 다른 것보다 '내 입에 맞는 메뉴'를 추구한다. 내 입에 맛있으면 다른 이들 입에도 맛있을 것으로 생각한다. 특히 새로운 아이템을 개발할 때는 직원들이 모여 아이디어를 낸다. 내부에서 경쟁하고 서로 보완한 후 비로소 아이템을 선보인다. 또한 재료 선정에도 'W 호텔다움'을 지키고자 한다. 흔히 접하기 힘든 재료를 통해 새로운 맛을 선보이는데 중점을 둔다. 평범한 것은 W답지 않다.

외부 베이커리에 비해, 서울 W호텔 키친팬트리가 갖는 경쟁력은 최상급의 재료를 아낌없이 듬뿍 사용한다는 것이다. 케이크용 시럽을 만들 때도 쉽게 구할 수 있는 평범한 리큐어를 사용하지 않고, 질 좋은 고급 리큐어를 사용한다. 그뿐 아니라 마스카포네치즈 등 재료 하나하나를 모두 최상급으로 사용한다는 자부심이 있다. 메뉴를 완성하면, 그 맛과 향이 확실히 달라서 고객들이 매우 좋아한다.

키친팬트리의 특별한 서비스는 찾아가는 서비스를 한다는 것이다. W호텔의 분위기는 자유롭다. 그래서 셰프가 고객에게 직접 다가가 이야기를 나눌 수 있다. 메뉴 설명과 함께, 메뉴를 어떻게 즐기면 좋을지 조언하기도 한다. 이것이 W만의 서비스다. 이 서비스는 고객에게도 도움이 된다. 왜냐하면, 고객의 니즈를 여러 번 거치지 않고 직접 듣고 바로 반영할 수 있기 때문이다. 또한 분기별로 팬트리 컬렉션Pantry Collection을 준비한다. 계절이 바뀔 때마다 제철재료를 활용한 신메뉴 컬렉션을 만든다. 크리스마스 등 특별한 시즌에는 기본메뉴에 추가 데코를 하기도 한다.

(13) 그랜드 인터콘티넨탈 서울

그랜드 인터콘티넨탈 서울의 파르나스 1층에 위치한 그랜드 델리Grand Deli가 오픈한지 27주년을 맞았다. 2014년 대대적인 리모델링을 통해 고급스러운 주얼리숍 느낌을 테마로 했다. '소중한 사람과 나를 위한 작은 사치'를 콘셉트로, 한층 고급스럽고 섬세한 감각의 다양한 디저트를 판매한다. 전체적으로 차분한 조명 아래 스폿 조명이 설치되어 있다. 빵과 케이크 위에 떨어진 조명이 제품을 보석처럼 빛나보이게 만든다. 고객에게 보석을 고를 때와 같은 설렘을 선사하기 위한 장치이다. 창가쪽에 천장형 디스플레이박스를 설치하여 방문고객들의 눈길을 사로잡기도 한다.

글램핑 햄퍼

그랜드 델리에는 다른 호텔 델리와 차별화된 메뉴가 있다. 캠핑족을 위한 패키지 메뉴, '글램핑 햄퍼(Glamping Hamper)'다. 평소 직장생활과 육아로 바쁜 아빠, 엄마가 아이들과 캠핑을 가려 할 때 장보기나 요리준비가 부담스러울 수 있다. 글램핑 햄퍼는 이런 고객을 위해 호텔조리장이 추천하는 캠핑용 바비큐 패키지와 채소, 소스를 한꺼번에 담은 것이다. 글램핑 햄퍼 세트는 4인가족 기준의 넉넉한 분량이다. 구성 아이템에 따라 A, B 세트 두 가지로 판매된다. 가족뿐 아니라 캠핑에 앞서 이것저것 준비하기 번거로운 이들 모두에게 유용한 메뉴이다.

마스카포네 치즈나 이탈리안 머랭 크림 또는 달걀노른자로 만든 앙글레이즈소스 중 하나만을 사용하는 다른 베이커리 티라미슈와 달리, 이곳은 이탈리안 머랭 크림 앙글레이즈소스와 적절한 비율로 섞어 색다른 맛을 낸다.

(14) 메이필드호텔

메이필드호텔 본관 1층에 자리한 베이커리 '델리스Delice'는 에코 라이프스타일에 맞춘 건강한 먹거리를 선보인다. 'Natural, Slow, Healthy'를 콘셉트로 다양한 웰빙 브레드를 판매한다. 델리스의 빵은 대부분 인공첨가물을 사용하지 않고 유기농 통밀가루, 맥아, 물, 소금 등을 재료로 건강하고 담백하게 만든 유럽식 발효빵이다. 12시간 이상 저온 숙성시킨 효모종을 이용하여 빵을 구워내고 있으며, 소금은 빵을 만들기에 좋다고 알려진 이탈리아에서 가져다 사용한다.

케이크의 단맛은 자연식품에서 추출한 트레할로스Trehalose를 사용해 낸다. 단맛은 그대로지만 당도를 낮춘 케이크를 만들 수 있다. 생크림케이크는 화학성분을 배제한 천연생크림을 사용하고, 케이크 시트마다 제철생과일을 넣는다. 여름에는 망고나 체리를, 가을에는 무화과, 봄과 겨울에는 딸기를 활용해 계절별 특징이 담긴 생크림케이크를 즐길 수 있다.

크랜베리 포카치아

포카치아는 이탈리아에서 주식으로 즐겨먹는 대표적인 플랫 브레드(Flat Bread)로, 토핑에 따라 다양한 맛을 즐길 수 있는 빵이다. 델리스에서는 상큼한 맛의 크랜베리와 양파를 토핑해 신선하게 먹을 수 있는 크랜베리 포카치아를 선보인다. 특히 발효를 두 번 거치는 중종법으로 빵을 만들어, 시간은 오래 걸리지만 일반적인 포카치아보다 속살이 촘촘하고 촉촉해 깊은 풍미를 느낄 수 있다.

(15) 콘래드 서울호텔 '파스티쩨리아' 델리

콘래드의 10G는 외적 측면에서 볼 때 아메리칸 스타일 베이커리다. 2층에 있는 'ZEST'에서 베이커리를 일부 취급하지만, 타깃층과 스타일이 10G와 완전히 다르다.

인테리어는 전체적으로 짙은 브라운 톤을 사용하여 안정감 있고 럭셔리한 분위기를 살리면서도 심플해진 디자인이 모던함을 더하는 한편, 쇼케이스, 테이블과 의자 등 모든 집기를 교체하고, 출입구 전체를 통유리로 처리해 내부가 밖에서도 잘 보여 두 배나 넓어진 공간의 모습이다.

'더 델리카테슨'의 콘셉트와 특징은 델리를 비롯한 JW 메리어트호텔 서울의 F&B 매장은 전반적으로 럭셔리 콘셉트를 가지고 있다. 델리카테슨도 지난해 델리로 리노베이션 이후 럭셔리쪽으로 포커스를 맞췄다. 설명을 덧붙이자면 정통과 고급스러움을 적절히 혼합한 느낌이다. 그래서인지 다양한 고객이 델리카테슨을 찾는다.

이전 호텔 베이커리의 경우에는 20~30대 고객을 겨냥한 부티크 느낌을 가졌다. 그러나 델리카테슨은 남녀노소와 내국인 외국인을 가리지 않고 누구나 만족할 수 있는 메뉴를 구비했다. 대표메뉴나 인기메뉴는 천연발효종 빵과 플로리아드 컵케이크가 있다. 플로리아드 컵케이크의 경우, 델리카테슨이 문을 연 이후 지금까지 홀케이크 100여 개, 미니컵케이크가 5,500여 개 이상 판매됐다. 1억 가까운 매출고를 올리게 한 '효자메뉴'다. 아무래도 모양이 화려하고 예쁘기 때문에 선물용으로 많이 사가는 것 같다. 인기가 높아 다른 특별한 제품을 구상 중이기도 하다.

신제품개발 시 특별히 신경을 쓰는 부분은 식자재이다. 어떤 식자재를 사용하는지에 따라서 퀄리티가 달라진다. 중국산 트러플과 이탈리아산 트러플의 차이는 크다. 검색만 하면 뭐든지 알 수 있는 세상이라, 고객이 전문가 못지않게 식자재 정보를 꿰뚫고 있는 경우가 많다. 높아진 고객의 눈을 충족시키려면 식자재의 질이 무엇보다 좋아야 한다. 선호도는 그 다음 고려사항이고, 플레이팅은 마지막 순번이다. 이전에 식자재의 안전성 확보를 위한 TFTask Force를 꾸린 일도 있다. 미국 시스코라는 대형 물류회사에 직접 방문해서 유통과정을 벤치마킹하기까지 했다. 그만큼 식자재에 대한 안전성과 질을 크게 생각한다. 중간유통을 거치면 식자재가 어떤 변이를 일으킬지 모르기 때문에 더욱 철저히 관리해야 한다. 매일아침 직접 식자재 검수를 하고 있다.

JW메리어트 호텔에는 계절별 식자재 도감이라는 게 있다. 지역별 · 계절별로 생산되고 나오는 식자재 리스트를 활용해 메뉴를 개발하고 판매한다. 해당지역을 찾아 재료를 손수 공수하는 일도 잦다. 여름 전에는 담양에 직접 방문하여 분죽(죽순의 한 종류)을 직접 캐기도 하였다. 반응이 좋았으며, 재료를 산지에서부터 가져오니 어떻게 유통되는지 체크할 수도 있는 장점이 있다. 또한 자연송이와 오디(발효)차를 직접 들여올 계획도 하고 있다. 특히 겨울에는 제주를 찾아 한라봉을 가져오면 어떨까도 기획 중이다.

다른 아웃도어 베이커리에 비교해서 델리카테슨이 갖는 이점은 훨씬 좋은 재료를 쓴다는 것이다. 단적인 예로, 메리어트호텔 바게트는 강원도 심층수를 사용해 만든다. 달걀프라이 하나를 해도 제주 토종 유정란을 쓴다. 일반 업장에서 쓰는 제품보다 뛰어난 재료를 사용해 고객의 만족을 극대화한다. 뿐만 아니라, 메리어트는 전 세계 4,000여 개 호텔을 운영하고 있다. 계열사 셰프와 협업해 많은 자문을 구하고 얼마든지 더 좋은 제품을 생산할 수 있다. 천연발효빵 등 독특한 시그니처 메뉴 역시 델리카테슨의 충분한 경쟁력이다. 델리카테슨으로 리뉴얼하기 전 베이커리는 동네빵집 이미지가 강했다. 다양한 고객이 찾긴 했어도 연령층이 좀 높았다. 지금은 그런 이미지에서 한창 벗어나고 있는 시점이다. 강남 베이커리하면 델리카테슨이 떠오를 정도로 만족스런 서비스를 제공하는 게 목표이며, 분위기부터 직원서비스까지 모든 게 어우러져 아름다운 베이커리숍을 만들려고 한다.

6) 베이커리 카페 / 디저트 카페

서구화된 식문화로 현대사회의 음식점 형태가 변형되고 있어 한 공간에서 식사부터 디저트까지 즐길 수 있는 공간을 선호하고 있다. 이에 따라 많은 대기업들이 식문화 트렌드에 맞춘 매장을 런칭하고 있어, 많은 전문가들이 베이커리 & 카페 산업의 성장을 기대하고 있다.

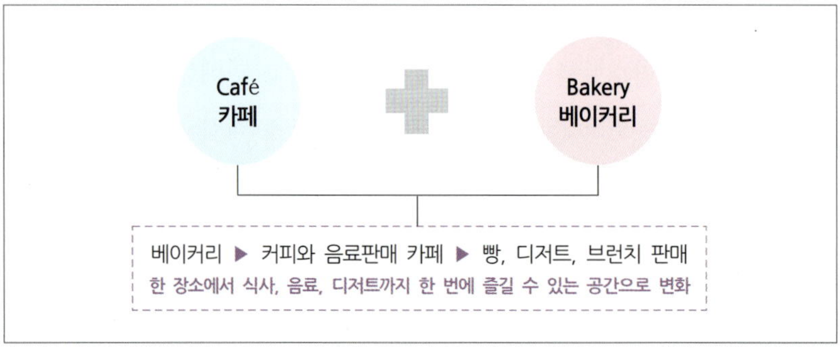

그림 4.9 베이커리카페 모형

(1) 베이커리 카페산업의 변화

프랜차이즈 베이커리도 예전에는 베이커리만 운영하였으나, 최근에는 베이커리와 음료(커피)를 판매하는 형태로 변화되어가고 있으며, 변화된 식문화에 따라 빵을 구매 목적만이 아닌 바로 식사대용으로 즐길 수 있도록 좌석 마련과 더불어 커피와 음료판매를 겸비하여 베이커리 카페로 재탄생하였다.

프랜차이즈 베이커리 + 커피음료 판매 = 베이커리 카페

(2) 디저트시장 증가

변화된 식문화에 기존 음료를 즐기려던 카페에서 식사와 디저트메뉴를 판매, 식사부터 디저트 그리고 음료까지 전부 즐길 수 있는 디저트 카페가 젊은 층이 많은 장소에 형성되고 있는 추세이다.

입소문과 인터넷으로 알게 된 요즘 가장 핫하다는 강남 신사동 가로수길과, 프랑스와 일본을 유학하고 온 실력파 셰프들이 많다는 홍대 근처를 중심으로 한국의 유명 카페들과 베이커리들이 상권을 많이 형성하고 있다. 특징은 천연 발효빵이 대세이고, 검은색의 오징어먹물이 들어간 빵들이 많이 선보이고 있다. 또한 커피와 과자, 빵처럼 식후에 먹거나 마시는 디저트 외식시장이 급격히 팽창하고 있다.

카페 + 식사대용 및 디저트 판매 = 디저트 카페

농림축산식품부와 aT한국농수산식품유통공사의 '2016년 국내 · 외 디저트 외식시장 조사결과'에 따르면, 2014년 국내 디저트 외식시장 매출규모가 8,976억 원으로 집계됐다. 이는 2013년보다 13.9% 증가한 것이다.

디저트시장의 절반은 제과가 차지했다. 2014년 국내 제과점업 매출액은 4조6,000억 원으로 2013년 대비 10.5% 증가했다. 커피전문점이 2조5,000억 원의 매출로 그 뒤를 이었다. 커피전문점 매출에 인스턴트커피와 RTDReady To Drink 바로 먹을 수 있은

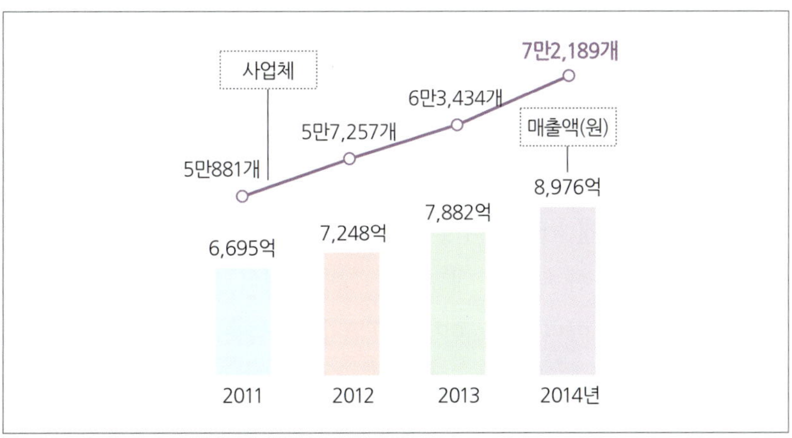

자료 : 농림축산식품부, 통계청

그림 4.10 국내 디저트시장 사업체 및 매출추이

음료 등 완제품 커피 매출까지 더하면, 국내 커피시장 규모는 5조4,000억 원에 달한다. 웰빙을 추구하는 소비자들이 커피 대신 주스나 차를 즐기면서 주스, 차 전문 프랜차이즈도 2013년 8개에서 2016년 53개로 늘었다.

농림축산식품부가 2016년 3개월 이내 디저트 전문점을 방문한 소비자 1,052명을 대상으로 조사한 결과, 방문빈도는 주 2~3회가 33.9%로 가장 많았다. 한 번 방문 시 소비하는 금액은 5,000~7,000원이 31.1%로 가장 높았다. 구매한 디저트류는 빵류 91.3%, 커피 87.5%, 아이스크림 75% 순이었으며, 떡류는 40%로 상대적으로 낮았다. 남성보다는 여성이, 50대 이상보다 20~30대가, 지방보다 서울지역 소비자가 더 다양한 디저트를 구매했다. 방문시간은 주말(33.3%), 점심식사 후(24.4%), 수시로(19.5%) 순이었다.

국내 카페와 디저트 전문점이 증가하고 식품업체와 편의점에서 냉장디저트를 출시하면서 디저트시장의 규모가 점점 더 커지고 있다. 개인카페의 경우 고급생지 공급, 베이커리 납품업체 등을 찾으며 프리미엄 디저트판매에 열을 올리고 식품·유통업계에서는 가성비 좋은 디저트를 출시해 소비자를 사로잡는다.

과거의 디저트는 전문셰프나 파티시에의 철학, 가치를 담은 전문화된 영역이었다면, 2000년대 들어서의 디저트는 대량생산을 통해 B2B 제품으로 산업화되었다. 이렇게 대량생산된 디저트는 머핀, 케이크 등의 소형 디저트로, 뷔페나 대형 레스토랑, 케이터링 업체에 납품되었다. 맛의 고급화보다는 저렴한 가격과 손쉽게 납품받을 수 있는 편리성 때문이다. 하지만 해외 유명디저트 브랜드가 국내에 진출하면서 디저트가 다양화·고급화되었고 B2B용 디저트의 퀄리티도 높아지는 추세이다.

카페와 디저트전문점의 경쟁이 과열되면서 커피로만 승부를 걸기엔 한계에 달한 커피전문점들이 디저트에 눈을 돌리며 B2B 제품에 대한 수요도 증가하고 있다. 전문 파티시에를 고용해 다양한 디저트 메뉴를 구축하는 것이 가장 이상적이지만, 인건비를 생각하면 쉬운 일이 아니다. 더욱이 소규모창업자들은 물류단위가 맞지 않아 백화점과 대형 프랜차이즈 카페에 납품하는 업체에서 납품받기도 쉽지가 않았다. 이제 커피전문점에서도 커피는 부수적일 뿐 메인은 디저트이다. 어떤 디저트를 구성하느냐에 따라 고객의 연령층, 방문율 등이 결정된다. 매장 콘셉트에 맞는 메뉴구성과 디자인, 맛을 모두 겸비한 디저트를 납품하는 업체를 찾는 것이 관건인 것이다.

프리미엄 디저트의 니즈가 이어지자, 디저트 생산업체들은 맛은 기본으로 제품의 퀄리티를 높이고 납품뿐 아니라 브랜드 콘셉트에 따른 메뉴구성, 마케팅 등의 브랜드 컨설팅까지 진행하면서 전문화되고 있다.

디저트 생산업체 관계자는 "다양한 품목을 취급하는 디저트 프랜차이즈나 디저트 판매비중이 높지 않은 외식업소에서 자체적으로 개발 · 생산할 경우, 업체의 리스크가 크다."며 "물류 · 유통시스템을 갖춘 디저트 생산 전문업체에서 납품받는 것이 비용적인 측면에서도 효율적"이라고 말한다.

실제로 디저트를 자체 생산하는 곳보다 B2B 업체에 의뢰해 납품받아 판매하는 곳이 꾸준히 증가하여 B2B 업체의 역할과 사업규모가 점점 커지고 있다. 따라서 고품질의 디저트 생산업체 정보를 미리 파악해 두는 것도 필요하다.

(3) 식품 · 유통업계 디저트시장 확대

디저트 수요가 증가함에 따라 국내 식품 · 유통업계에서도 디저트시장으로 사업을 확장하고 있다. 식품전문기업 CJ제일제당과 전문 베이커리업체 삼립식품이 냉장디저트 제품을 선보여 편의점과 마트에서도 손쉽게 디저트를 먹을 수 있다. 냉장디저트는 품질이나 맛 측면에서 디저트전문점 못지않은 퀄리티를 자랑하며 20~30대 젊은 층을 위주로 많은 인기를 끌고 있다. 대기업의 디저트 대량생산은 디저트시장 확장에 긍정적인 영향을 끼치기도 하지만, 일각에서는 대기업들의 디저트시장 진출로 디저트카페 영세업자들의 입지가 좁아질 수 있다는 우려를 하기도 한다.

시중에 판매되는 가공디저트는 대부분 5,000원 이하로 판매되고 있다. 반면에, 디저트전문점에서는 고품질의 식재료를 사용하고 인건비, 서비스비용이 모두 포함될 수밖에 없어 가격대가 다소 높은데, 이를 가격거품이라고 생각하는 고객도 많다. 디저트의 범위가 넓어지는 것은 디저트시장 확대 측면에서는 좋지만 디저트 품질, 창의력 등에 대한 정확한 인식이 부족할 경우에 가격책정에 대한 오해를 불러일으킬 수 있다.

(4) 가공디저트 전망

그동안 우리나라의 디저트시장은 일본을 따라가는 가공디저트였다. 향후 국내 디저트시장은 소비자의 니즈와 트렌드에 발빠르게 대응하는 대기업의 가공디저트가 차지하는 비율이 점점 높아질 것이다.

디저트 강국인 일본의 가공디저트시장은 젤리와 푸딩류, 냉장베이커리 등으로 구분되어 있다. 최근에는 일본 가공디저트 중 슈와 에클레르의 성장세가 두드러지며, 국내 가공디저트 제품군에서도 비슷한 양상을 띠고 있다. 현재 국내 디저트시장에서 냉장베이커리가 차지하는 비중은 약 10% 정도이다. 일본의 냉장베이커리가 시장의 2/3를 차지하는 것에 비하면 미약하지만, 디저트시장 흐름이 일본과 유사하게 흘러가고 있는 것을 볼 때 국내 가공디저트시장의 성장세는 지속될 전망이다.

(5) 차별화된 메뉴구성의 필요성

이제는 타 업소와 차별화된 메뉴구성을 선보이는 곳이 살아남을 수 있다. 자체적으로 메뉴를 개발하는 프랜차이즈와 달리 개인매장에서는 디저트 전문생산업체로부터 일괄적으로 납품받기 때문에 비슷한 제품군으로 차별성이 떨어질 수밖에 없다. 최근에는 자체적인 생산 · 물류시스템을 보유, 브랜드 콘셉트에 맞춰 제조 · 납품하는 디저트 주문자상표부착생산OEM 업체가 두각을 보이고 있다.

매장에서 디저트를 직접 만들지 않아도 브랜드 콘셉트를 강조할 수 있는 디저트 생산업체만 찾으면 뛰어난 맛과 퀄리티로 고객만족도를 높여 충성고객으로 만들 수 있다. 체계적인 매뉴얼과 제품경쟁력을 갖춘 프랜차이즈 브랜드와 달리 개인 카페는 차별화된 메뉴 선정이 필요하다. 개인 카페에서는 트렌드를 정확히 짚어내고 빠르게 대응하는 능력과 메뉴의 다양성이 중요하기 때문에 디저트 OEM 업체의 도움을 받아 경쟁력 있는 카페를 만들어가는 것이 필요하다.

브랜드에 맞는 디저트를 개발해 납품하는 업체도 있지만, 우수한 품질의 원재료 사용으로 차별화하는 업체도 있다. 경기도 부천시의 '파파스 해피파이'는 손으로 직접 만든 유기농 파이전문점이다. 재료손질과 반죽 등을 모두 수작업으로 만들어 개인 카페와 외식업체에 파이를 납품하고 있다. 100% 유기농 밀 · 통밀 · 호밀을 배합해서 사용하며, 유기농 설탕을 사용하되 메이플시럽과 무염버터로 맛과 풍미를 더했다.

디저트 납품 중견업체 (주)파미유는 10여 년간 외식업체에 디저트를 공급하고 있는 조각케이크 전문 제조 · 유통업체이다. 케이크와 롤케이크, 쿠키 등 총 260여 가지의 다양한 디저트를 취급해 커피전문점뿐만 아니라 키즈카페, 패밀리레스토랑, 연회, 급식업체 등 다양한 분야에서 많이 찾는다. 또한 최적의 생산환경과 엄선된 원재료, 철저한 위생관리를 통해 최상의 품질로 거래처에 디저트를 납품하고 있다.

외식업소에서 디저트는 식사의 마무리이자 전체적인 느낌과 인상을 결정하는 중요한 역할을 한다. 업소의 특성을 잘 파악한 디저트는 매출상승과 동시에 고객만족도를 높일 수 있는 요소 중 하나이다.

(6) 디저트 전문점의 현황

레스토랑이나 파인다이닝에서 자체적으로 페스추리 셰프를 고용하여 디저트를 개발하는 것이 가장 좋은 방법이지만, 규모가 크지 않은 레스토랑에서는 매장의 규모나 주방 오퍼레이션에 따라 디저트 전문점이나 주문자상표부착생산OEM 제품을 사용하는 것이 효율적이다.

이탈리아의 유명 디저트 브랜드 '빈디Bindi' 는 현지 디저트 시장의 40% 이상을 점유하고 있으며, 주 고객사인 고급호텔과 레스토랑 등을 통해 전 세계인들의 사랑을 받고 있다.

최근 국내 레스토랑에서도 디저트 브랜드의 제품을 납품받거나 유명 파티시에의 디저트전문점과 협약을 맺어 매장 콘셉트에 걸맞은 디저트를 개발, 납품받아 퀄리티 높은 디저트를 선보이는 곳이 늘고 있다. 디저트전문점과 협업한다면 음식에 더욱 주력할 수 있을 뿐만 아니라 인건비를 낮출 수 있고 전문성과 퀄리티 높은 디저트를 선보여 고객만족도를 높일 수 있다.

유니크한 디저트를 선보이는 디저트전문점 '소나SONA'는 최근 새로운 방식으로 B2B 시장에 진출했다. 새로 오픈한 '에스테번S-TAVERN'과 양해각서MOU를 맺어 소나의 상징이기도 한 플레이팅 디저트를 납품하고 있다. 전문 디저트숍에 맡김으로써 디저트에 대한 만족도도 높일 수 있고, 에스테번의 셰프들은 요리에만 집중할 수 있기 때문이다.

파티시에는 디저트를 전공하지 않은 셰프도 쉽게 만들 수 있도록 대중적인 디저트를 한층 더 업그레이드해서 개발했다. 에스테번에 납품하는 디저트는 플레이팅 디저트 2종류와 아이스크림 3종류로, 모든 디저트는 소나에서 만들고 에스테번의 셰프는 플레이팅만 하면 된다. 그 중에서 '에스테번 티라미수'는 최근 인기를 끌고 있는 티라미수에 솜사탕을 올려 업그레이드했으며, 아이스크림의 경우 홀 매니저가 카트서비스로 고객이 보는 앞에서 플레이팅 해보고 즐길 수 있는 재미요소를 더했다.

디저트전문점과 외식업소와의 MOU는 디저트의 퀄리티를 높여야 하는 파인다이닝 레스토랑에서는 고객에게 고퀄리티의 아름다운 디저트를 선보일 수 있고, 디저트전문점에는 브랜드 인지도를 높이고 새로운 디저트를 개발하는 기회가 될 수 있다.

프리미엄 디저트 브랜드 '올리버스윗Oliver Sweet'은 국내 디저트시장이 대중화되기 전부터 프리미엄 디저트 납품 및 케이터링 등 디저트분야에서 다양하게 사업을 진행하고 있다. 최근에는 유행하고 있는 캐릭터 브랜드와의 컬래버레이션이나 O2O 서비스로 디저트사업의 파이를 넓히고 있다.

올리버스윗Oliver Sweet은 고품질의 재료를 사용하여 퀄리티를 높인 디저트를 생산·납품하며 B2B시장에 뛰어들었다. 기업 간의 컬래버레이션 뿐만 아니라 케이터링, O2O 서비스로 비즈니스를 확장시키며 디저트분야에서 다양한 사업을 진행하고 있다. 올리버스윗 대표는 올리버스윗을 오픈하기 전 셰프로 일하고 있는 가족의 도움을 받아 1년간의 테스트 키친을 진행하며 케이크, 타르트, 에클레르, 구움과자, 스콘, 머핀 등 240여 개의 레시피를 확보했다. 국산재료를 사용하여 디저트 본연의 맛과 식감을 살릴 수 있도록 각 재료에 대한 특성을 분석하여 재료를 대체하더라도 기본

텍스처와 맛은 유지할 수 있어 다양한 제품군을 만들 수 있는 밑바탕이 되었다. 올리버스윗이 오픈했을 당시엔 국내 디저트시장이 활성화되지 않아 고급식재료를 사용한 프리미엄 디저트의 수요는 청담동과 압구정동의 몇몇 전문점으로 한정적이었다.

프리미엄 디저트를 더욱 알리고자 디저트 납품 외에 주한 프랑스문화원과 예술의 전당 VIP 리셉션 등의 케이터링서비스를 시작하며 디저트 퀄리티에 걸맞은 타깃층을 확보해 나갔다. 디저트를 납품하는 타 주문자상표부착생산OEM 업체의 경우, 프랜차이즈와 개인매장 위주로 납품하지만, 올리버스윗은 프랜차이즈뿐만 아니라 (주)카카오, SM엔터테인먼트 등 기업 간의 컬래버레이션, 크리스찬디올 꾸티르 전국매장, 도쿄팡야, 공차 등 약 40여 개의 F&B 브랜드와 협약을 맺어 디저트개발 및 납품하고 있다.

2016년 이태원에 오픈한 '꼬달리CAUDALIE' 카페에는 포도를 주제로 자체 와이너리에서 생산하는 와인을 올리버스윗의 마들렌과 매칭하고 드링크 · 디저트 · 푸드 전반에 걸쳐 F&B 컨설팅을 맡았다. 서울 홍대 인근에 위치한 아메리칸 비스트로 '더 비스트로THE BEASTRO'에는 마들렌과 칵테일을 페어링하여 고객사의 제품과 디저트와의 조화를 선보이며 제품의 경쟁력을 더욱 강조하고 있다.

올리버스윗은 기업과 협업을 진행할 때 메뉴뿐만 아니라 디자인 패키지 작업도 함께 진행한다. 협력사가 추가로 업체를 접촉하지 않아도 믿을 수 있는 제품 확보와 업무 효율성을 추구할 수 있도록 하여 여러 기업과 관계를 꾸준히 이어가고 있다.

올리버스윗은 2015년에 세컨드 브랜드인 '마들렌바Madeleine Bar'를 오픈, B2C로 사업을 넓히며 새로운 프로젝트를 시작했다. 마들렌바는 마들렌, 휘낭시에 등의 구움과자를 매장에서 직접 구워 판매하는 콘셉트로, 롯데백화점 소공동 본점 외에 반디앤루니스, 플레이타임 키즈카페에 숍인숍 형태로 입점해 있다.

마들렌바는 오미자, 복분자, 유자 등 한국식재료를 사용하여 마들렌을 25개의 맛으로 구현, 디저트에 한국의 맛을 접목해 알리고, 디자인 패키징도 단청무늬를 사용하여 한국적인 요소를 더욱 살려 일본의 도쿄바나나처럼 한국을 대표할 수 있는 디저트를 만드는 것이 최종목표이다.

최근에는 외식업계에서 주목받고 있는 O2O 서비스도 활발히 진행하고 있다. O2O 서비스는 2014년부터 준비하던 프로젝트로 '배달의 민족', '부탁해!' 등과 협약해 케이크와 샌드위치 등을 배달한다. 모든 케이크는 주문 즉시 만들어지기 때문에 가장 신선한 상태로 받을 수 있으며, 배달 시 케이크 모양이 흐트러지는 것을 방지하기 위해 유동방지 장치를 개발해 특허를 받아 차별화하고 있다. 특히 디저트에 대한 수요가 증가하면서 개인 카페에서도 프리미엄급 디저트를 부담 없이 납품받아 판매할 수 있도록, 비교적 저렴한 가격대로 제공하여 B2B 시장 또한 넓혀나갈 계획이다.

디저트전문점은 트렌드를 정확하게 짚고 그에 맞는 다양한 디저트개발이 관건이다. 최근에는 디저트 OEM업체의 도움을 받아 꾸준한 디저트 라인업으로 경쟁력 있는 카페를 만들어가는 곳들이 많다.

디저트메이커스는 디저트열풍이 한창이던 2013년 설립하여 브랜드 콘셉트에 맞게 차별화한 디저트를 생산 · 납품하고 있다. 대표적인 곳은 프랜차이즈 디저트전문점인 (주)투더 에프엔씨의 '투더 디프런트TO THE DIFFERENT'로 2013년에 제품개발 협약을 맺고 각국의 디저트를 개발하여 납품하고 있다. 디저트메이커스는 전국의 디저트 프랜차이즈와 개인카페 등 2만3,000여 개의 고객사와 양해각서MOU를 통해 매장별 차별화된 디저트를 주문자상표부착생산OEM, 제조업자개발생산방식ODM으로 생산하며 디저트사업에 전력을 다하고 있다.

디저트 메이커스는 단순히 대량생산한 디저트를 납품하는 것이 아니라 매장 주변 상권과 타깃층을 분석하여 매장의 콘셉트에 맞는 디저트를 개발, 생산 · 납품하는 것이 가장 큰 특징이다. 브랜드 경쟁력과 매뉴얼을 갖춘 프랜차이즈카페와 달리 개인 카페는 트렌드에 대한 대응과 프랜차이즈와 차별화된 메뉴선정이 필요하다는 판단에서다. 생산하는 디저트는 프리미엄디저트 콘셉트의 '블랙라인', 각 브랜드 콘셉트에 맞춰 차별화된 디자인을 선보이는 '레드라인', 쿠키슈 · 도지마롤 · 에클레르 등 해외의 유명한 디저트를 벤치마킹한 '블루라인' 등 총 4개 라인으로 구분했다. 자사의 디저트 군을 한눈에 볼 수 있고 각각의 특성에 맞춰 선택할 수 있어 편리하다. 또한 카페별 체계적 관리를 통해 마케팅 · 인테리어 · 메뉴개발 등 매장 운영에 필요한 컨설팅도 진행하고 있다. 개인업소에는 베이글, 쿠키, 머핀, 크레이프케이크 등을 주로 납품하고 있다.

최근 개인카페에서 고객이 가장 많이 찾는 디저트는 크레이프케이크이다. 디저트메이커스는 전국적으로 퍼져 있는 2만3,000여 개의 매장에 신선한 제품을 납품하기 위해 수원과 의왕 등에 창고 및 제조공장을 설립하여 빠르고 안정적으로 생산 · 유통 라인을 구축하고 있다.

국내 디저트시장이 점점 커지고 있어 디저트 OEM업체를 찾는 곳도 많아졌다. 2014년 대비 매출이 3배 정도 증가하며 디저트 B2B시장에서 자리매김하고 있다. 국내 디저트시장이 더욱 다양화 · 세분화되면서 앞으로 디저트 B2B 생산 · 유통시장도 커질 것으로 전망하고 있다.

7) 베이커리 산업동향

1960년대 말 시작되어 시대에 따라 변화해 온 베이커리 산업은 최근 대형화 · 브랜드화되고 있으며, 마케팅력은 물론 제품차별화가 중요해짐에 따라 1960년대 말 삼립식품, 샤니, 서울식품, 기린 등이 1970년대(성년기) 식량자급률이 떨어진 상태에서 국제가격이 저렴한 소맥을 수입하여 적극적인 분식장려운동을 펼침에 힘입어, 1970년대 말 뉴욕제과 · 고려당 · 독일빵집 등이 프랜차이즈 형태의 분점을 내면서 프랜차이즈시장을 시작하였고, 1980년대(성숙기) 유통구조의 변화로 새로운 구매형태의 등장과 소득수준의 향상으로 베이커리 수요증대로 1984년 신라명과, 1986년 파리크라상, 1988년 크라운베이커리 등 윈도베이커리가 등장하였다. 1990년대 경제위기로 인한 제빵업체들의 통폐합과, 2000년 이후 인스토어베이커리 활성화로 웰빙, 다이어트 등에 대한 관심이 증가하면서 신선하고 고급스러운 빵을 선호하였다. 그래서 신선하고 양질의 제품을 제공하기 위한 프랜차이즈시스템 시행 대기업의 베이커리 산업 진출 확대로 자영제과점이 약화되었다.

자본력과 조직력을 바탕으로 한 프랜차이즈 브랜드가 다양한 이벤트와 제휴카드 할인 등의 마케팅으로 시장점유율을 높이고 있다. 또한 경쟁이 심화됨에 따라 다양한 소비자의 욕구를 충족시키기 위해서는 차별화가 필수적이며 소비자입장에서의 마케팅력이 중요하게 되었다.

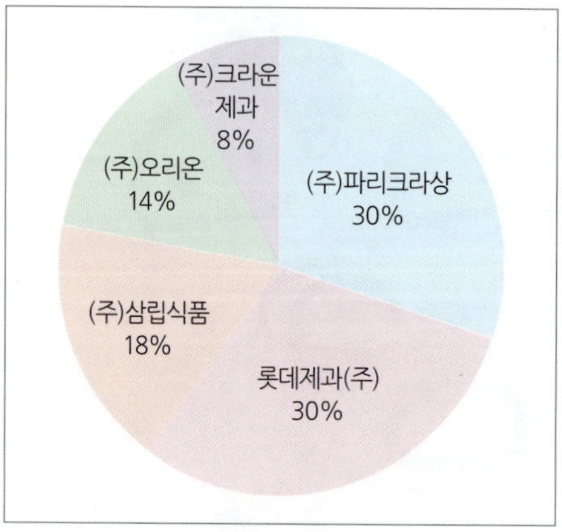

그림 4.11 과자회사 순위 TOP5

과자회사 순위는 TOP 5위부터 1위까지 매출액을 기준으로 하며, 과자회사 순위 상위 5곳의 전체 업체 규모는 약 5조4,502억 원 정도이다. 그 중에서도 과자회사 순위에서 1위를 차지한 업체의 비율은 30% 정도로, 2위 업체와 비율 면에서는 많은 차이를 보이지 않았다.

우리나라의 대표 빵 · 과자류 제조업체 5곳의 순위는 다음과 같다. 과자회사 순위 1위는 (주)파리크라상으로 2013년 기준 매출액 1조6,512억 원을 달성했다. 롯데제과(주)는 2위로 1조6,100억 원의 매출액을 기록하면서 1위와 어깨를 나란히 할 만큼 과자제조업 시장에서 강세를 보인다. 다음으로 3위는 (주)삼립식품으로 9,680억 원의 매출액을 기록했다. 그리고 (주)오리온은 4위를 차지하면서 2013년 매출액 7,921억 원을 기록했다. 이는 2012년의 매출액보다 약간 떨어진 수치이다. 마지막으로 5위는 (주)크라운제과로 4,287억 원의 매출액을 보였다.

표 4.11 과자회사 순위 TOP5 매출액

(단위 : 백만 원)

순 위	회사명	2013년 금액	2015년 금액
1	(주)파리크라상	1,651,264	1,621,355
2	롯데제과(주)	1,610,077	1,524,226
3	(주)삼립식품	968,029	802,653
4	(주)오리온	792,164	820,657
5	(주)크라운제과	428,763	418,238

8) 제과점 경영형태

① 자영업자 개인이 운영하는 자영제과점(예 : 주재근 베이커리, 김영모 제과점 등)
② 가맹점 본사가 운영하는 프랜차이즈제과점(예 : 파리바게트, 뚜레쥬르, 크라운 베이커리)

2. 개인제과점과 가맹제과점의 장 · 단점

1) 독립형제과점

① 경력기술자들이 직접 운영한다.
② 상권은 주택가 및 아파트 초입, 재래시장에 위치한다.
③ 박리다매 마케팅전략을 사용한다.

2) 준 프랜차이즈제과점

① 경력기술자들이 매장을 운영한다.
② 일종의 프랜차이즈이다.
③ 간판만 빌려줄 뿐 체계적인 지원이 미비하다.

3) 프랜차이즈제과점

① 제빵기술이 기계화되었다.
② 본사에서 직접 기술을 교육하고 기술자를 파견(체계적인 운영관리)한다.
③ 지상파를 통한 브랜드이미지를 재고한다.
④ 본사의 물류운송시스템 구축 및 빵맛의 신선도를 유지한다.

표 4.12 자영제과점과 가맹제과점의 장 · 단점 비교

	자영(개인)제과점	프랜차이즈제과점
장 점	• 제품 마진율이 높다(순이익률 25% 수준). • 지역 특성에 맞는 제품개발이 수월하다. • 환경변화에 발빠르게 대응할 수 있다.	• 인력 및 제품관리가 수월하다. • 브랜드 인지도가 높아 소비자 접근이 용이하다. • 인건비 비중이 낮다. • 제조설비비(공간과 설비비)가 대폭 감소된다.
단 점	• 인력채용에 따른 인건비 부담이 높다. • 상호 인지도가 낮다. • 제품관리가 힘들다.	• 상대적으로 제품마진율이 낮다(13~15%). • 지역소비 경향에 대한 발빠른 대응이 부족하다. • 자영제과점에 비해 신선도가 떨어진다.

3. 프랜차이즈 업체별 가맹현황

개인제과점부터 브랜드제과점까지 수십 가지 프랜차이즈제과점이 있지만, 파리바게트(SPC그룹), 뚜레쥬르(CJ), 크라운베이커리가 제과업계의 3강 구도를 형성하고 있다. 다음은 세 업체의 가맹현황에 대해서 알아본다.

표 4.13 프랜차이즈 가맹본부의 가맹점수 추이 (단위 : 개)

구 분	2007	2008	2009	2010	2011
파리바게트	1,568	1,762	2,188	2,675	3,095
CJ푸드빌(뚜레쥬르)	859	1,063	1,274	1,401	1,281
크라운베이커리	437	417	355	252	170
신라명과	187	173	133	99	56
합 계	3,087	3,415	3,950	4,427	4,602

자료 : 각사

제빵 프랜차이즈의 경우, 파리크라상이 압도적인 선두를 나타낸다. 2011년 기준으로 각 프랜차이즈 브랜드의 가맹점 당 매출과 가맹점주 부담금 등을 분석한 결과, 파리바게트 매장의 매출이 뚜레쥬르보다 1.8배 가량 더 많았다.

파리바게트 3,095개 가맹점의 하루 평균매출은 189만 원(연 6억9,000만 원)으로 경쟁업체인 뚜레쥬르의 108만 원(연 3억9,000만 원)보다 두 배 가까이 높다. 하루 150만 원 이상 매출을 올리는 점포가 80% 이상으로 인건비 · 관리비 · 임대료 · 감가상각비를 제외한 영업이익이 월평균 700~800만 원 수준으로 매우 높게 나타났다.

뚜레쥬르는 2011년 1,281개의 가맹점수를 보였으며 2010년 가맹점수 1,401개에서 소폭 매장수의 하락을 기록한 것으로 나타났다. 이어 크라운베이커리 170개, 신라명과 56개 등의 순으로 집계되었다. 제빵 가맹본부의 매출을 살펴보면, 파리바게트의 경우 파스쿠찌 등 제빵 이외의 가맹사업을 경영하여 제빵 관련 매출액만 별도로 파

표 4.14 프랜차이즈 베이커리 가맹본부의 재무현황(2010년 기준) (단위 : 백만 원)

구 분	매출액		영업이익	당기순이익
	전 체	제빵 관련		
파리바게트	1,312,610	파악 불가	48,895	44,202
CJ푸드빌(뚜레쥬르)	738,176	321,840	9,709	5,247
크라운베이커리	58,458	58,458	−1,332	−1,710
신라명과	38,113	12,878	−315	113

자료 : 각사

* 파리크라상 : 파스쿠찌 등 제빵 이외의 가맹사업을 경영하여 제빵관련 매출액만 별도파악이 불가함

악이 불가하지만, 뚜레쥬르의 매출 3,218억여 원을 토대로 두 배 이상의 매출을 기록하고 있는 것으로 분석된다. 앞서 말한 바와 같이 뚜레쥬르는 3,218억여 원, 크라운베이커리가 584억여 원, 신라명과가 128억여 원의 순으로 집계되었다.

4. 각 업체별 창업비용 및 개설조건

① 프랜차이즈제과점 상권은 커피전문점과 비슷한 성격을 띤다.

② 제과점 출점지역은 대형 오피스건물, 대형 복합건물, 백화점(숍 & 숍 또는 카페형), 오피스와 중심상권이 혼합된 곳, 대학교 주변, 주택가(1천 가구 이상의 단지 내 상가, 근린상가) 등에 입점한다.

③ 전용면적 기준은 50m^2(15坪) 이상으로, 전면 최소 4m 이상(넓을수록 좋음)인 상가 중 유동인구 및 상주인구가 많은 곳에 위치한 1층 상가를 중심으로 출점 승인을 내준다.

④ 가맹점 본사의 철저한 상권분석을 통한 출점을 승인한다.

표 4.15 뚜레쥬르 창업비용(2016년) (단위 : 만 원)

구 분	25평(일반형)	30평(카페형)	40평(카페대형)
거래보증금	1,000	1,000	1,000
가맹비	500	500	500
교육비	150	150	150
전기증설/냉난방기	1,500	1,500~1,800	1,800~2,000
설계비	300	300	300
인테리어(평당)	(195~205)	(175~190)	(165~180)
	4,875~5,125	5,250~5,700	6,600~7,200
가구비	2,900~3,200	3,600~3,800	4,500~4,800
설비비(DID 포함)	8,600~9,100	9,400~9,900	11,000~11,600
간판비	800~900	900~1,000	1,000~1,200
총투자금	20,625~21,775	22,600~24,150	26,550~28,250

자료 : 각사 홈페이지

* 표준투자비 사항으로 같은 평형대라도 점포형태에 따라 금액이 변동될 수 있다.

표 4.16 파리바게트 창업비용(2016년) (단위 : 만 원)

구 분	17평(일반형)	25평(카페형)	35평(카페형)
가맹점	500	500	500
기획관리비	300	300	300
교육비	150	150	150
계약이행보증금	1,000~2,000	1,000~2,000	1,000~2,000
POS임대료	400	400	400
오픈비용	500	500	500
인테리어	평당 210~260	평당 190~240	평당 180~240
장비	5,500~6,500	5,500~6,500	5,500~6,500
가구(의/탁자 제외)	1,500~1,600	1,800~2,000	2,200~2,350
간판(어닝/사인물 외)	850~1,350	1,100~1,500	1,300~1,700
기타(에어컨 및 전기증설 외)	1,200~1,400	1,400~1,800	1,600~2,000
총계	14,000~18,500	17,000~20,500	19,000~24,000

자료 : 각사 홈페이지
* 상기금액은 예상금액으로 실제금액과 차이가 있을 수 있다.

표 4.17 브레댄코 창업비용(2016년) (단위 : 만 원)

구 분	10평	15평	30평
가맹비		500(소멸성)	
교육비		200(소멸성)	
보증금		1,000	
인테리어(실내, 가구포함)	3,000	4,000	8,500
간판(어닝, 사인물)		400~500	
기계장비(주방, 커피, 소도구)	3,700	4,200	4,700
POS		282	
에어컨	30		
총 투자비용	9,000~9,500	11,000~12,000	17,000~18,000

자료 : 각사 홈페이지
* 상기금액은 예상금액으로 실제금액과 차이가 있을 수 있다.

5. 프랜차이즈제과점의 장 · 단점

(1) 장점

- 브랜드 인지도가 높다.
- 고객층이 다양하다.
- 안정적으로 운영이 가능하다.
- 깔끔한 분위기로 젊은 층에서 많은 인기가 있다.
- 제빵기사들을 본사에서 직접 양성 · 운영하기 때문에 부담감이 적다.
- 가맹본사에서의 지속적인 브랜드마케팅 혜택을 받는다.
- 제품의 신선함에 주안점을 두고 있어 깨끗한 이미지가 고객에게 믿음을 준다.
- 제빵기술이 전혀 없어도 누구나 오픈이 가능하다.
- 실질적으로 투자형식이 가능하며 투잡이 가능하다.
- 본사의 체계적인 관리시스템으로 운영이 편리하다.

(2) 단점

- 통상 제과점의 기대마진율보다는 실제마진율이 떨어진다.
- 휴무일이 부족하다(1년 365일 중 7일 정도).
- 장시간 영업을 해야 한다(오전 7:00~저녁 12:00).
- 리뉴얼 문제(5년마다 한 번씩) : 2004년 9월에 신콘셉트가 나왔다.
- 매장평수 문제 : 기존매장 실평수 15평 이하로 나오는 매장들은 확장 및 이전으로 인한 부당한 대우를 받는다.
- 건물주 문제 : 월세 인상여부 및 명도로 인한 불이익을 받는다.
- 양도양수의 어려움이 있다.
- 제품재고에 문제가 있다.
- 매출의 문제 : 평균 일매출 100만 원 이상은 나와야 유지가 가능하다.

6. 업체별 SWOT 분석

S(Strength) : 강점
- 하루에 세 번 굽는 갓 구운 신선한 빵이라는 "Fresh" 이미지가 고객에게 좋은 호평을 받고 있다(즉 신선한 빵을 공급할 수 있는 구별된 기술력을 내세울 수 있음).
- 부진점포에 대한 회생 프로그램인 "부자점포 만들기 프로젝트"를 꾸준히 실시해 본부와 가맹점 간 강한 신뢰를 쌓아가면서 매년 가맹점이 늘고 있다.
- 신규점포의 개설 가능 점포가 많다(점포 생산성이 높음).

W(Weakness) : 약점
- 현재까지 후발주자로서 선발주자에 비해 뒤떨어지는 입지가 약점으로 작용할 수 있다.
- 점유율을 높이기 위한 무리한 입점허가가 발생한다(임대료가 타사에 비해 대체적으로 높음).

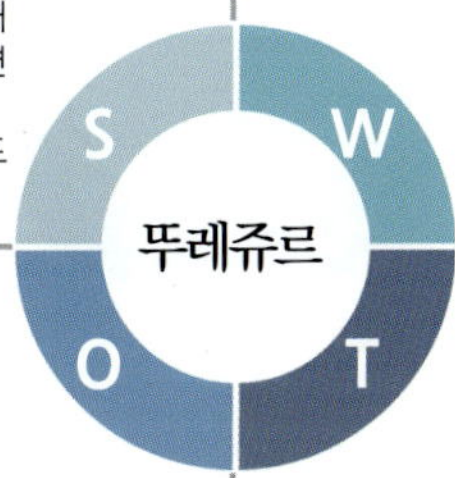

O(Opportunity) : 기회
- 카페와 베이커리의 혼합으로 새로운 수요창출이 가능하다(카페형 매장공급 확대).
- 지속적인 기술개발과 신선 콘셉트로 꾸준히 소비자들의 수요를 이끌어 낼 수 있다.

T(Threat) : 위협
- 이미 동종업계에 많은 경쟁자들이 있어 경쟁이 심화되는 환경에 처해 있다(이마트, 홈플러스, 롯데마트 등 대형 할인마트에서 운영되는 인스토어 형식의 베이커리 매장이 많이 강화됨).

그림 4.12 **뚜레쥬르 SWOT분석**

S(Strength) : 강점
- 제과의 종류가 다양하고 가격이 싸다.
- 제휴카드 및 포인트 카드의 유효성이 좋다.
- 선점의 효과를 누리고 있다(국내 점유율 1위).
- 완제품의 비중이 30~40% 정도 차지하고 있어 인건비에서 유리한 면이 있다.

W(Weakness) : 약점
- 신규입점이 어렵다(현 포화상태).
- 신콘셉트의 리모델링 비용이 부담된다(LED간판).
- 완제품 판매율이 높은 만큼 점포당 마진율이 낮아진다.

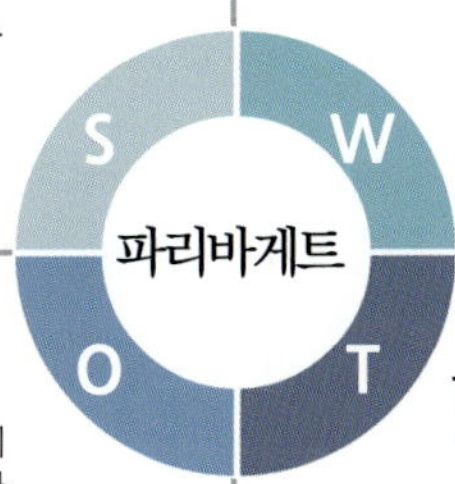

O(Opportunity) : 기회
- 베이커리 업계에서 먼저 선두주자의 위치를 굳혔기 때문에, 국내의 수요를 바탕으로 해외시장 진출이 유리할 수 있다(2004년 9월 중국 상하이에 1호점 구베이점을 시작으로 2007년 10월 기준 상하이 16개점, 베이징 9개점, 천진 1개 등 총 26개 지점, 그 외 미국에도 6개의 매장을 운영 중임).

T(Threat) : 위협
- 효과적인 마케팅전략과 신선함을 내세운 타 경쟁사에 의해 선두자리를 위협받고 있다(뚜레쥬르 Fresh, 조선호텔 베이커리 "데이 앤 데이" 전국 108개 신세계/이마트 입점 대형마트들의 고급스런 인스토어 형식의 베이커리 매장이 눈에 띄게 강화됨).

그림 4.13 **파리바게트 SWOT분석**

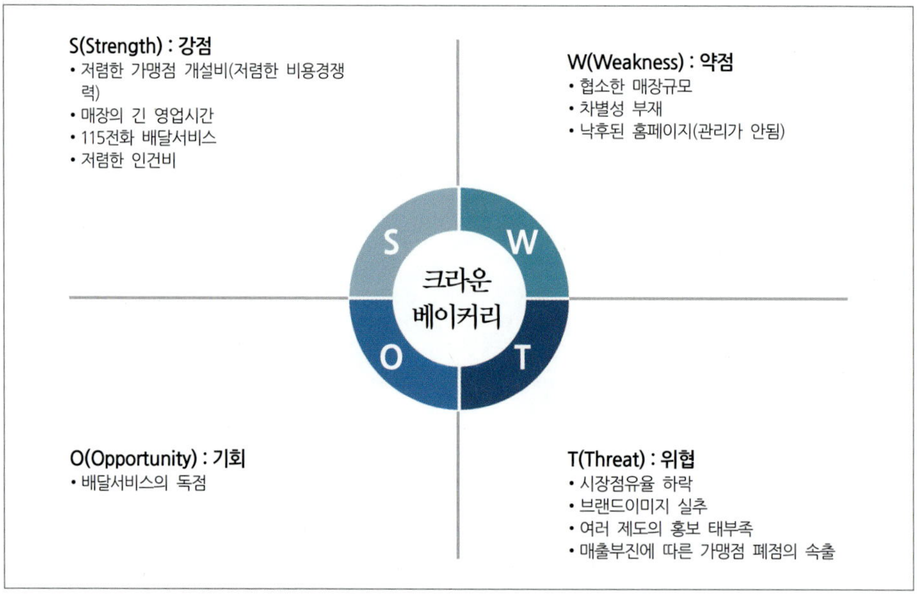

그림 4.14 크라운베이커리 SWOT분석

7. 베이커리 시장의 차별화 방향

이제 빵은 간식의 범주를 벗어나 주식으로 자리잡아 가고 있다. 국내 제빵시장의 규모는 잠재시장의 지속적인 증가가 예상되는바 안정적인 프랜차이즈 업종 중의 하나라고 할 수 있다. 이 같은 고무적인 시장환경을 환영하는 듯 체인점 본사들도 가맹점 확대에 적극적이다. 또한 현재 국내 베이커리 시장은 연간 1조4천억 원대이며 이 중 25% 정도를 기업형 브랜드들이 차지하고 있는 이런 큰 시장 속에서 자체적으로 초대형 제과점을 운영하는 할인점, 백화점, 대형 유통점이 급증하고 국내 · 외 유명 브랜드가 등장하고 있다.

특히 이런 매장은 다양한 고급제품을 매일 매장에서 직접 구워 신선한 빵을 공급한다. 변화하는 소비자의 욕구를 충족시키려면 다양한 상품개발력, '하루 지난 빵은 절대 판매하지 않는다'는 선진 마케팅력이 절대적으로 필요하다. 따라서 이러한 시스템을 구축하지 못한 제과점은 점차 소비자로부터 외면당할 것이다.

CHAPTER ❺

제과제빵 경영관리

베이커리 생산관리

SECTION 01

생산관리

생산관리는 사람 · 재료 · 자금의 3요소를 적절히 사용하여 양질의 물건을 적은 비용으로 필요한 양만큼 정해진 시기에 만들어내는 관리Control 또는 경영Management이다.

양질의 물건은 품질Quality을 나타내며, 적은 비용은 원가 또는 코스트Cost를 뜻한다. 그리고 필요량을 정해진 시기에 만들어내는 운반Delivery은 생산하는 능률을 뜻한다. 최근에는 가치를 추구하는데 중점을 두고 있다.

생산관리 계획

- 생산량 산출 시 기존 판매량에 따라 수요예측을 할 수 있다.
- 생산관리 시 최적의 인력, 재료, 경비에 따라 생산계획을 수립할 수 있다.
- 생산일지 작성 시 생산라인에 따라 불필요한 작업시간과 재료손실을 막을 수 있다.
- 재고관리 시 목표생산량에 따라 재고를 최소화할 수 있다.

1. 기업과 경영

1) 경영의 개념

경영Business Administration Management이란, 개인이나 사회 전체의 안락과 복지를 위해 필요한 재화, 서비스를 생산 · 분배 · 관리하는 사람들의 제반활동을 말한다. 베이커리 경영이란, 제과점이 생산과 판매의 과정에서 발전하여 여러 경영의 개념을 적용 발전시킨 것이다.

2) 기업활동의 5대 기능

기업의 기능은 경영자원을 경영프로세스에 투입하여 재화(제품)나 서비스를 생산하고 판매하여 최대의 이익을 창출하여 종업원에게 임금을 지불하고 주주에게 배당하며, 나아가 고용의 증대와 납세 등을 통해 국가와 사회에 기여한다.

(1) 전진기능

① 제조 : 만드는 기능
② 판매 : 파는 기능

(2) 지원기능

③ 재무 : 자금을 준비하는 기능
④ 자재 : 자재를 조달하는 기능
⑤ 인사 : 인재를 확보하는 기능

3) 생산활동의 구성요소

생산요소(4M)는 생산성이나 품질에 영향을 주는 개선활동 요소로, 접근하는 방법으로는 생산성향상, 품질개선 등을 확보하는 활동이다.

① Man(사람, 질과 양)
② Material(재료, 물질)
③ Machine(기계, 시설)
④ Method(방법)

4) 생산관리의 요소

경영기구에 있어 사람Man, 재료Material, 자금Money의 3요소를 유효적절하게 사용하여 좋은 물건을 싼 비용으로, 필요한 양을 필요한 시기에 만들어 내기 위한 관리 또는 경영이라 할 수 있다. 그리고 거래 가치가 있는 물건을 납기 내에 공급할 수 있도록 필요한 제조를 하기 위한 수단과 방법을 말한다.

5) 생산관리의 기능

(1) 품질보증 기능

품질의 요구사항이 충족될 것이라는 신뢰를 제공하는데 중점을 둔 품질경영의 한 부분으로, 사회나 시장의 요구를 조사하고 검토하여 그에 알맞은 제품의 품질을 계획·생산하며 더 나아가 고객에게 품질을 보증하는 기능을 갖는다.

생산관리의 품질보증

- 품질은 제품 고유특성의 집합이 고객의 요구사항을 충족시키는 정도이다.
- 품질보증은 품질 요구사항이 충족될 것이라는 신뢰를 제공하는데 중점을 둔 품질 경영의 한 부분이다.

(2) 적시적량 기능

시장의 수요경향을 헤아리거나 고객의 요구에 바탕을 두고 생산량을 계획하며 요구기일까지 생산하는 기능을 갖는다.

(3) 원가조절 기능

제품을 기획하는 데서부터 제품개발, 생산준비, 조달, 생산까지 제품개발에 드는 비용을 어떤 계획된 원가에 맞추는 기능을 갖는다. 원가조절에서 기획과 개발단계에서 대부분의 원가가 결정된다.

6) 생산관리조직의 편성

공장의 생산을 관리하는 조직으로, 기업실태에 따라 최고의 효율을 얻을 수 있다.

2. 경영조직의 형태

1) 경영조직의 형태와 특징

경영조직의 형태는 여러 가지가 있으나 가장 기본적인 형태는 라인조직, 기능식 조직, 라인 - 스텝조직 등이다. 이를 전통적인 조직 형태라고 하며, 새로운 경영환경에 대처하기 위한 탄력적인 조직 형태에는 프로젝트조직, 매트릭스조직 등이 있다.

(1) 라인조직Line Organization

최고경영자로부터 최하위부서에 이르기까지 명령이 수직적으로 전달되는 조직구조로 직계식 조직, 군대식 조직이라 한다.

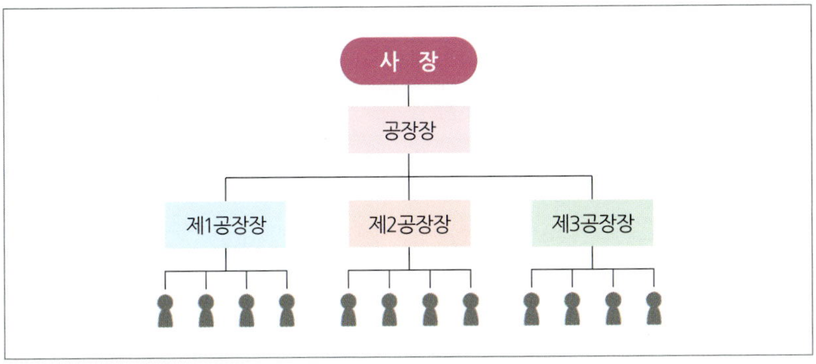

그림 5.1 라인조직

[1] 라인조직의 장점

- 조직구성원들의 권한과 책임이 명확하다.
- 지휘 · 명령체계가 단순하다.
- 경영자의 강한 통솔력으로 조직을 한 방향으로 이끌어나가기 쉽다.
- 경영자가 신속하게 의사결정을 할 수 있다.

② 라인조직의 단점

- 조직구성원들이 개인의 창의력을 발휘하기 어렵다.
- 각 부문 간의 유기적인 조정이 어렵다.
- 경영자가 모든 분야를 섭렵해야 하므로 경영자 양성이 어렵다.
- 경영자의 독단적 의사결정으로 인하여 판단에 착오가 발생할 가능성이 있다.

③ 라인조직의 적용 : 소규모회사(일반제과점)

- 기능을 분업화 할 수 있는 조직이다.
- 조직이 전문적 기술을 필요로 하는 경우이다.
- 제품라인이 불확실성이 높은 환경에 처해 있는 경우이다.

(2) 기능식 조직Functional Organization

부문별로 관리자의 업무를 기능화하여 각각 전문적인 관리자가 지휘 · 감독하는 조직형태로 라인조직의 단점을 보완한 것이다.

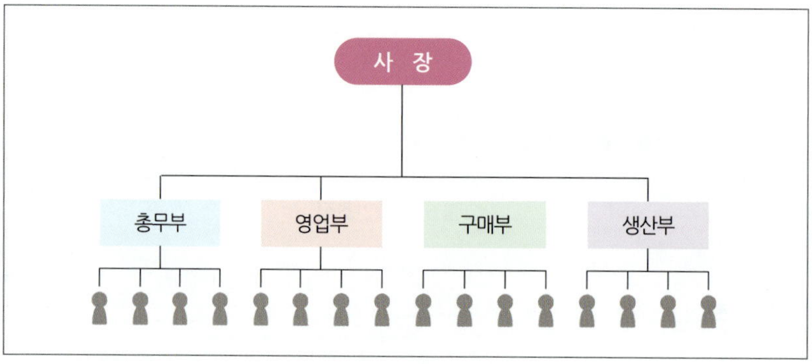

그림 5.2 기능식 조직

① 기능식 조직의 장점

- 조직구성원 각자의 기능적 능률이 높아진다.
- 부서별로 전문화되어 있기 때문에 능률적인 경영활동이 가능하다.

- 관련활동을 부서화 시켜 개별부서 내의 갈등이나 마찰에 대한 조정이 가능하다.

[2] 기능식 조직의 단점

- 기업 전체의 효율적인 통제를 하기가 어렵다.
- 각 기능이 전문화됨으로써 간접비용이 늘어난다.
- 기업 전체의 의사결정이 늦다.

[3] 기능식 조직의 적용 : 중 · 소규모 회사(프랜차이즈제과점)

- 기능을 분업화 할 수 있는 조직이다.
- 조직이 전문적 기술을 필요로 하는 경우이다.
- 제품라인이 불확실성이 높은 환경에 처해 있는 경우이다.

(3) 라인 – 스텝 조직Line and Staff Organization

라인조직의 장점에 라인의 활동이 원활히 이루어지도록 도와주는 스텝을 추가시킨 조직으로 직계참모 조직이라고도 한다. 기업의 규모가 점차 커지고 조직구성원이 많아지면 전문적인 지식을 가지고 라인업무를 지원할 수 있는 스텝Staff이 필요하다. 기업의 규모가 큰 경우에는 스텝을 독립적으로 운영하기도 하는데 기획조정실, 경영연구소, 경제연구소 등이 그 예이다.

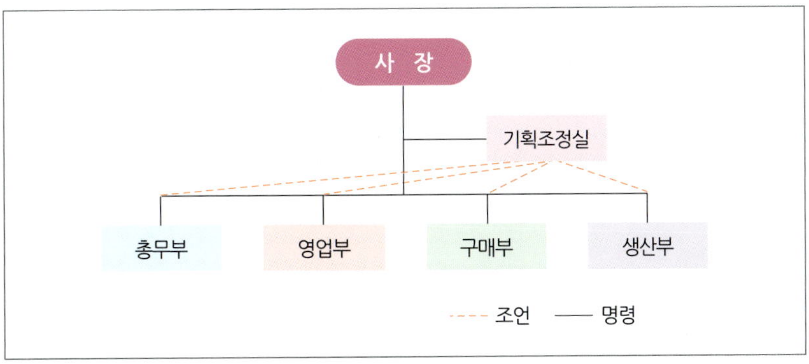

그림 5.3 라인 – 스텝 조직

1 라인 – 스텝 조직의 장점

- 라인구성원들은 스텝으로부터 유익한 조언을 들을 수 있다.
- 상사의 독단적 판단으로 인한 위험이 줄고 조직이 안정된다.
- 조직의 방침을 일관성 있게 추진하기가 매우 쉽다.

2 라인 – 스텝 조직의 단점

- 라인의 명령체계와 스텝의 조언에 혼란이 생긴다.
- 라인과 스텝 사이에 권한문제로 마찰이 발생할 우려가 있다.
- 스텝조직의 설치로 간접비용이 늘어난다.

3 라인 – 스텝 조직의 적용

- 대규모 회사(대량생산 베이커리 회사)이다.
- 대기업 규모(전국을 대상으로 하는 회사)이다.

(4) 프로젝트 조직Project Organization

특정과제를 해결하기 위해 한 때 인력과 자원을 투입하여 조직을 구성하였다가 목표가 달성되면 해체되는 조직이다.

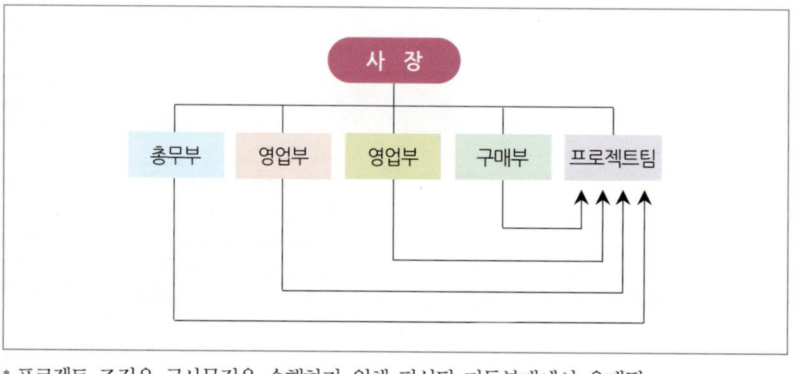

* 프로젝트 조직은 군사목적을 수행하기 위해 편성된 기동부대에서 유래됨

그림 5.4 프로젝트 조직

- 특정 프로젝트를 중심으로 다른 종류의 기능을 종합한 조직이다.
- 특정 프로젝트를 위한 일시적이고 잠정적인 조직이다.
- 프로젝트 관리자는 라인의 장으로서 프로젝트에 대한 계획 · 집행 · 통제의 권한과 책임을 가진다.

1 프로젝트 조직의 장점

- 조직의 기동성이 높다.
- 인원을 탄력적으로 구성할 수 있다.
- 프로젝트 목표가 명확하므로 책임과 평가도 명확하다.

2 프로젝트 조직의 단점

- 전체조직에 악영향을 끼칠 수 있다.
- 프로젝트 관리자의 지휘능력에 크게 의존한다.
- 프로젝트팀의 조직구성원과 원래 소속부문 간의 관계를 조정하기 어렵다.

(5) 매트릭스 조직Matrix Organization

기능식 조직과 프로젝트 조직의 장점을 혼합한 조직구조이다. 매트릭스 조직은 한 사람이 두 부서에 동시에 소속되어 필요에 따라 업무의 범위와 책임 등이 결정된다.

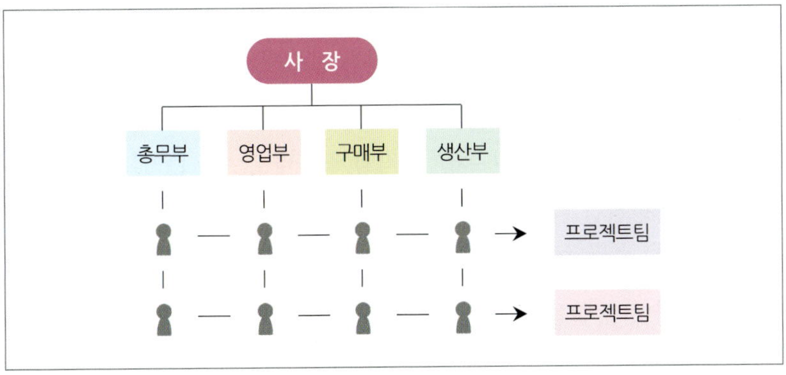

그림 5.5 매트릭스 조직

다만, 두 명 이상의 상급자에게 서로 다른 명령을 받을 경우 혼란이 발생할 수 있다.

1 매트릭스 조직의 장점

- 조직구성원 간의 종합적인 협동을 촉진할 수 있다.
- 시장적응과 효율성을 동시에 달성할 수 있다.
- 인적자원을 효율적으로 처리할 수 있다.

2 매트릭스 조직의 단점

- 지휘계통에 혼선이 발생할 수 있다.
- 작업효율이 떨어질 수 있다.
- 비용이 많이 든다.

2) 시대에 맞춰 변화하는 조직구조

우리나라 기업의 전통적인 조직은 피라미드 조직구조이다. 빠르게 변화하는 경영현실에 대처하려면 조직도 더욱 신속하게 움직여야 하므로 기존의 조직문화로는 외부의 변화를 따라잡기가 어렵다. 따라서 최근의 기업조직들은 중간관리자가 대부분 없는 것이 특징이다. 이는 의사결정을 빠르게 하고 조직이 경직화되는 것을 막는다.

① 모래시계 조직 : 허리가 잘록한 모래시계에서 착안한 조직구조로 중간관리자가 줄어든 조직이다. 경영정보시스템의 발전으로 최고경영자가 직접 많은 종업원의 업무활동을 지휘 · 통제하게 된다.

② 오케스트라 조직 : 지휘자의 손끝 움직임에 따라 연주라는 임무를 수행하는 오케스트라 단원처럼 일사불란하면서도 각자의 개성을 잃지 않는 조직구조이다.

③ 아메바 조직 : 가장 유연한 조직형태이다. 조직을 형성했다가도 임무가 끝나면 헤어지는 아메바 같은 속성을 가졌다고 해서 붙여진 이름이다.

3. 생산계획과 제품

1) 제품분석

시장의 일반적 상황에서 경쟁관계 등을 파악하는 중요한 항목으로, 제품군의 전체를 정의하고 브랜드의 속성을 정의함으로써 커뮤니케이션의 문제점과 기회를 발견하는 중요한 것 중의 하나이다.

(1) 제품의 가치(V)

$$* \text{ 제품의 가치(V)} = \frac{\text{(원료, 제법, 기술)} + \text{품질(맛, 외관, 풍미)}}{\text{원가(원재료} + \text{가공비} + \text{경비)} + \text{이익}} + \frac{\text{기능(F)}}{\text{가격(P)}} + \frac{\text{품질(Q)}}{\text{비용(C)}}$$

* V : Value(가치), P : Price(가격), F : Function(기능), C : Cost(비용), Q : Quality(질)
* Tip : 품질이란, 고객의 요구사항을 충족시키는 정도로 자동차로 비유하면 소형차와 고급승용차가 있듯이, 고객이 요구하는 품질을 정확히 인지하는 것이 중요하다.

(2) 제품의 구분

대중성 생산제품	품질 : 보통	기계화 또는 자동화가 편리함
	가격 : 낮음	
	수량 : 많음	
	비율 : 보통 또는 높음	
특수성 생산제품	품질 : 좋음	수작업(고급 데커레이션케이크, 설탕공예 제품, 프랑스빵) 등처럼 가공도가 높거나 기계화가 어려운 제품
	가격 : 높음	
	수량 : 적음	
	원재료 비율 : 낮음	

2) 생산계획

수요예측에 따라 생산의 여러 활동을 계획하는 것으로 생산해야 할 상품의 종류,

수량, 품질, 생산시기, 실행예산 등을 과학적으로 계획하는 일이다.

(1) 생산계획의 분류

- 생산량계획 : 수요예측에 따른 생산계획을 세운다.
- 인원계획 : 평균적인 결근율, 기계의 능력 등을 감안하여 인원계획을 세운다.
- 설비계획 : 기계화와 설비보전과 기계와 기계 사이 생산능력의 밸런스를 맞추는 작업을 계획한다.
- 제품계획 : 신제품, 제품구성비, 개발계획을 세우는 것으로, 제품의 가격, 가격의 차별화, 생산성, 계절지수, 포장방식, 소비자의 경향 등을 고려해 제품계획을 세운다.
- 합리화계획 : 생산성향상, 원가절감 등 사업장의 사업계획에 맞춰 계획을 세운다.
- 교육훈련계획 : 관리감독자 교육과 작업능력향상 훈련을 계획한다.

(2) 실행예산계획 : 제조원가를 계획하는 일

판매예산과 기말재고 예산을 근거로 수립(제품을 몇 개 생산할까?)

* 생산예산 = 판매예산 + 완제품기말재고예산 - 기초재고

(3) 계획의 목표 : 노동생산성, 가치생산성, 노동분배율, 1인당 이익을 세우는 일

* 노동생산성 = $\frac{\text{생산금액}}{\text{소요인원수}}$　　* 가치생산성 = $\frac{\text{생산가치}}{\text{연인원}}$

* 노동분배율 = $\frac{\text{인건비}}{\text{생산가치}}$　　* 1인당이익성 = $\frac{\text{조이익}}{\text{연인원}}$

3) 연간 생산계획의 기초자료

제품 · 공정 · 자원데이터 취급범위가 결정되면 생산능력 계획을 위한 연간생산량, 작업교대율, 임금수준 등 다양한 전제조건이 포함된다.

(1) 기본요소

- 과거의 생산실적(품종별, 제품별, 월별)
- 경쟁회사의 생산동향
- 경영자의 생산방침
- 제품의 수요예측자료
- 과거 생산비용의 분석자료
- 생산능력과 과거의 생산실적 비교
- 과거의 계획과 실적차이 분석표

(2) 구체적 요소

- 공정별 소요인원과 실제인원
- 공정별 생산성 목표치와 실현가능성
- 기계가동률과 설비기계의 내구도
- 기계별 능력표
- 공정별 작업인원 시수와 작업시간
- 생산품종수, 제품수와 ABC분석자료
- 제품품목별 밀가루(1포대 당)의 금액, 제품값(개당)
- 계절지수

* 작업인원 시수: 몇 명의 인원이 몇 시간 작업을 하는가의 단위로, 공수라고도 한다(인원시간 = H/人). 예를 들어, 공수가 800H/人이라 하면 800명이 1시간, 100명이 8시간, 또는 80명이 10시간 작업함을 뜻한다.

4. 생산시스템의 분석

1) 생산시스템의 정의

투입에서 생산활동과 산출까지 전 과정을 관리하는 것이다. 생산시스템을 생산량과 비용의 측면에서 분석하는 것은 문제해결을 종합적으로 평가할 수 있어 의미가 있다.

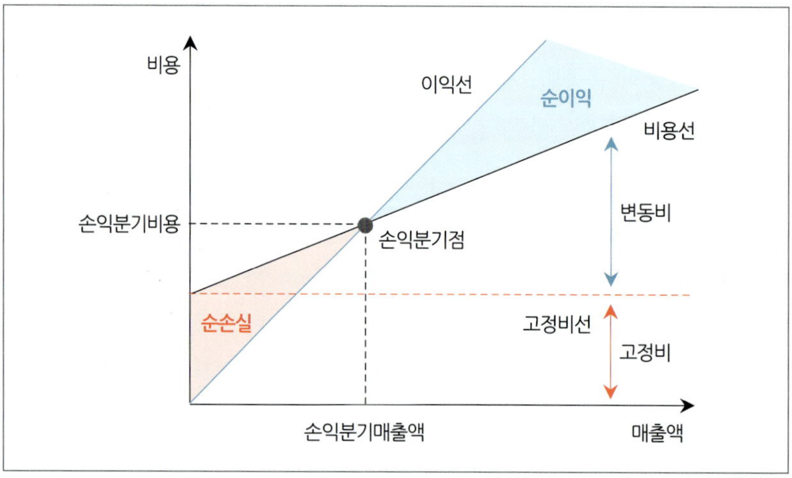

그림 5.6 **생산시스템의 분석**

(1) 고정비

판매량이나 매출액(조업도)의 변화와 관계없이 일정기간에 있어서 고정적으로 발생하는 비용(제조업에 있어서도 조업과 무관하게 발생되는 비용)이다. 예를 들면, 기본급, 제수당, 감가상각비, 임차료, 보험료, 고정재산세 등의 고정제조 간접원가이다.

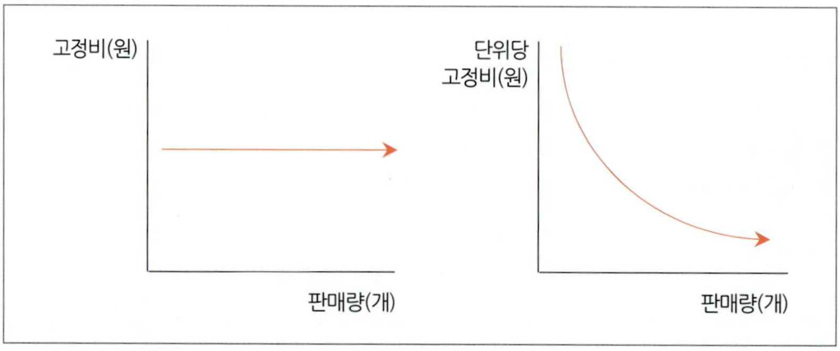

* 조업도가 증가하면 단위 당 원가는 감소하고 조업도가 감소하면 단위 당 원가는 감소한다.

그림 5.7 **고정비의 원가형태**

(2) 변동비

판매량이나 매출액(조업도)의 변화에 따라 비례적으로 발생하는 비용이다. 예를 들면, 직접재료비, 직접노무비(재료비, 상품매입액, 외주가공비, 운임비, 포장비, 직원의 잔업수당 등)이다.

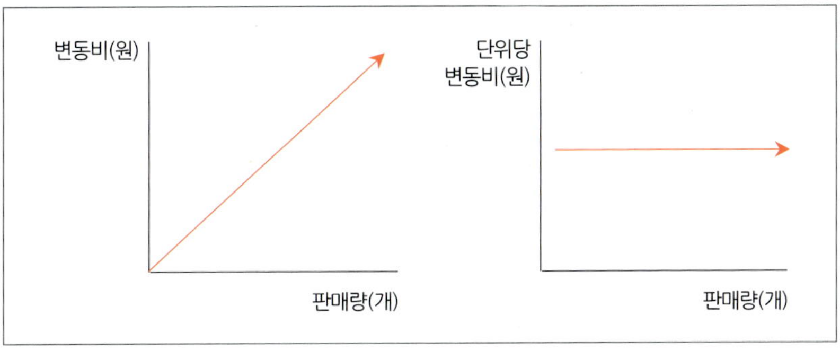

* 조단위 당 변동비는 조업도에 관계없이 일정하다.
* 조업도란, 기업의 경영활동수준으로 생산량, 판매량, 매출액 또는 작업시간 등으로 나타낸다.

그림 5.8 **변동비의 원가형태**

(3) 매출액 = 생산량 × 가격

기업의 주요 영업활동 또는 정상적 활동으로부터 얻는 수익으로서 상품 등의 판매 또는 용역의 제공으로 실현된 금액을 말한다.

(4) 손익분기점Break-even Point 분석

- 기업이 손실을 입지 않은 판매량(또는 매출액)지점을 손익분기점이라 하는데, 손익분기점Break-even Point, BEP은 총수익과 총비용이 일치하여 이익도 손실도 없는 상태(순이익 = 0)를 의미한다. 그리고 그러한 판매량 또는 매출액 지점을 조업도Volume라고 부른다.
- 손익분기점이 판매량과 가격, 고정비와 변동비라는 비용요소에 따라 결정되고 손익분기점 분석에서 판매량은 곧 생산량을 의미하기 때문에 가격과 판매량의 결정, 판매목표의 수립과 생산계획 수립 등 다양한 분야에서 사용되어지고 또한

다양한 관점에서 분석되고 있다.

- 손익분기점의 계산방법 중 손익분기점은 순이익 = 0이 된다.
- 손익분기의 모형은 기본적으로 주어진 매출액, 가격조건, 고정비와 변동비에 더하여 순이익 = 0이라는 점에서 출발하여 유도된다. 등식법과 공헌이익법을 통해 손익분기점을 분석한 후, 이를 응용하여 손익분기점 판매수량, 손익분기점 매출액 등을 계산할 수 있음은 물론이고, 가격 및 고정비, 변동비의 변화에 따른 손익분기점의 변화 또한 계산할 수 있다.

1 등식법

- 순이익 = 매출액(S) - 매출원가 - 판관비

  매출액(S) - {변동비(V) + 고정비(F)}
- 손익분기점에서 순이익 = 0이 되고, 매출액 = 판매량(Q) × 가격(P)이고,
- 변동비 = 판매량(Q) × 단위당 변동비용

  판매량(Q) × 가격(P) × 단위당 변동비용(UV) + 고정비(F)
- 고정비(F) = 판매량(Q) × {가격(P) - 단위당 변동비용(UV)}
- 판매량(Q) = 고정비(F) / {가격(P) - 단위당 변동비용(UV)}

2 공헌이익법

- 총공헌이익(CM) = 매출액(S) - 변동비(V)이고,
- 단위당 공헌이익(UCM) = 단위당 판매가격(P) - 단위당 변동비(UV)로 정의된다.

여기서 판매된 수량으로 표시되는 손익분기점을 판매량(Q)하면

- 판매량(Q) = 고정비(F) / {가격(P) - 단위당변동비용(UV)}

  = 고정비(F) / {가격(P) - 단위당 공헌이익(UCV)}

3 손익분기도표와 이익 – 조업도표

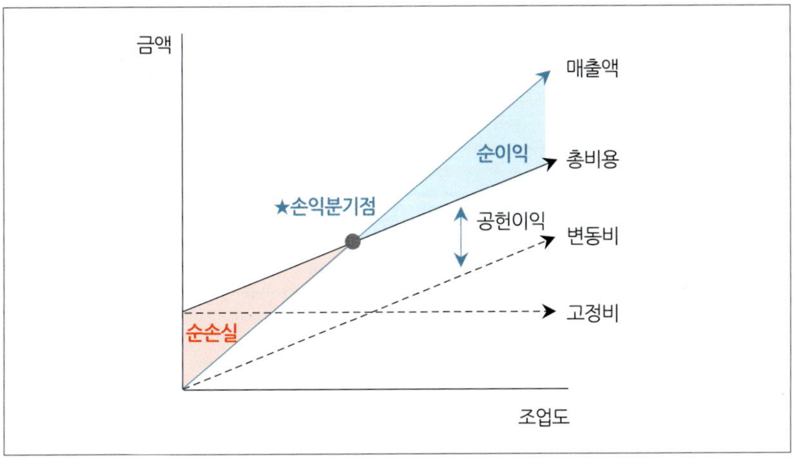

* 위의 손익분기도표는 이익 · 조업도(P/V) 도표로 바꾸어 그릴 수 있는데, 이는 조업도의 변화로 인한 순손실과 순이익의 표현에 더욱 중점을 둔 것이다.

그림 5.9 손익분기도표

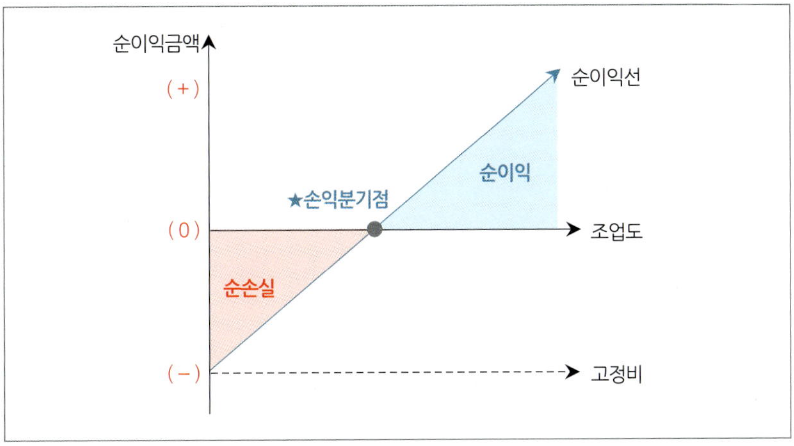

* 종축은 이익금액, 횡축은 조업도(수량 또는 금액)
* 조업도가 0인 지점의 순손실은 고정비와 동일
* 순이익선은 조업도가 0인 점을 기점으로 단위 당 공헌이익을 기울기로 하여 순이익선과 조업도선의 교차점이 손익분기점
* P/V도표는 가격, 변동비, 고정비 등에 관한 여러 대안이 조업도가 변동함에 따라 순이익이 어떻게 변화하는지 손쉽게 비교 가능함

그림 5.10 이익 · 조업도(P/V) 도표

2) 생산가치의 분석

원가절감과 생산제품 가치를 동시에 추구하며, 가장 값싸고 효율적인 방법을 달성하기 위한 분석이다.

① 제조부문의 생산가치 =
생산금액 – (원재료비 + 부재료비) – (제조경비 – 인건비 – 감가상각비)

② 노동생산성은 물량적 생산성과 가치적 생산성으로 크게 나눈다.

$$* \text{물량적 생산성} = \frac{\text{생산량 또는 생산금액}}{\text{인원} \times \text{시간}}$$

$$* \text{가치적 생산성} = \frac{\text{생산고} \times \text{생산가치} \times \text{이익}}{\text{인원} \times \text{시간} \times \text{임금}}$$

③ 1인당 생산가치 = 생산가치 인원

④ 생산가치율 = 생산가치 생산금액

⑤ 노동분배율 = 인건비 생산가치

5. 생산관리의 체계

1) 생산준비

새로 개발하고 기획한 제품계획서와 판매계획서를 바탕으로 하여, 그 목표를 이루기 위한 품질 · 원가 · 생산규모 · 생산설비 · 생산개시일 등을 결정하는 일이다. 이 때 꼭 거쳐야 하는 일이 시험생산이다. 설비계획에 맞춰 조달 · 정비된 생산공정에 재료와 작업자를 투입하여 제품을 만들어보는 과정이 시험생산이다. 이 과정을 통해 생산공정 전체의 능력을 점검하고 작업자를 교육한다.

2) 생산량관리

생산하고자 하는 양을 계획하고 생산하며, 계획대로 이루어지도록 통제하는 일이다. 생산량관리는 생산계획 · 생산실시 · 생산통제의 3단계로 이루어진다. 생산계획에는 기간(연간) 생산계획, 월간 생산계획, 일정계획이 있다.

3) 품종 · 품질관리

신제품개발과 시장수요의 경향에 따라 사양제품의 품종을 정리하고 생산품의 불량여부를 검사한다. 품종을 정리하고 통제하며 계획한 품질을 생산하고, 생산품의 불량여부를 검사하여 합격품(양품)만 출고되도록 관리한다.

4) 원가관리

품질의 제품을 최소의 비용으로 생산하기 위해 원가계산을 근거로 하여 원가절감을 도모하도록 하는 경영활동관리이다.

(1) 제조원가

① 어떤 물건을 만들기 위해 투입된 금액이다.

(예) 날씨가 많이 추워져 붕어빵 장사를 한다고 가정해 보자. 그럼 붕어빵을 만들기 위해서는 어떤 것들이 필요할까? 팥 · 밀가루 · 포장지 · 기계 · 물 · 전기 또는 가스 그리고 노동력 등이 필요할 것이다. 이 모든 것들이 제조원가가 된다. 따라서 붕어빵 장사에서 제조원가란 붕어빵을 만들기 위해 투입된 금액을 이야기한다.

② 제품의 가치에는 교환가치 · 코스트가치 · 귀중가치 · 사용가치가 있는데, 고객은 교환 · 귀중 · 사용가치에 관심이 있는 반면, 빵 · 과자와 같은 식품에서는 교환가치와 사용가치가 중요하다. 기업이 이익을 창출하면서 이러한 가치를 높이기 위해서는 원가를 절감하는 노력이 필요하다.

(2) 원가의 구성

① 원가는 직접비(재료비, 노무비, 경비)에 제조간접비를 가산한 제조원가 그리고 판매, 일반관리비를 가산한 총원가로 구성된다.

② 원가의 3대 요소 : 재료비, 노무비, 경비를 말한다.

③ 제조원가 = 재료비 + 노무비 + 제조경비이다.

- 재료비 : 밀가루, 팥(원재료), 포장지(부재료)
- 노무비 : 노동력(임금, 상여금 및 제수당, 퇴직급여 충당금) 등
- 제조경비 : 재료비, 전기료, 수도료, 수선비, 운반비, 감가상각비(기계) 등

④ 직접원가 : 특정제품의 제조를 위해서만 소비되어 특정원가 대상에 추적 가능한 직접원가만으로 구성된 원가이다.

- 직접원가 = 직접재료원가 + 직접노무원가 + 직접경비원가
  - 직접재료비 : 원재료비 + 부재료비로 구성
  - 직접노무비 : 생산활동에 직접 투입되는 생산직의 임금, 상여금 및 제수당, 퇴직급여 충당금 등
  - 직접경비 : 전기료, 수도료, 가스료, 감가상각비(건물, 기계) 등

⑤ 제조 간접원가 : 여러 가지 제품제조에 공통으로 소비된 제조원가로서 간접재료비, 간접노무비 및 간접경비의 합계를 말한다.

- 제조간접원가 = 간접재료원가 + 간접노무원가 + 간접경비원가

⑥ 제조원가 : 제조과정에서 발생된 직접원가와 간접원가를 가산한 합계액이다.

- 제조원가 = 직접원가(직접재료비, 직접노무비, 직접경비) + 제조간접원가

⑦ 제품제조원가 : 제품을 제조할 때 발생한 원가이다.

- 제품제조원가 = 기초재공품재고액 + 당해투입제조비(재료비, 노무비, 제조경비) - 기말재공품재고액

⑧ 제품매출원가 : 제품 판매되는 제품에 대한 원가이다.

- 제품매출원가 = 기초제품 재고액 + 생산이 완료된 제품액 - 기말제품 재고액

⑨ 판매원가(총원가) : 총원가는 제조원가에 판관비를 가산한 합계액을 말하며, 제품의 제조 및 판매과정에서 발생한 모든 원가를 포함한다.

- 총원가 = 제조원가 + 판매비와 관리비

⑩ 판매가격 : 총원가에 판매이익(영업이익)을 가산한 합계액이다.

- 판매가격 = 총원가 + 판매이익

(3) 원가를 계산하는 방법

① 가공비와 외부구입 가치를 계산하여 더하는 방법(가공비 + 외부구입가치 = 원가)이다.

② 가공비 : 제품을 가공하기 위해 종업원에게 지급한 급료나 임금, 소모된 건물의 가치 등을 가리킨다(가공비 = 직접노무비 + 제조간접비).

③ 외부구입 가치 : 제품을 만드는데 필요한 원·부재료비, 전기, 가스, 수도비, 외주가공비, 기계소모비 등을 가리킨다. 즉 재료비와 경비를 포함하는 말이다.

5) 직접 원가계산법

현금흐름표를 작성하는 방법 중 하나로, 현금을 수반하여 발생하는 수익 또는 비용항목을 총액으로 표시한다.

① 원가가 되는 비용을 고정비와 변동비로 구분하여 계산하는 방법이다.

② 변동비 : 재료비처럼 생산량이 늘면 늘고, 줄면 줄어드는 비용(임금, 재료비 등)이다.

③ 고정비 : 생산량에 관계없이 일정하게 드는 비용으로, 불변비용이라고도 한다(감가상각비, 임대료 등).

(1) 원가절감 방법

① 구매관리, 구입단가, 구매시점 조절, 결제방법을 엄격히 하여 구입단가와 결제방법을 합리화한다.

② 원재료의 배합설계와 제조공정 설계를 최적상태로 하여 생산수율을 높인다.

③ 창고관리의 적정화로 원재료의 입고·보관 중에 생기는 불량품을 줄여 재료손실을 방지한다.

④ 재고를 최소화한다. 적정재고량을 보유함으로써 부패로 인한 재료손실을 최소화한다.

⑤ 각 공정별 품질관리를 철저히 하여 불량률을 최소화한다.

(2) 작업관리를 통한 불량률 개선

① 작업자의 태도 점검 : 작업표준이나 작업지시에 맞는지 스스로 점검하거나, 검사기준을 설정하여 수시로 점검·수정한다.

② 기술수준 향상과 숙련도 제고 : 적정기술 보유자를 필요공정에 배치하고, 현장에서의 기술개선 지도, 교육기관을 통한 수강, 사내연구회 등을 통해 작업능력을 향상시킨다.

③ 작업여건의 개선 : 작업을 표준화하고 기계와 작업기기가 정상 작동하도록 보수한다. 계량기, 측정기를 정기적으로 검·교정하여 정밀도를 유지하여 측정기기 오차에 의한 불량품이 발생하지 않도록 한다. 작업장의 정리정돈으로 쾌적한 작업환경을 만들고 적절한 조명을 설치한다.

(3) 노무비의 절감

① 제품기획 단계에서 제조방법의 표준화를 통해 각 공정별 작업시수와 작업인원을 결정한다.

② 제품별 생산계획을 실시하며, 소요시간과 공정시간을 단축한다.

③ 생산기술의 측면에서 기계화(초콜릿케이크, 토핑초콜릿 슬라이스), 자동화 등 제조방법을 개선하고 향상시킨다.

④ 제조공정상의 작업배분, 공정 간의 효율적 연계 등 작업능률을 높이는 기법을 활용한다.

⑤ 교육·훈련을 통한 직업윤리의 함양으로 생산능률을 향상시킨다.

(4) 작업시간 분석

① 여유율은 25%가 넘지 않도록 한다.

② 우발적 요소(기계의 고장, 정전, 사고 등)가 5% 이하가 되도록 관리한다.

③ 작업인원 기준표에는 실제 작업시간으로서 다음의 여유율을 가산하는 것이 합리적이다.

(5) 작업을 정상적으로 진행시키는 4대원리

① 작업방법과 기계설비를 분석하여 최선의 방법을 선택한다.

② 선정한 작업에 가장 알맞은 사람을 선택한다.

③ 경영자와 종사원 사이에 협조적 관계가 확립되는 합리적 급여제도를 선택한다.

④ 종사원을 최선의 방법으로 교육·훈련시키는 기법을 선택한다.

6) 손실관리

경영상의 경쟁력을 제고하는 방법의 일환으로 생산·판매·관리의 전부분에서 손실을 줄이려고 노력하고 있다. 여기에서는 생산부분에 대해 점검하고자 한다.

① 생산액(금액), 수량(개수) 점검 : 생산계획을 수행할 능력과 생산량을 매일 점검한 뒤, 계획을 달성하지 못하는 원인을 규명하고 시정한다.

② 생산인원(출근인원, 출근율), 잔업인원 점검 : 생산에 투입되는 전 노동력을 생산성과 비교하여 점검한 후 조치한다. 또한 인원부족, 결근율, 계획 외 잔업요인 등을 점검한 후, 출근율을 향상시키고 작업관리를 철저히 한다.

③ 원재료, 포장재 사용액 및 원재료의 비율점검 : 원·부재료의 계획과 대비하여 비교한 뒤 원인을 분석하고 검토한다. 원재료 구매를 검토하고, 원재료비 비율의 변동에 대한 조치를 취한다.

④ 불량률 점검 : 불량·손실한도 및 불량률 계획과 비교하여 점검한다. 그런 후 원재료, 공정, 기계설비 등 원인을 속히 규명하고 조치한다.

⑤ 노동생산성(금액, 시간/인) 점검 : 계획 · 수행도 능력 및 생산성저하 공정을 점검하여 생산성향상 조치를 취한다.

⑥ 제품 1개 당 평균단가 점검 : 제품비용을 거시적으로 파악하여 차기의 상품계획과 가격계획의 기초로 활용한다.

⑦ 생산가치 점검 : 생산가치 지수와 비교하여 생산가치가 감소하는 원인을 분석하는데 활용한다.

⑧ 노동분배율 점검 : 노동분배 지수와 비교하여 노동분배율이 높아지는 원인을 분석하고 조치한다.

⑨ 기계의 운전시간 및 설비가동률 점검 : 공정 · 인원과 관련된 운전시간, 조작시간의 균형을 점검하여 설비계획과 공정작업 개선의 자료로 활용한다.

7) 공정표 작성

매일 공정표를 작성하므로 전일 또는 전월, 연평균과 비교하여 원인을 분석하고 조정하여 손실을 감소시키고 작업의 능률을 높일 수 있다.

SECTION 02

수요예측

생산계획은 생산목적을 구체적으로 무엇을(제품명), 언제(일정), 얼마나(수량) 만들 것인가를 나타내는 것으로, 생산계획의 중심은 생산수량과 판매일정이다. 생산수량 계획을 수립함에 있어 불확실한 수요량을 판단하기 위해서는 수요예측을 해야 한다. 특히 베이커리기업의 경우 정확한 예측을 통해 과잉재고로 인한 자본의 이자손실과 재고부족으로 인한 판매손실을 초래하지 않아야 한다. 또한 정확한 판매예측을 통해 제품에 대한 재고가 발생하지 않도록 해야 한다.

1. 수요예측과 접근방법

예측시스템은 일반적으로 과거에 있던 인과관계가 미래에도 존재하리라고 가정한다. 미래는 불확실하고 아직 발생되지 않았기 때문에 알 수 없지만, 환경이 변하더라도 완전하게 모두 변하는 것이 아니고 일부만 변하며, 그동안 존재해 온 인과관계는 상당부분 지속되기 때문이다.

예측이 정확하기는 매우 어렵다. 실제 발생되는 내용은 예기된 것과 상이한 것이 대부분이다. 이는 발생되지 않은 상황을 미리 추측하기 때문이며, 상황과 관련된 많은 요소들을 모두 고려하여 예측하기도 어렵기 때문이다. 각 요소를 정확히 예측하는 것은 불가능하며, 요소가 상황에 미치는 영향의 정도에 있어서도 차이가 있기 때문에 개괄적이고 포괄적으로 수행될 수밖에 없으며, 이로 인한 오차는 감수해야 한다. 따라서 예측된 내용은 지속적으로 추적하고 조정하여 사용함으로써 가능한 오차에 대비한다.

델파이방법의 약점은 다음과 같다.

- 질문서의 문항이 명확하지 못해 질문에 대한 답이 문제와 다른 경우 볼 수 있다.
- 기간이 오래 걸리면 구성원이 변경될 수 있다.
- 전문가가 문제에 대해 정확한 지식을 갖지 못할 경우가 있으며, 이에 대한 구별을 사전에 파악하기가 어렵다.
- 결론에 대한 정확도를 증명할 수 있다.
- 전문가가 응답에 대한 책임을 지지 않는다.

(2) 시장조사법

시장조사Market Research법은 실제 시장에 대해 조사하려는 내용에 대한 가설 설정과 조사실험을 실시한다.

2) 객관적 방법

객관적 방법에는 과거의 판매실적을 토대로 분석하여 모형을 추출하고, 미래의 상황변수를 넣거나 발견된 인과관계를 이용하여 미래의 수요를 예측하는 방법이 가장 널리 사용되고 있다.

가장 단순한 방법은 장기간의 판매실적을 토대로 수요의 증가율이나 감소율을 찾아 모형을 결정하는 방법으로, 장기간의 판매실적 시간의 변화에 맞추어 직선으로 표시하는 방법이다. 보다 구체적인 방법으로는 대개 변이된 자료를 최소자승법Method of Least Squares에 의해 선형화하고 회귀선을 찾아 이용한다. 순환이나 변동이 매년 같은 유형으로 발생하면, 이를 계설정이라고 일컫는데, 이는 매년 평균과 계절지표를 사용하여 예측할 수 있다.

실적자료는 다음의 세 가지 수준에서 사용될 수 있는데, 장기적 성향분석, 중기적 계절성분석, 부수적인 진동이나 비정형적인 순환현상의 파악이 그것이며, 또한 역사적인 계기나 전환점 파악에도 이용할 수 있다.

또 다른 객관적 방법은 선행지표를 사용하는 방법이다. 선행지표는 판매량에 있어서의 변화가 있기 전에 발생된 경제지표로서, 이를 이용한 관련분야의 제품수요를 예측하는데 사용할 수 있다. 경제기획원 등 관공서에서 발간되는 관련 자료나 한국은행, 증권회사 등에서 발행되는 정기간행물을 이용하면 국민총생산액, 개인소득, 취업률, 고용현황, 저축금, 주택부금액, 주택부금 숫자, 증권 경기지표 등을 쉽게 얻을 수 있는데, 이러한 자료들을 수요예측에 유용하게 사용할 수 있다.

3) 계량예측기법

계량예측기법은 예측에 있어서 추세율을 결정하거나 추세의 변환점을 파악하고, 이를 이용한 모형을 설정하여 미래를 추정하는 것이다.

(1) 회귀분석법

회귀분석Regression Analysis은 변수 간의 관계를 분석하여 독립변수와 종속변수 간의 관계를 회귀식으로 만들어 예측한다. 수요변수가 종속변수이며 이를 위해 사용되는 변수는 독립변수로 보고, 이 독립변수와 종속변수의 관계를 방정식으로 표현함으로써 독립변수 값이 주어진 경우 종속변수, 즉 미래의 수요를 예측한다. 회귀분석에는 단순 회귀분석Simple Regression Analysis과 중 회귀분석Multiple Regression Analysis으로 나눈다.

1 단순 회귀분석

수요는 하나의 독립변수와 관계가 있다고 보는 것이다. 음료수나 아이스크림의 수요를 예측하는 가장 중요한 인자로서 날씨와 온도를 꼽을 수 있다.

- 단순선형 회기분석 : $y = a + bx$
- 단순지수형 회귀분석 : $y = abX$

2 중 회귀분석

단순 회귀분석이 단순하고 계산이 간편한 대신에 예측치의 신뢰도는 높지 못한 약점을 보완하기 위해 만든 것이다. 상황을 보다 충실히 나타낼 수 있도록 종속변수에 영향을 주는 여러 인자들, 즉 여러 개의 독립변수를 부가시킨 것이 중 회귀분석이다.

(2) 평균법

평균법Average Method은 과거의 실적자료가 주어진 경우 가장 손쉽게 사용할 수 있는 방법이 평균을 이용한 방법이다.

표 5.1 연간수요의 자료

연차	1	2	3	4	5	6	7	8	9	10	11
실적	10	11	12	13	12	13	13	14	14	15	16

(예) 평균법에 의한 12년차의 수요예측 결과는 다음과 같다.

$$\frac{10 + 11 + 12 + 13 + 12 + 13 + 13 + 14 + 15 + 16}{11} = 13$$

(3) 이동평균법

이동평균법Moving Average Method은 최근의 자료 중에서 일정한 기간을 소급하여 평균을 내는 방법이다.

(예) 4년간의 자료를 활용한다면 5차년도의 수요예측 결과는 다음과 같다.

$$\frac{10+11+12+13}{4} = \frac{46}{4} = 11.5$$

(예) 5차년도의 수요예측 결과는 다음과 같다.

$$\frac{11+12+13+12}{4} = \frac{48}{4} = 12$$

(4) 가중이동평균법

가중이동평균법Weight moving average은 최근 자료에 더 높은 가중치를 주어 적용하는 방법이다.

(5) 지수평활법

가중이동평균법을 발전시킨 기법으로, 가중치는 과거로 거슬러 올라갈수록 지수함수적으로 감소하게 되어 결과적으로 최근의 값에 큰 가중치를 부여하게 되는 기법이다. 지수평활법Exponential Smoothing은 사용하기가 쉽고 컴퓨터로 처리할 때 효율적인 기법이다.

4) 효과적인 수요예측기법의 선정

예측은 적시에 이루어져야 한다. 예측은 상당한 시간이 요구되기 때문에 필요한 시간이 확보되어야 하며, 이는 사용 시기를 고려하여 결정되어야 한다. 또한 수요에 영향을 주는 사항이 발생될 경우 이에 상응하는 예측자료의 보완이 있어야 하며, 때를 놓치면 변화에 대한 자료를 얻지 못하는 경우가 많기 때문에 예측 시기는 시의적절하게 선정되어야 한다.

예측은 정확해야 하며, 예측결과의 사용을 위해 결과의 정확도를 항시 기술하여야 한다. 그리고 예측은 신뢰성이 확보되어야 한다. 신뢰성의 확보를 위해 꾸준한 노력이 병행되어야 하며, 사용자에게 신뢰를 줄 수 있는 자료확보가 병행되어야 한다. 예측의 단위는 의미 있는 단위로 표현되어야 한다. 필요하다면 그룹과 개별 품목별로 기술하여 사용자가 사용하기에 편리해야 한다. 그리고 예측결과는 서류로 작성해야 한다.

4. 수요예측의 이해

1) 주관적인 수요예측방법을 이해한다.

주관적 방법은 판매자나 전문경영자와의 대화를 통해 수집하는 방법 또는 면담이나 시장조사를 바탕으로 도매상 · 소매상 그리고 소비자들이 생각하는 미래의 수요수준을 종합하는 방법을 사용한다.

2) 계량예측기법을 이해한다.

계량예측기법은 예측에 있어서 추세율을 결정하거나 추세의 변환점을 파악하고, 이를 이용한 모형을 설정하여 미래를 추정하는 것이다.

- 회귀분석법 이해한다.
- 평균법, 가중이동평균법을 이해한다.
- 지수평활법을 이해한다.

SECTION 03

재고관리

재고관리Inventory Control란, 식재료의 제조과정에 있는 것과 판매 이전에 있는 보관 중인 것을 말하며, 상품구성과 판매에 지장을 초래하지 않는 범위 내에서 재고수준을 결정하고, 재고상의 비용이 최소가 되도록 계획하고 통제하는 경영기능을 의미한다.

1. 재고의 기본기능

재고는 생산과정의 공급과 수요의 시간적 차이를 해결하고 다량의 제품주문 시 공급자로부터 가격할인을 받을 수 있으므로 구매비용을 감소시킬 수 있고, 인플레이션 등 가격변동에 대비할 수 있으며 계절적 변동이나 수요폭등에 대비한 완충역할을 하며 적절한 양의 재고는 재고부족을 최소화하거나 이를 방지한다.

2. 재고관리의 목적과 비용 및 수요

재고관리Inventory Control는 유동자산 가치 파악과 재고품 상태의 파악, 식재료의 원가 비용과 미실현 비용의 파악, 재고회전율의 파악, 신규주문 대비를 위해 필요하다. 이 밖에 고객을 위한 서비스가 재고비용과 균형이 이루어지도록 적정한 재고를 유지하는 것 또한 목적이라 할 수 있다. 또한 재고비용을 최소화하면서 고객의 수요와 고객서비스를 만족시키고 생산과정에 필요한 원료의 재고부족이 발생하지 않도록 사전통제를 하는 것이 매우 중요하다.

소비자의 수요 유형은 오랜 기간 계속되어 단기간 내에 변화를 하지 않는 지속적 수요, 특정시기에만 과도한 수요가 발생하는 계절적 수요, 그리고 예측하기 어려운 불규칙한 수요 등 세 가지가 있다.

첫째, 일반적으로 많이 사용되는 것은 최대 · 최소 관리방법이다. 이 방법은 일정한 양을 정하고 재고량이 감소하면 구매하여 항상 일정한 최대 재고와 최저 재고 내에서 재고량을 준비하도록 관리하는 방법이다. 둘째, 비율법으로 최대 · 최소의 재고 대신 평균사용량의 비율을 기준으로 하여 관리하는 방법이다. 셋째, 확률적 통계방법으로 수요량 납입기간 등 결정요소가 확정되었을 때 주문량이나 그 시기를 결정한다.

1) 재고관리 비용

기업의 경영이 원활하게 이루어지도록 최적량의 원료 또는 완성품의 재고량을 준비함으로써 최대의 수익을 올리면서 그 비용을 최소화하는 관리비용이다.

① 재고주문 비용Setup Cost : 식재료를 보충 구매하는데 소요되는 비용으로, 청구비 · 수송비 · 검사비 등이 포함된다. 고정비의 성격을 띠고 있고, 주문량의 크기와는 무관한 비용이다.
② 재고유지 비용Hold Cost : 재고보유 과정에서 발생하는 비용으로, 보관비 · 세금 · 보험료 등이 포함된다. 주문비용이 고정비의 성격인 반면, 변동비의 성격을 띠고 있는 것을 말한다.
③ 재고부족 비용Shortage Cost : 충분한 식재료를 보유하지 못함으로써 발생하는 비용이다. 식재료 부족으로 인한 생산기회나 판매상실, 생산중단 등으로 업소에서 입게 되는 비용을 말한다.
④ 폐기로 인한 비용 : 유통기한이 지난 재료의 폐기, 열화재료의 폐기 등을 말한다.

2) 재고관리 방법

재고관리를 확실히 하려면 관리 시 생기는 경제효과와 관리에 필요한 비용을 비교하여 실시여부를 검토한다. 재고관리 방법으로는 정량주문과 ABC분석 방식이 있다.

(1) 정량주문 방식

베이커리부서에서 가장 많이 쓰인다. 이 방식은 원재료의 재료량이 줄어들면 일정량을 주문하는 방식이다. 재고량도 사용 또는 판매의 형태로 소비되므로 그만큼 보충하지 않으면 안 된다.

(2) ABC분석

자재의 품목별 사용금액을 기준으로 하여 자재를 분류하고 그 중요도에 따라 적절한 관리방식을 도입하여 자재의 관리효율을 높이는 방안이다. 즉 자재의 소비금액이 큰 것의 순서로 나열하여 누계곡선을 작성하고, 상위 약 10%의 것을 A그룹, 다음의 20%에 해당하는 것을 B그룹, 나머지 70%를 C그룹으로 한다. 이와 같이 중요도의 순서로 나누는 것을 ABC분석이라 한다.

3) 재고관리 시 점검사항

① 물품을 종류별 · 규격별로 정연하게 보관하고 있는가?
② 물품의 상태는 양호한가?
③ 물품별 입출고카드는 준비되어 있는가?
④ 입출고카드는 현행에 맞게 기록되어 있는가?
⑤ 정기적인 재고조사를 실시하고 있는가?
⑥ 실제 재고조사 실시결과 이상이 없는가?
⑦ 적정재고의 산출근거는 타당한가?
⑧ 유통기한은 확인하였는가?
⑨ 알레르기원료, 유기농원료 등은 구분되는가?
⑩ 식재료 보관온도는 적정한가?

SECTION 04

생산계획의 수립

1. 생산계획의 개요

생산계획은 예측된 수요를 바탕으로 주어진 기간 내에 보유한 자원을 이용하여 어떤 제품을 언제, 얼마만큼(종류 · 수량 · 가격 등) 생산할 것인지에 대해 가장 경제적이고 합리적인 일정을 수립하는 것이다.

1) 예산

판매예산과 기말재고예산을 근거로 수립(제품을 몇 개 생산할까?)

* 생산예산 = 판매예산 + 완제품 기말재고예산 - 기초제고

예산계획	제조원가계획	전년도예산과 실적+당해년도방침
계획목표	노동생산성	생산금액 / 소요공수
	가치생산성	부가가치 / 연인원
	노동분배율	인건비 / 부가가치
	1인당이익	조이익 / 연인원

2) 계획

① 수요예측에 따라 생산의 여러 활동을 계획한다.

② 생산해야 할 상품의 종류, 수량, 품질, 생산시기, 실행예산 등을 과학적으로 계획한다.

③ 연간 생산계획의 기초자료를 확인한다.

생산량계획	식빵, 과자 · 빵, 케이크류 등	과거실적 + 시장동향 계절지수 참고
인원계획	생산량 결정	라인별 정원 목표 노동생산성
설비계획	기계화 계획	신설, 관리 설비기계의 레이아웃, 예산
	설비보전 계획	A/S
제품계획	신제품 계획	Life Cycle(장기, 단기) 폭발적 인기제품(일시)
	제품구성 계획	제조원가와 제품가격 획기적인 차별화
	개발 계획	신기술개발 → 신제품
합리화계획	생산성향상 계획	계획을 구체적으로 실행
	불량감소 계획	공정관리
	외주, 구매 계획	원료의 품질과 가격
교육훈련계획	관리, 감독자 교육	교육기관, 전문가 초청
	작업능력향상 훈련	현장지도, 연구회활동

1 기본요소를 파악한다.

- 과거의 생산실적(품종별 · 제품별 · 월별)을 파악한다.
- 경쟁회사의 생산동향을 파악한다.
- 경영자의 생산방침을 파악한다.
- 제품의 수요예측자료를 분석한다.
- 과거 생산비용의 분석자료를 분석한다.
- 생산능력과 과거의 생산실적을 비교한다.
- 과거의 계획과 실적차이 분석표를 만든다.

2 구체적 요소를 분석한다.

- 공정별 소요인원과 실제인원을 분석한다.
- 공정별 생산성 목표치와 실현가능성을 분석한다.

- 기계가동률과 설비기계의 내구도를 분석한다.
- 기계별 능력표를 분석한다.
- 공정별 작업인원 시수와 작업시간을 분석한다.
- 자재조달 계획을 분석한다.

③ 생산을 준비한다.

새로 개발하고 기획한 제품계획서와 판매계획서를 바탕으로 하여, 그 목표를 이루기 위한 품질 · 원가 · 생산규모 · 생산설비 · 생산개시일 · 제조표준화 등을 결정한다.

④ 생산량을 관리한다.

생산하고자 하는 양을 계획하고 생산하며, 계획대로 이루어지도록 통제하는 일이다. 생산량관리는 생산계획, 생산실시, 생산통제의 3단계로 이루어진다. 생산계획에는 기간인 연간 생산계획, 월간 생산계획, 일간 생산을 계획한다.

⑤ 제품의 품질을 관리한다.

신제품개발과 시장수요의 경향에 따라 사양제품의 품종을 정리하고 생산품의 불량여부를 검사한다.

⑥ 원가를 관리한다.

기업이 이익을 창출하면서 가치를 높이기 위해서는 원가를 절감해야 하는 방법들을 알아본다.

2. 생산계획을 위한 수요예측

수요예측이란, 과거의 자료를 통해 미래의 수요를 예측하는 기법으로 매출액, 고객수, 생산량, 식재료량 등을 고려해야 한다. 생산계획은 생산목적을 구체적으로 무엇을, 언제, 얼마나 만들 것인가를 나타내는 것으로, 생산계획의 중심은 생산수량과 생산일정이다. 재고관리란, 식재료의 제조과정에 있는 것과 판매 이전에 있는 보관 중인 것을 말하며, 상품구성과 판매에 지장을 초래하지 않는 범위 내에서 재고수준을 결정하고, 재고상의 비용이 최소가 되도록 계획하고 통제하는 경영기능을 의미한다.

Bakery
Management

CHAPTER ❻

제과제빵
경영관리

마케팅 관리하기

SECTION 01

마케팅

1. 마케팅의 개념

조직이나 개인이 목표를 달성하기 위한 가치를 창출할 수 있도록 시장을 정의하고 관리하는 과정이다. 경쟁 없는 사회는 없다. 생존하기 위해서는 누구나 경쟁에서 이겨야만 살아간다. 한 기업이 어떤 제품의 생산과 판매를 독점하던 시대에는 경쟁이 필요가 없었으며, 경쟁자가 없기에 기업이 마음대로 제품의 질이나 가격을 조정할 수 있었다. 이때 기업들은 그들의 중심, 즉 생산중심으로 기업활동을 전개했다.

하지만 경쟁업체들이 나타나고 소비자들에게 선택권이 주어지면서 소비자를 중심으로 한 기업활동으로 바뀜에 따라 소비자의 욕구를 파악하지 않고서는 살아남기 힘들다는 것을 기업들이 깨닫기 시작하면서 마케팅Marketing이란 개념이 도입되었다. 기업들이 처음에는 생산에 집중하는 생산개념Production Concept에서 시작하여 제품에 집중을 두는 제품개념Product Concept으로 바뀌었고, 다음은 판매에 집중하는 판매중심Sales Center으로 진행되었으며, 이후 시장과 고객에 집중하는 마케팅중심Marketing Center과 사회적 마케팅중심Social Marketing Center으로 발전하게 되었다.

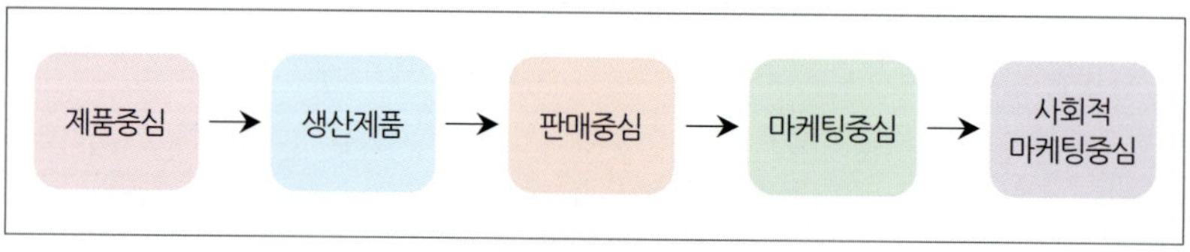

그림 6.1 마케팅철학의 변천과정

마케팅Marketing의 개념을 정의하거나 범위를 설정하는데 있어 학자들 간의 많은 논란이 있지만, 오늘날 가장 널리 인정하고 보편적인 것이 미국마케팅학회AMA : American Marketing Association의 정의이다. 1948년에 정의를 내리고 나서 이후 1985년에 개정하여 다시 내린 정의를 살펴보면 "마케팅은 기업이 개인이나 조직의 목표를 만족시켜 주기 위해 아이디어 · 제품 · 서비스 · 가격 · 촉진 · 유통을 계획하고 실행하는 과정이다."라고 하였다. 이것은 소비자나 조직에게 만족을 제공하는 동시에 기업은 생존하기 위해 그들의 목표를 달성하는 경영활동이라 볼 수 있다.

기업은 고객만족과 기업목표를 달성하기 위해 생산 및 판매뿐만 아니라 고객의 욕구조사, 시장분석, 고객맞춤형 제품개발, A/S까지 책임지는 전략을 세워야 한다. 이 전략은 제품을 생산해서 시장으로 밀어내는 전략이 아니라, 고객이 필요한 제품을 만들어 구입해가도록 유도하는 전략이며, 또한 생산한 제품을 무조건 판매하는 전략이 아니라 판매될 수 있는 제품을 생산하여 시장에 점유하는 전략이다.

마케팅Marketing에 대한 관심은 영리조직에만 국한되어 진행되는 것이 아니라, 이제는 비영리조직에서도 그 중요성을 인식하고 있어 점차적으로 다양한 분야로 전개되고 있다. 이러한 추세에 맞추어 베이커리 산업에서도 마케팅의 중요성을 인식하기 시작하여 다양한 마케팅전략들이 실행되고 있다.

표 6.1 판매와 마케팅의 차이

구 분	판 매	마케팅
목적	판매하는 것	소비자의 만족추구
이익관점	기업이 구하고자 하는 것	기업 노력결과
소비자에 대한 인식	판매대상	만족시켜야 하는 대상
기업관점	1개부서	기업의 중심부서
거래관계	판매와 동시에 관계 종료	소비자 만족과 지속적인 관계
영업활동	교환활동	창조적 활동
상품	주어지는 것	창출하는 것

2. 마케팅전략

마케팅전략Marketing Strategy이란, 기업이 목표를 달성하는 과정에서 변화하는 주위 환경에 어떻게 효과적으로 대처할 수 있는가에 관한 장기계획과 의사결정을 수립하는 것이며, 특히 경쟁에서 생존하기 위해 어떤 제품을 생산할 것인가 또는 어떤 시장을 목표시장으로 삼을 것인가를 계획하고 결정하는 과정이라 할 수 있다.

기업의 마케팅전략 목표는 매출액, 시장점유율, 순이익 등으로 정해지지만, 기업의 환경에 따라 목표 설정을 달리할 수 있다. 예를 들어, 시장진입 초기인 기업은 무리하게 순이익 목표를 설정한다든지 매출액을 높게 설정하는 경우는 기업의 방향을 잃어버릴 수가 있다.

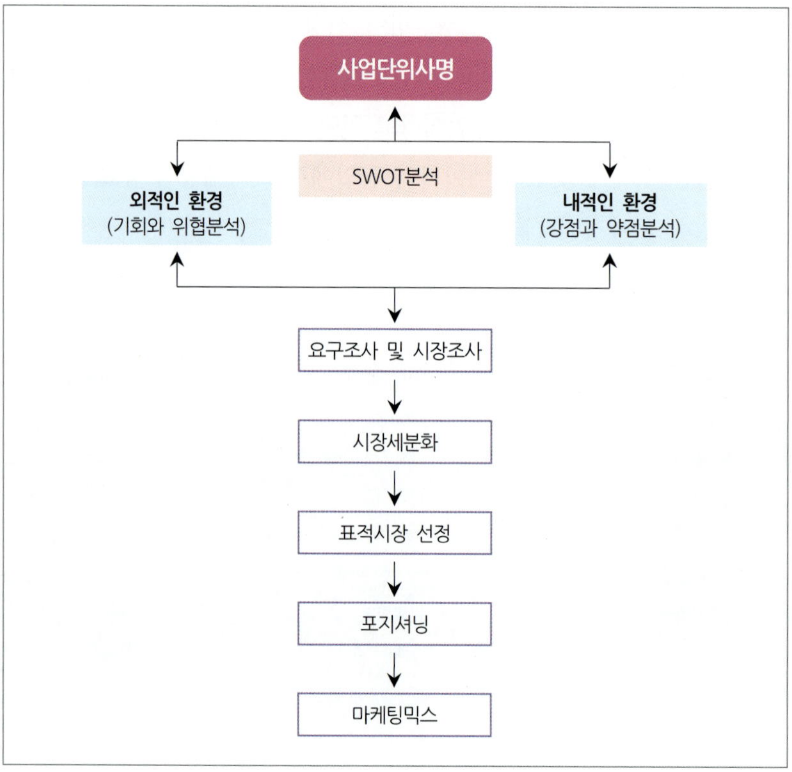

그림 6.2 마케팅전략의 수립과정

따라서 기업은 목표달성을 위해서 정보수집을 통해 시장을 세분화하고, 이를 바탕으로 기업이 적정한 표적시장(고객군)으로 설정하여 제품의 포지셔닝을 위해 마케팅 믹스를 활용하는 방법을 사용해야 한다. 이 전략수립 과정이 절대적인 원칙은 아니지만 기본적인 과정은 될 수가 있다.

3. 환경분석

기업이 효과적인 마케팅 활동을 하기 위해서는 자기회사를 둘러싼 외부환경과 내부환경을 잘 분석하고 이에 대처하는 전략이 필요하다. 특히 기업의 환경은 수시로 변화하며 이 변화에 빠른 적응이 필요하다. 변화된 환경에 적응하지 못하면 위협요인이 되기 때문에, 즉시 자기회사의 장·단점을 파악해서 장점은 최대한 활용하고 단점을 보완하는 등 환경에 슬기롭게 대처한다면 기회가 될 수 있다.

1) 외부환경 분석(기회와 위협)

마케팅기회는 기업이 구매자의 욕구를 충족시킴으로써 이익을 창출할 가능성이 높은 구매자의 욕구와 관심사의 영역이다.

(1) 인구통계적 환경

인구의 규모나 나이의 변동, 지리적 구성, 연령별 구성, 성별 구성, 출생률, 사망률, 인종, 직업에 관한 환경 등이다. 예를 들어, 출생률 저하는 전반적인 유아용품의 구매감소를 가져오는 위협요인이 될 수 있지만, 한 자녀를 위해 특성화되고 고가의 제품을 구입하는데 집중할 수 있어 또 다른 구매 증가를 일으킬 수 있는 기회요인이 된다.

(2) 경제적 환경

소비자의 구매력에 직접적으로 영향을 미치는 거시환경요소로 기업활동에 영향을 주는 환율, 원자재 가격, 임금에 직접적인 영향을 주며, 기업은 어떤 경제환경에 처해 있는지에 따라 영향을 많이 받으므로 경제적 환경을 분석하고 기업 목표와 연결된다.

(3) 자연적 환경

자연환경은 천연자원이나 기후, 물의 순환과 같은 자연현상을 모두 포괄하는 개념으로 원자재 고갈문제는 가격상승을 가져오기 때문에 기업이 지속적으로 관심을 가지고, 성장과 환경보호는 공존할 수 없다는 고정관념이다. 자연재해에 대한 통제 불가능한 환경은 무수히 많이 일어날 수 있다. 예를 들어, 조류독감과 같은 전염병은 베이커리 업계의 구매변화를 가져올 수 있다.

(4) 기술적 환경

디지털 및 네트워크 시대로 들어오면서 기술 환경이 급변하고, 첨단기술 역량은 단기간에 이룩하기 쉽지 않지만 생각보다 짧은 유지기간을 가진다. 기술 환경에서 도태되지 않기 위해 지속적인 기술개발과 연구에 집중하고, 외부기술을 수용해야 한다. 첨단기술이 과거에 비해 보다 중요해졌으므로, 기술연구 단계에서부터 마케팅을 염두에 두고 제품을 구상해야 한다. 기술의 발달은 마케팅의 환경도 변화시킨다. 기계와 장비의 발달로 제품의 표준화 · 규격화가 이루어져 대량생산이 이루어지고 있다.

(5) 정치적 · 법률적 환경

정부규제와 완화에 따라 기업의 영역이 달라질 수 있다. 사회가 보다 고도화됨에 따라 사회 내부의 구성원들이 보다 다양해졌다. 글로벌화와 맞물려서 국가 간의 관계형성을 확대하고 국제기구의 정치적 · 경제적인 역할이 확대되고 있다. 예를 들어, 유사기업의 확산을 규제하면 위협도 되지만, 경쟁자의 확산을 방지하는 기회도 될 수 있다. 또한 「위생관리법」, 「소방법」, 「환경관련법」 등의 내용에 대한 영향을 받는다.

(6) 사회 · 문화적 환경

한국문화의 발전으로 인한 한류열풍과 시장의 글로벌화로 인해 다양한 해외문화를 수용할 기회가 많아짐에 따라 문화 환경의 변화가 급변하고 있다. 세계 일류브랜드일수록 문화를 반영하지 않은 브랜드가 없다는 사실이다. 사회의 신념이나 가치, 규범 등은 오랜기간 무의식적으로 습성화되어 있어 틀을 바꾸기가 상당히 힘들다.

(7) 경쟁사 환경

전략수립에 필수적인 분석사항은 경쟁사분석이다. 가장 먼저 경쟁사가 누구이며 경쟁사의 전략을 확인하고, 목표가 무엇인지 그리고 경쟁사의 약점과 강점을 파악해서 자사의 대응전략을 마련하는데 활용해야 한다.

2) 내부환경 분석(강점과 약점)

자기회사가 현재 요구하는 성과수준, 강점과 약점, 업체가 가지고 있는 제약조건을 파악한 후 그러한 기회를 이용하는데 한계가 있는지 또는 새로운 강점을 발견하거나 개발하는데 더 좋은 기회를 고려하고, 자기회사 분석의 목표는 강점은 이용하고 약점은 수정 · 보완하여 대응전략을 찾아내는 것이다.

4. 전략목표 결정

자기회사와 경쟁사의 환경을 SWOT분석강점(Strength), 약점(Weakness), 기회(Opportunity), 위협(Threat)요인을 통해 확인하고 자기회사의 정확한 목표를 결정할 수 있다. 이때 전략적 선택이 중요하며, 자사가 수익성을 강조할 것인지 시장점유율을 강조할 것인지 결정해야 한다. 특히 베이커리업체는 자사의 여건과 시장상황, 상품의 수명주기 등을 충분히 파악한 후 결정해야 한다.

5. 시장세분화

기업은 모든 소비자들이 만족할 수 있는 제품이나 서비스를 제공하기 어렵기 때문에 전체시장을 공략하는 대신 자사가 가장 성공적으로 공략할 수 있는 세분화시장을 선택하게 된다. 또한 기업은 마케팅노력을 분산시키는 대신 그들이 가장 잘 만들 수 있는 가치에 더 많은 관심을 보이며, 시장세분화Segmentation 공략을 할 수 있는 시장을 고객의 특성이나 욕구 · 구매력 · 지리적 위치 · 태도 · 습관 등 어떤 기준에 따라 구매자에게 초점을 맞추어 고객을 나누는 것을 말한다. 세분화 기준은 다음과 같다.

(1) 지리적 세분화

소비자의 거주지역 · 도시규모 · 인구밀도 · 기후 및 지형적 특성에 따라 행정구역의 구나 동 등으로 측정 가능한 지리적 규모로 세분하는 것이다.

(2) 인구통계적 세분화

소비자의 연령 · 성별 · 가족규모 · 가족생활주기 · 소득 · 직업 · 교육수준 · 종교 · 인종 · 국적 · 사회적계층 등의 변수를 기준으로 세분화하는 것이다.

(3) 심리분석적 세분화

소비자들의 개성 · 가치 · 라이프스타일 · 성격 등의 심리적 변수를 기초로 시장을 세분화하는 방법이다. 심리분석적 변수에 있어서 라이프스타일에 의한 세분화 방법이 가장 유용하게 적용되어온 방법이다.

표 6.2 라이프스타일 분석에 쓰여지는 변수들

활동(Activity)	관심(Interest)	의견(Opinion)
일	가족	자신의 의견
취미	가정	사회적 이슈
사회활동	직업	정치
휴가	지역사회	사업
오락	여가활동	경제
클럽회원활동	유행	교육
지역사회활동	음식	상품

활동(Activity)	관심(Interest)	의견(Opinion)
쇼핑	대중매체	미래
스포츠	업적	문화

(4) 행동적 세분화

소비자의 상품에 대한 지식 · 태도 · 추구하는 편익 · 제품사용량 · 브랜드충성도 · 제품구매단계 · 기타 중요마케팅 등의 구매자 반응을 기준으로 나누는 것이다.

6. 표적시장 선정

세분시장 평가를 통해 기업의 가치 있는 표적시장Target Market을 선정하여 마케팅전략 방안을 설계한다. 마케팅 표적화전략에는 단일세분시장, 선택적전문화, 상품전문화, 시장전문화, 전체시장 포괄보도전략으로 구분된다.

(1) 단일세분시장 집중화

단일의 세분시장을 표적으로 집중하는 전략이다.

(2) 선택적전문화

기업의 목표 및 자원과 부합되는 몇 개의 세분시장으로 선정하는 전략이다.

(3) 상품전문화

여러 고객집단에게 판매할 수 있는 특정제품에 집중하는 전략이다.

(4) 시장전문화

여러 제품을 특정 고객시장에 집중하는 전략이다.

(5) 전체시장 포괄보도전략

모든 시장에 모든 제품을 포괄적으로 제공하는 전략이다.

7. 포지셔닝

타깃시장에서 기업이 경쟁우위를 얻기 위한 가치제안 및 차별화요소로 주로 상품 · 서비스 · 가격 · 인력 · 채널 등을 대상으로 한다. 특히 경쟁회사와 제품을 차별화하는 전략, 서비스를 차별화하는 전략, 종업원을 차별화하는 전략, 회사이미지를 차별화하는 전략 등이 있다. 세분화된 시장에서 기업의 여건이나 여러 가지 조건에 적합한 목표시장이 선정되면, 제품이나 서비스가 고객의 욕구에 부응하도록 집중할 필요가 있는데 이것이 포지셔닝Positioning이다.

표 6.3 시장 포지셔닝 요소

상 품	서비스	가 격	종업원	채 널
형 태 특 징 성 능 내구성 신뢰성 스타일 디자인	주문 용의성 배달 고객교육 고객상담 수리 / 유지보수	가격수준	전문성 친 절 신뢰성 커뮤니케이션	커버리지 전문성

8. 마케팅믹스 관리

마케팅믹스Marketing Mix란, 일정한 환경적 조건과 일정한 시점 내에서 여러 가지 형태의 마케팅 수단들을 경영자가 적절하게 결합 내지 조화해서 사용하는 전략을 의미한다. 즉 어떠한 제품에 사용된 모든 마케팅전략의 집합체를 조정 · 구성하는 일이다.

마케팅믹스에서 4P란 가격Price 전략, 유통Place 전략, 제품Product 전략, 촉진Promotion

전략을 말한다. 마케팅믹스 전략은 이러한 4P(제품Product, 가격Price, 유통Place, 촉진Promotion 전략)를 적절히 조화하여 표적시장에 도달시키는 것이다. 이런 전략을 구사할 때는 고객지향적인 입장으로 온라인과 오프라인 상에서 적절히 구사해야 한다.

마케팅전략을 토대로 마케팅목표를 실행하기 위한 실행방안으로 제품, 가격, 유통, 촉진 등의 4가지 요소를 믹스MIX하여 전략을 실행한다. 마케팅실행 방안은 마케팅전략과 통합되고 일관되게 전개되어야 한다.

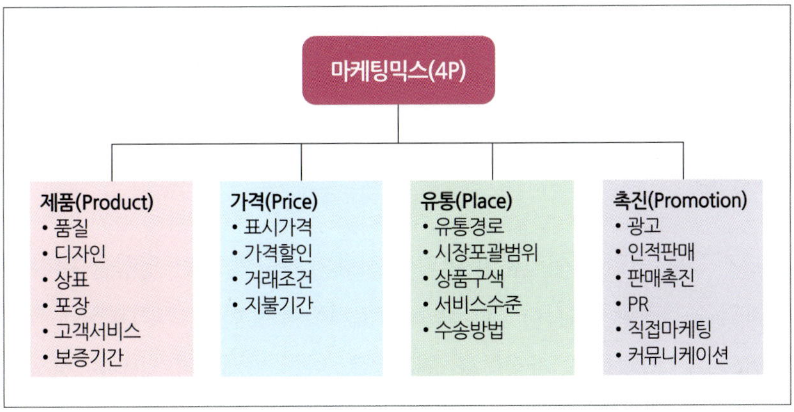

그림 6.3 마케팅믹스 4P

1) 제품관리

제품Product이란, 소비자의 욕구를 충족시키는 상업적인 재화를 총칭하는 말로, 물질적인 재화뿐만 아니라 서비스 · 사람 · 장소 · 조직 · 아이디어 등이 모두 포함한다. 소비자가 제품을 선택할 때 가장 간단하면서 강력한 기준 중 하나는 브랜드Brand이다. 따라서 제품전략을 구사할 때는 브랜드 네임과 도메인 네임의 강력한 연계성을 갖도록 해야 한다. 제품전략의 구체적인 행동방안들을 정리해 보면, 신제품을 출시할 때 상품권의 등록, 도메인 네임의 사전확보, 비즈니스모델의 특허등록 등이 있다. 이런 방법을 통해 온라인에서 다양한 권리를 확보하고, 온라인 고객과의 신뢰를 쌓기 위한 적극적인 프로모션을 전개해야 한다.

(1) 제품전략의 유형

- 번들링Bundling 전략 : 특정상품을 한 품목씩 따로 파는 것이 아니라, 여러 개의 상품을 조합해서 판매하는 전략이다.
- 다양화 전략(데이터 차원) : 고객들의 성향을 수용, 상품을 조절하여 다양화 할 수 있는 상품들이 있다.
- 다양화 전략(시간 차원) : 프로그램의 처리속도를 다르게 하여 상품을 다양화하는 전략이다. 말하자면, 시간차원을 다양화하는 전략인데, 배달시간을 조정하거나 프로그램의 처리속도를 다르게 하거나, 사용시간 제한, 데이터용량 제한 등이 대표적인 전략이다.

2) 가격관리

가격Price전략은, 기업의 이익뿐만 아니라 시장의 수요에도 큰 영향을 미칠 수 있기 때문에 가격을 결정할 때는 다양한 요소를 고려하여야 한다. 가격결정에 영향을 미치는 요인으로는 기업목표, 가격목표, 원가구조, 다른 마케팅믹스 변수, 경쟁사, 소비자의 반응, 정부의 정책 등이 있다.

가격을 결정하는 방법에는 3가지가 있다.

- 경쟁업체의 가격을 기준으로 해서 결정하는 경쟁중심의 가격결정 방법
- 원가중심의 가격결정 방법
- 소비자의 지각된 가치를 이용하여 가격을 결정하는 소비자중심의 가격결정 방법

3) 촉진관리

기업이 소비자의 욕구에 맞는 제품을 개발하고, 소비자가 쉽게 접근할 수 있는 유통경로를 통해 적당한 가격에 시장에 투입한다하더라도, 소비자에게 제품을 알리고 권유하여 구매를 자극하는 촉진활동이 없으면 최종적인 판매는 이루어지지 않는다.

촉진Promotion의 중요성은 특히 시장경쟁이 치열해짐에 따라 더욱 커지므로, 표적소비자로부터 기업이나 제품에 대해 호의적인 반응을 얻은 커뮤니케이션이 더욱 활발해져야 한다. 아무리 좋은 상품을 개발하고 판매하더라도 소비자가 알아주지 않으면 아무 소용이 없다. 따라서 목표고객을 대상으로 자사의 상품정보를 제공하는 것을 촉진이라 한다.

촉진전략의 특징 중 수단으로는 인적판매, 홍보, 광고, 판매촉진으로 나눈다.

- 인적판매는 판매원을 통해 제품이나 서비스를 소비자에게 직접 알리는 활동이다.
- 홍보는 대가를 지불하지 않고 일반대중에게 기업과 제품을 알리고, 좋은 이미지와 좋은 관계를 유지하려는 활동이다.
- 광고는 대중매체를 통해 불특정다수에게 자사의 제품이나 서비스를 알린다.
- 판매촉진은 즉각적인 판매증대를 유도하기 위한 단기적인 유인책이다.

4) 입지관리

유통경로란, 제품이나 서비스를 생산자로부터 최종 소비자에게 이동시키는 과정에 참여하는 기업과 개인들의 집합이다. 생산된 제품과 서비스가 소비자 또는 사용자에게 정확하고 편리하게 이전되는 과정으로 점포의 입지를 의미한다.

기업의 가장 성공적인 요소 중 하나는 입지Place라 할 수 있다. 다시 말하면, 고객의 접근이 유리한 곳이면 다양한 전략의 효과를 발휘할 수 있다. 기업의 입지선정 시 유의해야 할 사항은 보행 인구, 차량통행 인구, 대중교통 수단의 인구 및 이용의 용이성, 통과차량의 속도, 점포면적, 주차면적, 인접상권, 도시계획 등이다.

제과점 위치선정의 중요성과 선정기준에서 소비자들은 가능하면 가깝고 편리한 곳에서 자신이 필요한 상품을 구입하는 경향이 있다. 그러나 목이 좋은 곳은 임대료와 권리금이 비쌀 뿐만 아니라, 매물이 나온 경우도 드물어 구하기가 힘든 게 사실이다. 한 번 정하면 바꾸기 쉽지 않은 점포를 신중히 선택해야 하는데, 좋은 점포가 가지고 있는 입지여건에 대해 살펴본다.

1 유동인구가 많은 곳

통행량과 매출은 상관관계가 낮은 것으로 경험적으로 알려져 있으나, 통행량 측정은 상권특성을 파악하는데 유용한 지표가 된다. 일반적으로 여성비율이 50%를 넘으면 사업에 유리한 환경인 것으로 판단한다.

2 중심상권의 점포를 구하는 것이 중요하다.

다소 권리금이 비싸더라도 중심상권에 있는 점포를 선택하는 것이 좋다.

3 기존 상인들의 표정을 읽는다.

주위에서 장사하는 사람들의 눈빛을 보면, 그 상권의 발전 가능성을 엿볼 수 있다. 상인들의 얼굴에 의욕이 넘쳐흐르거나 왕성한 자신감이 엿보이면, 그 상권은 뭐가 달라도 다르다.

4 주변에 노점상이 많은 곳이 좋다.

노점상이 많다는 것은 그만큼 그 상권이 장사가 잘된다는 것을 보여주는 것이다.

5 발로 뛰면서 철저하게 현장조사를 해야 한다.

손님의 관점에서 주변을 관찰하고 실제 점포이용객을 확인하고 자신이 오감으로 느낀 바를 통계나 데이터와 비교하여 수치의 객관성을 정립하고 기존의 생각과 실제를 비교 검증해야 한다.

6 교통발생 근원(TG)을 파악한다.

지하철역, 백화점, 대형할인점, 상가, 대형교차점 등 사람들이 집중적으로 흡인·출입하는 장소를 주목해야 한다. TGTraffic Generate라고 해도 목적의식을 가진 통행객은 아무리 많아도 별다른 도움이 되질 않는다. 돈을 사용하려는 사람이 많이 그리고 매일 다른 사람이 모이는 장소인 지하철역, 대형 소매점, 주차장의 출입구와 횡단보도가 있는 장소 등이 돈을 만들어주는 유용한 TG가 된다.

7 동선을 파악한다.

많은 사람들의 흐름에 따라 걸으면서 대부분의 사람들이 움직이는 흐름을 파악해야 한다. 동선상에 점포가 위치하는지 여부는 매우 중요하며, 동선에서 10m만 빗나간 장소에 있는 것만으로도 매출은 반감되는 것을 자주 볼 수 있다. 동선파악에 있어서 주의할 점은 통행자수의 다소보다는 보행자가 유람하듯이 걷는지 목적의식을 가지고 걷는지를 살펴보는 것이 매출에 매우 중요한 요소가 된다.

동선파악에서 또 주목해야 할 것은 사람들은 항상 최단코스만을 선택하지는 않는다는 사실이다. 가로등이 없다거나 환락가 등이 있으면, 사람들은 우회로를 이용하게 된다는 사실이다. 이러한 곳에서 의외로 싸게 점포를 구입하게 되는 사례가 발생한다. 또 전혀 동선이 없는 것처럼 생각되는 장소에서도 동선이 존재하는 것을 보고 저렴하게 점포를 구입하게 되는 경우가 종종 있는데, 이는 현장조사를 하지 않으면 발견하기 어려운 일이다.

8 '마켓'의 규모, 잠재력 파악도 중요하다.

'마켓'은 거리의 구매력으로서 마켓의 잠재력이 크게 되면 어떤 장사에도 유리한 환경이 된다. 대개의 경우 '팔리지 않는다'는 것은 그곳 마켓이 작기 때문이다. 즉 마켓의 크기가 장사나 매상의 상한을 결정한다고 볼 수 있다.

9 간판은 매출에 직접적인 영향을 미친다.

간판은 설치 위치나 색상, 형태 등의 차이로 손님을 끌어오는 효과가 크게 바뀐다. 간판은 가장 잘 보이는 장소에 가장 잘 보이는 각도로 설치해야 하며, 사람들이 지각하고 기억하기 좋은 디자인으로 단순한 조형, 색상을 사용하고, 문자수도 적은 것이 바람직하다. 맥도날드의 'M' 간판이나 나이키의 심벌로고 등은 좋은 보기가 될 것이다.

10 권리금이 붙어있는 점포는 안전하다.

권리금이 있는 곳은 그만큼 장사가 되는 자리이다. 장사를 하려면 장사가 잘되었던 자리에 들어가야 한다. 다만, 권리금이 너무 높게 제시되었는지 살펴보아야 한다.

좋은 입지

- 유통인구가 많은 곳과 유동인구가 많은 곳
- 배후지가 넓고 소득수준이 높은 곳
- 퇴근길 동선에 위치한 점포
- 상권의 중심통로에 위치한 점포
- 인근상인들의 표정이 밝은 곳
- 금융기관, 대형 유통시설로 가는 길목
- 주변에 노점상이 많은 곳
- 대형 패스트푸드점(맥도널드 등) 주변
- 권리금이 있는 점포
- 사업장으로 이동시간이 30분 이내인 곳

피해야 할 입지

- 오르막길, 언덕 위의 점포
- 맞은편이 한가한 곳
- 인구가 흘러가는 곳
- 업종이나 주인이 자주 바뀌는 곳
- 대형 경쟁업체가 있는 곳
- 빈 점포나 공터가 많은 곳
- 임대료나 권리금이 유난히 싼 곳
- 주인이 유사업종에 종사하는 곳

이상을 종합하면, 최고의 입지란 실질구매력이 있는 통행인구가 많은 곳, 동선상에 위치해 접근하기 좋은 곳, 점포가 잘 보이는 곳이라고 할 수 있다. 결국 좋은 점포입지를 선정한다는 것은 고객을 끌어당기는 흡입력이 높은 곳을 찾는 일이 되는 것이다.

5) 서비스 프로세스관리

서비스 프로세스Process란, 서비스가 진행되는 절차나 활동을 의미하며, 서비스는 흐르는 물과 같이 진행되어야만 고객이 만족할 수 있다. 예를 들어, 고객이 레스토랑을 이용하기 위해 도착하기 전 예약하는 과정, 도착해서 안내받는 과정, 음식을 주문하는 과정, 식사하는 전 과정, 계산하는 과정, 도착해서 새로운 이벤트에 초대받는 과정 등 다양한 활동이 전개되는데, 어느 한 과정에서도 고객의 불만이 나오지 않아야 양질의 서비스가 이루어졌다고 할 수 있다.

6) 서비스 물리적 증거관리

무형의 서비스가 제공되는데 필요한 모든 유형적 요소들을 말하며, 고객이 품질을 결정하는데 중요한 요소이기도 하다. 물리적 증거Physical Evidence의 구성은 물리적 환경, 즉 각2종 레스토랑의 시설물이나 간판 · 주차장 · 주변경치와 실내장식 · 색상 · 가구 · 온도 등이 있으며, 기타 종업원의 유니폼 · 광고 · 메모지 · 영수증 등도 해당된다.

7) 서비스 종업원관리

이 관리는 내부마케팅Internal Marketing관리라고도 한다. 전통적인 마케팅에서는 외부고객 위주의 모든 활동이었다. 그러나 고객과 최접점에 있는 종업원Person의 중요성이 인식되고부터 종업원에게 동기부여를 시켜줌으로서 서비스의 품질이 향상되고 기타 원가절감이나 업무의 효율성이 높다는 점이 알려졌다. 다시 말해, 종업원이 기업에 대해 만족하도록 관리가 된다면 양질의 서비스가 나오며 이로 인해 고객은 만족하게 된다.

만족한 고객은 로열티Loyalty가 높아지고, 기업의 이익은 증가하는 순환과정을 이루게 된다. 따라서 기업은 종업원의 업무나 작업환경 개선을 통한 직무만족도를 높이고 관계하는 사람 간의 갈등을 해소시켜 줌으로써 제1차적 고객관리가 이루어진다고 할 수 있다.

SECTION 02

상 권

상권Trading Area, Market Area이란, 점포와 고객을 흡인하는 지리적 영역이며, 모든 소비자의 공간선호Space Preference 범위를 의미하기도 한다. 따라서 상권은 판매액의 비율을 고려하여 생각할 수 있는데, 대표적인 상품 판매액의 약 70%를 차지하는 지역을 1차 상권, 다음 25%가 거주하는 지역을 2차 상권, 그 나머지를 3차 상권이라고 말한다.

일반적으로 상권이라 함은 상거래의 세력이 미치는 범위를 말한다. 사업주의 입장에서 본다면 고객의 공간적 분포와 관련이 있는데, 쇼핑거리를 면으로 확산한 개념으로 이해하면 된다. 이러한 논리는 일종의 폐쇄경제Closed Economy를 전제로 하는데, 독점적인 상황에서 1개의 점포가 고객을 흡수할 수 있는 공간적 범위를 상권이라 한다.

1. 상권의 범위

1) 1차 상권

1차 상권은 점포고객의 60~70%가 거주하는 지역이라고 보면 되는데, 고객들이 점포에 가장 근접해 있으며 고객수나 고객 1인당 판매액이 가장 높은 지역이다. 1차 상권은 식료품과 같은 편의품의 경우에는 걸어서 500m 이내가 되며, 선매품Shopping Goods : 제품에 대한 완전한 지식이 없어 구매를 계획·실행하는데 비교적 시간과 노력을 소비하는 제품의 경우에는 버스나 승용차로 15분 내지 30분 정도 걸리는 지역이 해당된다.

2) 2차 상권

2차 상권은 점포고객의 20~25%가 거주하는 지역으로서 1차 상권의 외곽에 위치하며, 고객의 분산도가 아주 높다. 편의점의 경우 2차 상권에서는 약간의 고객 밖에 흡인하지 못하게 된다. 선매품의 2차 상권은 버스나 승용차로 30~60분 정도 걸리는 지역이 포함된다.

3) 3차 상권

3차 상권은 1, 2차 상권에 포함되는 고객 이외에 나머지 고객들이 거주하는 지역으로, 고객들의 거주지역은 매우 분산되어 있다. 편의점의 고객들은 거의 존재하지 않으며, 선매품이나 전문품을 취급하는 점포의 고객들이 5~10% 정도 거주한다.

이외에도 호텔 내의 점포, 쇼핑센터 내의 스낵바Snack Bar와 같은 점포는 독자적인 고객 흡인력이 없기 때문에 독자적인 상권을 가지지 못한다. 이러한 점포들의 상권은 호텔이나 쇼핑센터 상권의 절대적인 영향을 받는다. 그리고 업종에 따라 동일한 입지에 있는 점포라고 하더라도 고객흡인력은 달라질 수 있다.

2. 상권의 유형

1) 아파트상권

아파트상권의 경우 완전히 폐쇄된 상권에 속한다. 서로 다른 단지로 쇼핑하는 고객은 거의 드물다. 따라서 최대 수요자가 해당 아파트단지 주민 이외에는 거의 없다. 아파트상권에서 점포를 운영하기 위해서는 생활 패턴이 유사한 5천 세대 이상으로 구성되어야 하며, 구매형태가 거의 일정하기 때문에 고가품이나 사치품이 아닌 일상 생활용품 위주로 판매를 하는 것이 좋다. 또한 가능한 한 단지 주민과 유동인구를 흡수할 수 있는 점포여야 한다.

물론 모든 아파트상권이 동일한 것은 아니다. 주거의 특성이나 거주민의 직종, 소득, 문화, 학력수준 등에 따라 달라지기도 하기 때문에 고객의 특성을 잘 파악해야 한다. 음식점의 경우 주로 집에서 배달해 먹을 수 있는 음식위주로 판매하는 것이 유리하다. 제과점의 경우 단골고객에 대한 관리가 매우 중요하다.

2) 역세권상권

역세권의 경우 도심의 교통체증이 지하철역 상권을 강화시킬 수 있으며, 통행인구의 습성과 특성을 고려하여 중저가상품을 취급하는 것이 좋다. 인근에 사무실이 밀집되어 있으면 유리하고, 대체적으로 5평 규모의 점포가 적당할 수 있다. 유동인구가 많은 관계로 테이블의 회전율이 높은 업종을 선택하는 것이 효율적일 수 있다.

3) 학교주변상권

학교주변상권의 경우 판매대상이 항상 고정적이기 때문에 구매단위 역시 고정적이다. 학생들의 취향과 구매형태를 고려해야 하고, 반드시 중저가의 상품을 취급하는 것이 좋다. 또한 방학이 있는 관계로 매출을 올릴 수 있는 시기가 한정되어 있다는 것을 고려해야 한다. 음식점의 경우 주로 점심식사를 할 수 있는 간편식 위주가 좋으며, 커피숍이나 일반음식점 형태의 주점도 무난하다.

4) 주택가상권

배후지 세력이 다소 유동적이어서 생활수준 정도를 반드시 관찰한다. 소비형태가 도보로 이루어지기 때문에 입지가 매우 중요하며, 가능한 동일한 상가 내에 위치하여 업종 간의 협력을 고려한다.

5) 중심지 대로변상권

화려하고 특색 있는 사업장은 어렵지 않게 영업이 가능하며, 간판이나 상품진열

등에서 사업장의 특색을 최대한 개성화시킨다. 대부분의 경우 고정고객보다는 유동고객이 많으므로 직원들의 친절이 중요할 수 있다.

6) 사무실상권

사무실Office이 밀집되어 있는 지역으로, 외식업분야가 50% 이상을 차지한다. 단, 토요일이나 일요일에 판매 대상이 없다는 것을 인지하고 주간업무 인구가 대부분이므로 퇴근시간에 영업을 맞추는 것도 좋다. 인테리어의 경우 지루한 느낌을 주지 않도록 변화를 추구하면서 영업을 전개한다.

Bakery
Management

CHAPTER 7

제과제빵 경영관리

매출손익 관리하기

SECTION 01

손익계산서

1. 손익계산서의 개념

손익계산서Profit and Loss Statement는 일정기간의 경영성과를 나타낸 흐름표이다. 여기서 경영성과란, 일정기간의 수익, 손실 산정 및 순손실의 결정이라는 세 가지 과정이 포함된 것이다. 즉 수익과 비용이라는 경영활동의 흐름을 일정기간 집계하여 나타낸 흐름량Flow 개념의 계산서로 흐름표라고 말할 수 있다.

2. 손익계산서의 구조

수익 · 비용 · 순이익은 손익계산서의 기본요소이다. 수익은 기업이 일정기간 소비자에게 재화용역을 판매하여 얻어진 총매출액을 의미한다. 비용은 기업이 일정기간 수익을 발생하기 위해 지출한 비용이다.

1) 비용

* 매출원가 = 기초재고액 + 당기매입액 - 기말재고액

(1) 판매비와 일반관리비

판매비는 판매활동에 따른 비용으로 관련 직원의 급여 · 광고비 · 판매수수료 등이 있고, 일반관리비는 기업의 관리와 유지에 따른 비용으로 일반적인 급여 · 보험료 · 감

가상각비 · 교통비 · 임차료 등 다양하다.

(2) 영업외비용

기업의 주요 영업활동에 직접 관련되지 않은 부수적 활동에 따라 발생하는 거래로 나타나는 비용이다. 예를 들면, 지급이자 · 창업비상각 · 매출할인 · 대손상각 등이 있다. 영업외비용은 영업비가 아니라는 점에서 영업비인 판매 · 관리비와 구별되고, 경상적 비용이라는 점에서 특별손실과 구별된다.

(3) 특별손실

자산처분 손실이나 재해손실 같이 불규칙적 · 비반복적으로 발생하는 손실이다.

(4) 세금

세금은 개인사업자가 영업활동의 결과 얻어진 소득을 바탕으로 내는 사업소득세와, 법인이 내는 법인세가 있다.

(5) 부가가치세

물품이나 용역이 생산 · 제공 · 유통되는 모든 단계에서 매출금액 전액에 대해 과세하지 않고 기업이 부가하는 가치, 즉 마진에 대해서만 과세하는 세금이다.

2) 수익

(1) 매출액

상품 등의 판매 또는 용역의 제공으로 실현된 금액이다. 손익계산서상의 매출액은 순매출액으로 총매출액이 아니다. 총매출액Gross Sales이란 상품판매 시 또는 용역제공 시 받을 화폐액으로 수익차감 항목인 매출에누리와 환입을 차감하기 전의 금액, 송장가격Invoice Price이 되는 경우가 많다.

순매출액이란 총매출액에서 매출에누리와 환입을 차감한 것으로 손익계산서상에서 매출액으로 계산되는 것이다. 즉 매출액은 기업의 주요 영업활동 또는 정상적 활동으로부터 얻은 수익이나 매출액으로부터 매출원가를 차감하면 매출 총이익이 산출된다.

매출 총이익은 손익계산서에 표시되는 이익 중에서 첫 단계에 산출되는 것으로 상품, 제품 등의 판매액과 그 원가를 대비시킴으로써 판매비와 일반관리비 등 다른 비용을 고려하지 않은 상태에서 상품·제품 등의 수익성 여부를 판단할 수 있는 중요한 이익지표가 된다.

(2) 영업외수익

기업의 주요 영업활동과 관련 없이 발생하는 수익이다.

(3) 특별이익

고정자산 처분이익 등과 같이 불규칙적이고 비반복적으로 발생하는 이익이다.

SECTION 02

원가관리

1. 원가와 원가관리의 이해

원가Cost는 어떤 목적을 위해 소비된 경제가치를 의미한다. 예를 들면, 치킨을 판매하기 위해 생닭을 잘라 튀김옷을 입히고 기름에 튀긴 후 소스를 뿌려 고객에게 제공하였다고 가정하면, 이러한 생산을 위해 소요된 모든 요소와 활동에 대한 화폐적 가치를 원가라 한다. 구체적으로 치킨을 판매하기 위해 소요된 재료비 · 노무비 · 경비의 합계가 원가가 된다. 그리고 원가관리는 재무재표의 작성에 필요한 매출원가계산, 재고자산의 원가를 결정하고 원가관리에 필요한 정보를 제공한다.

① 원가는 재화나 용역을 제조하기 위해 소비되는 경제가치를 화폐액으로 표시한 것으로 재료비 · 노무비 · 경비로 구성되며, 이를 원가의 3요소라고 한다.
② 원가관리는 원가의 표준을 설정하고 원가발생의 책임소재를 명백하게 하여 원가능률을 증진시키는 것이다.

2. 원가계산의 목적

기업회계에 있어 일반적으로 기업이 수행하고 있는 원가계산의 목적에 관해 한국공인회계사가가 제정한 원가계산 기준에서 다음과 같이 규정한다.

① 재무재표에 필요한 원가자료의 제공

② 판매가격 결정에 필요한 원가자료의 제공
③ 원가관리에 필요한 원가자료의 제공
④ 예산의 구성 및 통제에 필요한 자료의 제공
⑤ 경영의 기본계획 결정에 필요한 자료의 제공

3. 원가의 종류

원가는 특정재화의 제조나 용역의 제공을 위해 소비되는 경제가치를 화폐단위로 측정한 것을 말하며, 현금의 지출뿐만 아니라 경제적 재화, 노동력의 이용 등 포괄적인 개념이 포함된다.

(1) 재료비

제품제조를 위해 소비되는 물질적인 것(주원료, 부원료, 소모품비, 포장재 등)이다.

(2) 노무비

제품제조를 위해서 생산활동에 직 · 간접으로 종사하는 인적 보수, 즉 노동력의 소비에 대해 발생한 원가를 말한다(월급, 봉급, 수당, 퇴직금 충당비, 복리후생비, 잡금 등).

(3) 경비

제품의 제조를 위해 사용되는 재료비, 노무비 이외의 광열비, 전력비, 경비, 보험료 감가상각비 등과 같은 비용을 말한다.

① 직접경비 : 장비상각비, 건물상각비, 전력비, 수선비
② 간접경비 : 직접경비를 제외한 경비부분으로 이에는 비품비, 차량공기구비, 수도광열비, 소모품비, 차량유지비, 여비교통비, 통신비, 보험료, 조세공과금, 지급임차료, 교육훈련비 외 기타경비

표 7.1 원가의 분류

분 류	내 용	비 고
발생형태	• 재료비(Material Cost) • 노무비(Labo Cost) • 경비(Overhead Cost)	원가의 3요소
원가의 추적성 여부	• 직접비(Direct cost) • 간접비(Indirect Cost)	
조업도	• 고정비(Fixed Cost) • 변동비(Indirect Cost)	
발생형태와 추적 가능성	• 직접재료비(Direct Material Cost) • 직접노무비(Direct Labo Cost) • 직접경비(Direct Overhead Cost) • 제조간접비(Manufacturing Overhead Cost)	

4. 원가의 구성요소

원가를 구성하고 있는 가치요소 또는 비용요소를 말한다.

1) 직접원가Direct Cost

어떠한 제품의 제조를 위해 소비된 비용(기초원가)을 말한다.

① 직접 재료비 : 베이커리 주 재료비
② 직접 노무비 : 월급, 연봉 등 임금
③ 직접 경비 : 외주가공비

2) 제조원가Factory Cost

직접원가에 제조간접비를 합한 것이다.

① 간접재료비 : 보조재료비

② 간접노무비 : 급료, 수당 등

③ 간접경비 : 감가상각비, 보험료, 수선비, 전력비, 가스비, 수도 · 광열비 등

3) 총원가Total Cost

제조원가에 판매 직 · 간접비 및 일반관리비를 합한 원가이다.

4) 판매원가Selling Cost

판매가격으로서 총원가에 기업의 이익을 더한 가격이다.

5. 원가구성

각 원가요소가 어떠한 범위까지 원가계산에 집계되는가의 관점에서 분류한다.

① 직접원가 = 직접재료비 + 직접노무비 + 직접재료비

② 제조원가 = 직접원가 + 제조간접비

③ 총원가 = 제조원가 - 판매비, 일반관리비

④ 판매가격 = 총원가 + 이익

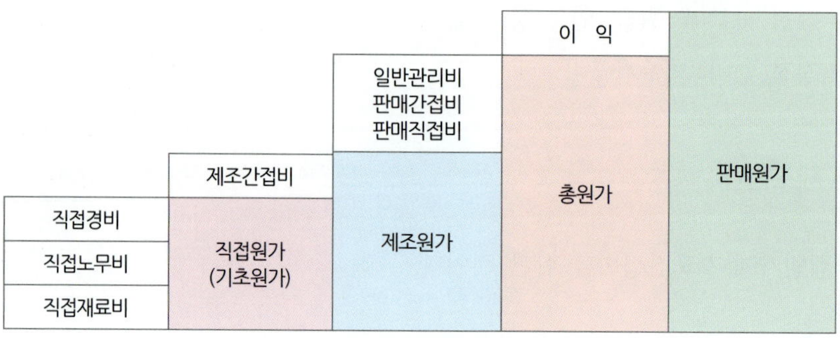

그림 7.1 **제품 제조원가의 구성도**

6. 원가관리의 원칙

원가관리지침에는 원가관리 담당자의 임무를 비롯하여 업무수행의 절차를 구체적으로 명시해야 한다. 이 내용을 원칙으로 담당자는 재료비, 노무비, 고정자산 등의 관리업무를 수행한다.

(1) 진실성의 원칙

실제로 제품의 제조판매 및 서비스의 제공에 소비된 원가를 정확히 파악하여 제시한다.

(2) 발생기준의 원칙

현금수지에 관계없이 원가발생의 사실이 있는 발생시점을 기준으로 한다.

(3) 계산경제성의 원칙

경제성을 우선기준으로 한다.

(4) 정상성의 원칙

정상적으로 발생한 원가만을 계산하면, 비정상적으로 발생한 원가는 계산하지 않는다.

(5) 비교성의 원칙

다른 부분의 원가 또는 다른 일정기간의 원가를 비교하여 원가계산을 한다.

(6) 상호관리의 원칙

일반회계 각 요소별 계산, 부분별 계산, 제품별 계산 간에 유기적 관계를 이루어 상호관리가 되도록 한다.

7. 원가절감의 방법

원가절감을 위해서는 원부자재 구입에서 양질의 저렴한 가격 구입, 자동화를 통한 생산원가 절감, 인력채용의 장려금제도 활용, 생산운영 효율화 등의 원가절감, 협력업체를 통한 원가절감, 로스제거를 통한 원가절감 등 다수의 절감 원인을 찾아 개선방안을 관련 직원 및 협력업체와 공유하고, 제안제도 및 품질경영 교육으로 지속적인 원가절감 노력을 기울인다.

1) 원재료비의 원가절감

① 식재료구매 관리를 정확히 하여 구입단가와 결재의 합리화를 추구한다.
② 생산수율을 높일 수 있도록 재료의 배합, 제조공정 설계를 최대로 한다.
③ 선입선출 등 창고관리 업무의 체계적 관리로 재료의 손실을 줄인다.
④ 품질관리, 생산관리를 철저히 하여 불량품 발생을 줄인다.

2) 작업관리를 통한 불량률 개선

① 작업표준이나 작업지시에 맞는지 작업태도를 점검한다.
② 기술수준 향상과 숙련도를 제고한다.
③ 작업을 표준화하고, 정기적 점검을 통해 작업여건을 개선한다.

3) 노무비의 절감

① 제품의 계획단계에서 표준화와 단순화를 계획한다.
② 생산의 계획단계에서 생산소요시간, 공정시간을 단축한다.
③ 제조공정상의 작업배분, 공정기간의 효율적 연계 등 작업능률을 높인다.
④ 설비관리를 철저히 하여 작업 중 가동이 중지되지 않아야 한다.
⑤ 지속적인 교육으로 생산능률을 향상시킨다.

8. 비용분석

손익여부를 판단하기 위해서는 손익분기점을 알아야 하는데, 손익분기점Break-even Point이란, 일정기간의 매출액이 총비용과 일치하는 점을 말하며, 매출액이 그 이하로 떨어지면 손해가 나고 그 이상으로 오르면 이익이 생기는 것을 말한다. 손익분기점 분석에서는 비용을 고정비와 변동비로 나누어 매출액과의 관계를 검토해야 한다.

* $PQ = F + VQ$ ∵ $Q = F / P - V$

* Q : 판매량, F : 고정비, V : 변동비, P : 단위 당 판매가격

〈손익분기점의 계산식〉

(예) 단위 당 제품 판매가격이 600원이고, 단위 당 변동비가 400원, 고정비가 8,000원이라고 하면 수익분기점은 400원이 된다.

$$* \text{손익분기점(BEP)} = \frac{\text{고정비}(8{,}000)}{\text{단위 당 판매가격}(600) - \text{변동비}(400)} = 400$$

1) 손익분기점의 산출

정확한 손익분기점 산출을 위해서는 일정한 기간 동안 발생한 총비용을 고정비와 변동비로 구분한다.

① 변동비 : 매출이 증가함에 따라 같은 비율로 증가, 발생하는 비용

② 고정비 : 기업의 생산, 매출의 대 · 소를 불문하고 발생하는 비용

2) 원가분석

제품에 대한 원가관리방법은 식재료 수익과 원가를 재료에 따라 부문별로 원가분석Cost Analysis을 실시한다. 제품관리는 이러한 단위를 계산하는 것을 가능하게 할 수 있으며, 특정품목의 판매라고 할지라도 재료비는 그 재료의 양을 결정할 수 있다.

9. 노동생산성

1) 노동생산성의 개념

얼마 전 OECD 국가 간 경쟁력 비교기사에서 '한국 근로자의 시간당 노동생산성은 10.4달러로 OECD 평균의 39%에 불과하다.'고 하였다. 이와 같이 국가 간 경쟁력을 비교하는데 있어서 노동생산성은 주요한 도구로 쓰이고 있다. 여기서는 노동생산성의 개념과 그 의미를 알아보고 노동생산성의 활용측면에 대해 이야기한다.

2) 노동생산성의 정의

환자가 아프면 의사는 청진기를 이용하여 환부가 어디인지를 알아낸다. 일단 환부만 알아도 그 병은 반 이상 고친 것이나 다름이 없다. 마찬가지로 회사나 국가의 경영 상태를 진단하고자 할 때, 어떤 지표를 이용하여 비교우위와 비교열위를 밝힐 것인지에 대한 의문이 드는 것은 경영을 담당하는 이에겐 당연한 고민일 것이다. 생산성Productivity이라는 것은 바로 이러한 경영 상태를 진단하는 청진기와 같은 도구로써 경영상태의 합리성, 각 투입요소들의 효율 등을 측정하기에 적합하다.

노동생산성Productivity of Labour은 1948년 로스타스L. Rostas 교수에 의해서 최초로 제기되었던 '노동생산성 지표에 의한 각국경제의 국제비교'라는 분석방법이 발표된 이후 주목을 받게 되었다. 그런데 노동생산성 지표가 널리 더 많이 이용되면서 이상하게 나라에 따라 학자에 따라 다양하게 해석되고 있다. 원래 생산성이라는 것은 재화와 용역을 생산하는 힘을 의미한다. 그런데 이 생산하는 힘은 경우에 따라 다양한 측정방법과 표기방법으로 나타낼 수 있기 때문에 다양한 해석이 가능하다.

한국생산성본부Korea Productivity Center에서는 '생산성이란, 생산을 위해서 투입된 재화와 용역에 대한 생산효과 또는 산출액의 비율로서 생산활동에 투입된 모든 경제적 자원의 효율성을 의미한다.'라고 정의하는데, 이는 협의의 정의이다.

피터 드러커P. F. Drucker는 『The Practice of Management』라는 책에서 생산성을 '최소의 노력으로 최대의 성과를 가져오는 모든 생산요소의 균형'이라고 정의하였다. 이 경우 생산성은 단위당 노동의 생산력에 영향을 미치는 일체의 요인들이 총합적으로 집약된 지표라고 정의하는 것으로서, 이는 광의의 생산성 정의라 할 수 있다.

생산성은 경제성이나 수익성과는 그 개념이 다르다. 경제성은 비용의 크기와 수익의 크기와의 관계를 나타낸 것이고, 수익성은 경영경제 혹은 전체 국민경제의 재정면의 경제성을 말하는 것으로서 영리성과 같은 것이다.

3) 노동생산성의 의의

노동생산성Productivity of Labour은 생산액을 노동시간으로 나눈 값이다. 즉 노동생산성은 산출된 생산물의 양과 지출된 노동의 양과의 비율을 말하며, 노동의 질적 수준을 표시한다. 합리적 의미에 있어서 노동투입량의 측정은 육체적이고 재무적인 조건의 양 측면에서 이루어져야 한다. 육체적 조건의 노동투입은 종업원, 작업시간에 의해 측정되고, 재무적인 조건에서의 노동투입은 임금지급에 의해서 측정된다.

전자가 투입산출 관계가 산출단위에 대한 노동량(종업원수 작업시간)의 측정이고, 후자의 투입산출 관계는 산출단위에 대한 노동비의 측정이다. 기업에 있어서 노동요소는 가장 중요한 생산요소이며, 유용한 가용인력의 양과 질은 기업운영의 성공여부를 결정하는 노동력으로서 개개인의 기술수준, 건강, 태도에 크게 좌우되는 특성을 가지고 있다. 또한 노동생산성은 1인당 혹은 노동시간당 생산량을 말한다.

여기서 유념해야 할 사실은 노동생산성은 노동이용의 총 효과의 척도이지, 노동 그 자체가 제공하는 노력의 척도가 아니라는 사실이다. 왜냐하면, 생산성은 상호 의존하는 수의 요인을 결합하는 결과에서 생기기 때문이다. 노동생산성은 각 기업 간의 생산성을 비교할 때 매우 유용한 척도이고, 노동자 1인당 생산성은 실질임금에 대해 가장 밀접한 관계를 가진다.

4) 생산성의 구분

생산성Productivity은 측정을 전제로 한 개념이고, 측정요인이 산출량Output과 몇 개의 요소투입량Input이므로 측정방법에 따라 다수의 생산성이 있다. 이 분류에 따르면, 요소별 생산성과 총 생산성으로 구분될 수 있다.

(1) 요소별 생산성과 총 생산성

요소별 생산성은 개별적 요소에 따라 노동생산성, 토지생산성, 자본생산성 및 원재료 생산성 등으로 나뉘고, 총 생산성(총 요소생산성)은 환산기준에 따라서 총 비용생산성과 총 노동생산성으로 구분된다.

개별기업의 수준에서는 각종 투입요소의 능률을 파악해야 할 경우가 있기 때문에, 요소별 생산성은 유용한 분석도구가 되며, 노동생산성 같은 경우에는 노동성과에 따른 보수를 책정함에 있어서 중요한 기준이 되기도 한다. 반면에, 거시적 국민경제의 입장에서 볼 때의 총 생산성은 중요관심사가 국민소득 수준이 시기적으로나 국가 간에 큰 격차가 나는 이유를 조사하거나, 국내산업 간 소득격차나 동종산업 내 국제간 소득격차의 원인을 분석하며, 각국산업 간의 비교우위의 결정요인과 국제수지 불균형의 원인을 분석하는데 유용한 도구이다.

구 분	수 준	활 용
요소별 생산성(협의)	개별기업	• 개별 생산요소의 능률파악 가능 • 노동성과에 따른 보수의 책정에 이용
총 생산성(광의)	거시적 국민경제	• 국민소득수준의 시기 간, 국가 간, 산업 간 격차의 원인파악 • 각국 산업 간 비교우위의 결정요인 파악

(2) 산출량을 물량으로 표시할 것인가? 화폐가치로 표시할 것인가?

물적 생산성Quantity Productivity과 가치생산성Value Productivity로 구분되며, 가치생산성은 다시 산출량을 총 가치Gross value로 표시할 것인가, 또는 부가가치Added Value로 표시할 것인가에 따라 총 가치생산성과 부가가치 생산성으로 분류된다.

구 분	단 위	목 적
물적생산성	물량(톤, m^2)	• 국가의 기술발전, 생산력의 국제비교 • 노동생산과 임금기준, 인구증가와 생산력 발전과의 관계를 구할 때
가치생산성	화폐(원, 달러)	• 경제가치 면에서 생산성을 알기위해 물량단위가 상이한 2종 이상의 물품을 합하여 생산성을 구할 때

1 물적 노동생산성

일정시간 내에 생산된 산출량과 그 생산에 투입된 노동량과의 비율이다. 실제로 측정된 결과는 단위노동량 당 생산량 또는 단위 생산량 당 소요노동량으로서 표시된다. 노동은 보통 연 노동시간, 연 노동일수, 연 노동자수 등으로 표시되고 산출량(생산량)은 개별적 산출량 또는 환산수량으로 표시된다. 일반적으로 노동생산성을 1인당 또는 시간당 생산량의 개념으로 많이 사용하고 있다.

2 가치 노동생산성

가치 노동생산성은 생산액을 노동량으로 나눈 결과이며, 또한 부가가치 생산성으로도 표시된다. 가치 노동생산성 = 생산량 / 노동량 혹은 부가가치 / 노동량(비용) (부가가치 생산성)치를 노동자수로 나누어 1인당 부가가치액을 산출 표시한 것을 1인당 부가가치 노동생산성이라 한다. 또 부가가치를 총매출액으로 나누어 표시한 것을 부가가치율(부가가치 노동생산성)이라고도 한다.

5) 생산성 측정의 목적

생산성 향상은 원가절감과 품질개선 및 용역의 개선, 그리고 생상능률 향상의 요인이 된다. 그러므로 생산성 측정의 제일의 목적은 생산물의 원가절감과 품질 및 용역개선의 방법을 발견하여 기업 본래의 목적을 달성하려는데 있다.

10. 부가가치

기업이 생산활동을 함으로써 생산물의 가치 등에 새로 부가된 가치를 말한다.

1) 정의

생산과정을 통해 순수하게 창출된 창조가치이다. 부가가치의 정의는 크게 '생산측면'과 '분배측면'으로 나누어 이루어지고 있다.

① 생산측면 : 기업이 산출한 총생산물의 가치에서 외부로부터 구입하여 투입된 중간제의 가액을 차감한 가치이다.
② 분배측면 : 기업의 생산활동에서 창출한 가치로서 그 가치창출에 참여한 생산요소 제공자에게 그 대가로 분배하는 것이다.

2) 산출방법

① 공제법Build-down Method : 매출액에서 외부구입 가치가 차지하는 비중을 공제하여 계산한다.
② 가산법Addition Method : 일명 한국은행 방식이라고도 하며 부가가치는 경상이익 · 인건비 · 순금융비용 · 임차료 · 조세공과 및 감가상각비로 구성되고, 손익계산서 및 제조원가명세서에 나타난 해당 항목을 이용하여 산출한다.

3) 산출식

① 생산측면의 부가가치(공제법) = 순매출액 - (원재료비 + 지불경비 + 감가상각비 + 기초재고액 - 기말재고액) + 부가가치조정액
② 분배측면의 부가가치 = 인건비(노동) + 임차료(건물, 설비) + 감가상각비 + 세금과공과(정부, 지자체) + 순금융비용(자본) + 경상이익

4) 장점

① 공제법 : 목표관리나 경영계획에 활용하기에 알맞다.
② 가산법 : 통계작성이 수월하며 능률적이다. 부가가치 구성요소를 합산하여 산출하므로 그 구성을 쉽게 알 수 있다.

5) 단점

① 공제법 : 계산결과가 실제보다 다소 과대평가될 수 있으며, 매출액에 대응하는 외부 구입가치를 정확히 계산하기가 어렵다.

② 가산법 : 매출액이나 생산액을 근거로 하지 않기 때문에, 경영활동의 종합적 평가가 어렵다. 분배가치 구성항목의 절감노력이 부가가치를 만들게 되는데, 이에 대한 분석이나 검토가 없는 것이 단점이다. 자본수익이나 영업외수익까지도 부가가치로 생각할 수 있다.

6) 부가가치의 구성

(1) 분배 측면에서의 부가가치

인건비(노동) + 임차료(건물, 설비) + 감가상각비 + 세금과공과(정부, 지자체) + 순금융비용(자본) + 경상이익이다.

(2) 2005년 우리나라 전 산업의 부가가치 구성비

구 분	비율(%)	설 명
인건비	47	급여, 퇴직급여, 복리후생비를 합한 총금액
임차료	5	건물, 토지, 기계장치 등의 임차료
감가상각비	15	생산설비, 기계장치 등의 감가상각비
세금과 공과	2	판매와 관리제조에 따른 금액
순금융비용	4	이자수익에서 이자비용을 뺀 금액
경상이익	27	영업이익에 영업 외 이익을 더한 금액

자료 : 한국은행 기업경영분석

(3) 각 항목의 설명

① 인건비 : 임원, 종업원에게 지급되는 급여, 임금, 제수당, 퇴직급여, 복리후생비이다.

② 임차료 : 기업이 사용한 동산, 부동산의 임차료, 특허권 등 각종 권리의 사용료이다.

③ 감가상각비 : 생산과정에서 물리적 또는 기능적으로 감가되는 건물, 기계장치, 차량 운반 등 고정자산의 가치를 그 내용연수대로 분할하여 각 회계연도의 비용으로 처리한 비용을 말한다.

④ 세금과 공과 : 법인세를 제외한 재산세, 자동차세 등 영업과 생산에 관계되는 모든 조세와 공과금을 말한다.

⑤ 순금융비용 : 타인자본 이용에 대한 대가로 지급되는 지급이자 및 할인료와 사채이자 및 사채할인발행차금상각의 합계에서 기업에 귀속되는 수입이자를 공제한 금액을 말한다. 쉽게 이자비용에서 이자수익을 공제하여 산출한다.

⑥ 경상이익 : 영업활동을 통해 얻은 영업이익에 영업 외 활동에서 얻은 영업 외 이익을 가산하여 산출한다.

11. 노동생산성 지표

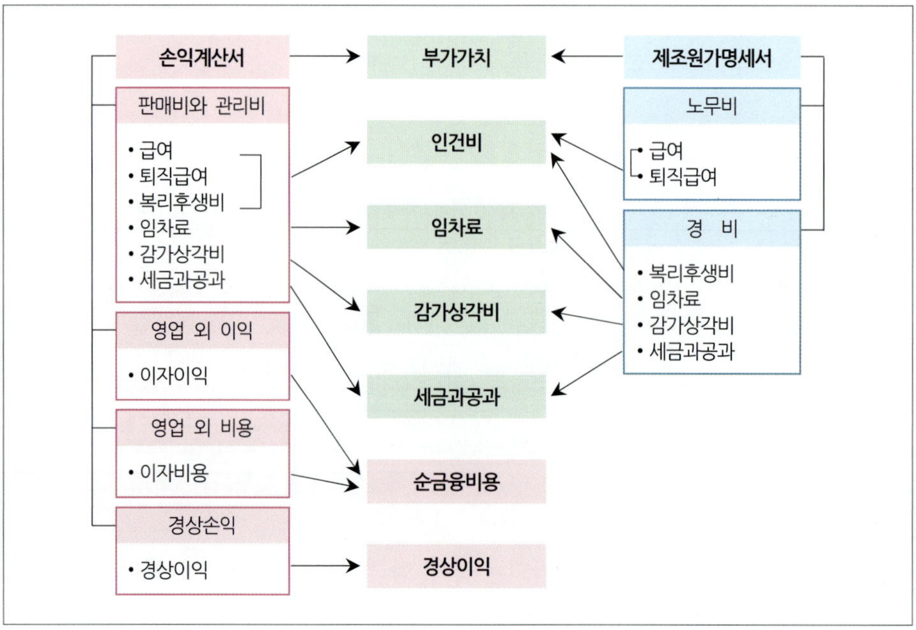

그림 7.2 부가가치 구성모형

노동생산성Productivity of Labour 지표로 요소별 노동생산성인 노동생산성과 자본생산성을 꼽았으며, 부가가치 노동생산성과 노동소득 분배율을 생산성을 이해하는 보조지표로 선정하였다. 1인당 생산액, 특히 1인당 부가가치로 표현된 노동생산성은 '상대적 생산성'에 관한 좋은 지표라 할 수 있다. 생산에 영향을 미치는 수많은 효과를 종합적으로 반영해주기 때문이다. 또한 요소별 생산성은 개별기업의 수준에서 경영의 건전성을 진단하는 목적에서는 어떤 투하요인이 문제가 되는지 알아야 하기 때문에 필수적이라 할 수 있다.

지 표		산 출 식
노동생산성 지표	1인당부가가치	= 부가가치 / 종업원수
	1인당매출액	= 매출액 / 종업원수
	1인당순이익	= 당기순이익 / 종업원수
자본생산성 지표	총자본투자효율	= 부가가치 / 총자본
	자본집약도	= 총자본 / 종업원수
	설비투자효율	= 부가가치 / (유동자산 – 건설 중인 자산)
	노동장비율	= (유동자산 – 건설 중인 자산) / 종업원수
기타 지표	부가가치율	= 부가가치 / 매출액 × 100
	노동소득분배율	= 인건비 / 부가가치 × 100

12. 1인당 부가가치

부가가치를 종업원수로 나눈 지표로 종업원 1인당의 부가가치이며, 종업원의 노력성과인 노동효율을 나타내는 인사관리상의 중요한 지표이다.

(1) 정의

1인당 부가가치는 종업원 1명이 만들어낸 부가가치이다.

(2) 의미

경영활동을 통해 얼마나 가치를 부가할 수 있었는지를 알아보는데 이용되는 지표이다. 금액이 높을수록 인력과 자본을 효율적으로 활용했다고 볼 수 있다. 시계열분석을 통해서 효율성의 변화추이를 볼 수 있으며, 기업규모별 평균치와 회사의 수치를 비교하여 회사의 경쟁력을 가늠해 볼 수도 있다.

13. 1인당 매출액

(1) 정의

1인당 매출액은 종업원 1명이 발생시킨 매출액으로, 매출액을 종업원수로 나누어 산출한다.

(2) 의미

1인당 매출액이 높다는 것은 기업이 보유하고 있는 제품력과 마케팅력이 뛰어나다는 의미이다.

14. 1인당 순이익

(1) 정의

종업원 1명이 얻는 순이익으로, 당해년도 최종적인 경영성과인 당기순이익을 종업원수로 나누어 산출한다.

(2) 의미

당해년도 매출액이 증가해도 당해년도 이익은 증가하지 않는 경우도 있다. 따라서 매출액의 성장만 가지고 경영성과를 판단하는 데는 한계가 있다. 이때 보조지표로 사용가능한 것이 바로 1인당 순이익이다.

CHAPTER 8

제과제빵 경영관리

제과점 오픈

SECTION 01

창업절차 및 사업계획

1. 창업 · 개업 준비단계

1) 창업절차

창업을 준비하는데 있어서, 창업절차에는 기본 창업절차와 일반적인 창업절차가 필요하다.

(1) 기본 창업절차

창업Foundation을 하기 전에 창업 환경은 어떠하고 창업자의 자질과 적성은 맞는지, 창업자금의 규모는 얼마로 할 것이며 어떤 업종으로 사업을 할 것인지, 사업성은 있는지, 인 · 허가사항에는 무엇이 있으며 회사설립은 어떤 절차를 거쳐 이루어지는지 등 창업 전반에 대한 절차를 이해해야 창업을 효율적으로 할 수 있다.

이러한 절차를 이해하지 못한 경우에는 창업기간이 지연되고 창업과정에 엄청난 어려움이 따를 수 있다. 따라서 창업자는 철저한 사업준비와 더불어 효율적인 창업과정을 이해하고 숙지하여 창업이 성공적으로 이루어질 수 있도록 해야 한다.

(2) 일반적인 창업절차

업종과 창업하고자 하는 기업 형태에 따라 그에 맞는 창업준비를 해야 한다.

① 창업환경 검토

② 창업자 적성검사

③ 투자규모 결정
④ 아이템 탐색 및 검토
⑤ 사업의 형태 결정
⑥ 사업타당성 분석
⑦ 사업계획서 작성
⑧ 인 · 허가사항 검토
⑨ 개업준비
⑩ 오픈

2) 창업의 단계별 검토 내용

창업을 실패로부터 지켜주고 성공확률을 높여줄 수 있기 때문에, 필수적으로 검토 분석을 해야 한다.

(1) 창업환경 검토

창업자Founder는 창업 전에 창업환경을 파악할 필요가 있다. 창업을 왜 하는가에 대한 방향 설정과, 창업을 하기에 적합한 여건이 조성되어 있는지 그리고 창업 및 경영에 대한 이론이 학습되어 있는지를 점검해야 한다. 창업은 자전거를 타고 달리는 것과 같다. 한 번 올라타면 계속 앞으로 달려야 하고, 달리지 않으면 쓰러지는 자전거와 같이 창업 이후에 창업환경을 파악하려 하면 때는 이미 늦기 때문에 창업 전에 창업환경을 꼼꼼히 따져봐야 한다.

(2) 창업자 적성검사

'바보는 천재를 이길 수 없고, 천재는 노력하는 사람을 이길 수 없으며, 노력하는 사람은 즐기면서 일하는 사람을 이길 수 없다'는 말이 있다. 즉 자기적성에 맞는 아이템 선택이 성공창업을 가져온다는 이야기이다. 성공적인 창업은 주어지는 것이 아니라 만드는 것이다.

많은 전문가들이 창업의 성공여부는 개인의 기질과 밀접한 관계가 있다고 한다. 창업자는 자신에게 창업의 기질이 있는지를 결정해야 한다. 사람은 누구나 스스로 내리는 결정에 따라 성장해 나간다. 바로 그 결정에 따라 자기 곁에 있는 기회를 잡을 수도 있고 놓칠 수도 있다. 창업의 기질이 있는 창업자가 창업을 한 경우 그 창업자는 자신의 잠재력을 발휘해 나감으로써 매일매일 즐거움을 느낄 수 있을 것이다. 그러기 위해서는 우선 자신의 적성을 검사할 필요가 있는데, 인간의 직업적성을 탐색하는 검사는 크게 능력을 중심으로 측정하는 직업적성검사, 흥미 중심의 직업적성검사, 성격유형검사MBTI의 3가지로 나눌 수 있다.

(3) 투자규모의 결정

창업을 추진하기 위해서는 동원 가능한 자금의 규모와 실제 투자할 자금의 규모를 결정해야 한다. 도·소매업이나 서비스업에 비해 제조업은 더 많은 자금이 필요하다. 또한 도·소매업의 경우에도 취급상품이나 점포규모 등에 따라 자금 규모에 많은 차이가 있다. 서비스업도 종류와 유형에 따라 적은 자본이 필요한 경우가 있는가 하면, 도·소매업에 비해서 훨씬 많은 자금이 소요되는 경우도 흔히 있다.

(4) 아이템 탐색 및 검토

아이템 선정은 창업의 가장 중요한 요소이다. 중소기업청에서 창업실패 사례를 조사한 결과, 창업실패 원인 1위가 바로 아이템 선정이 잘못되었다는 것이었다. 이 단계는 어떤 제품을 팔 것인가 하는 실질적인 사업 내용을 결정하는 단계로, 창업을 하려는 사람의 전공과 적성, 취미, 자금능력, 주변여건 등을 충분히 고려한 후 업종 및 아이템을 선택하여야 한다.

(5) 사업타당성 분석

사업타당성 분석이란, 추진하려는 사업을 체계적으로 점검하여 성공가능성이 없는 사업은 포기하고 실패요인을 사전에 제거하여 추후 발생할 손실을 예방하기 위한 분석을 말한다. 사업타당성 분석은 신규사업에 있어 필수적인 작업으로 창업을 하기 위해서는 반드시 거쳐야 하는 첫 번째 관문이다.

사업타당성 분석은 추진하고자 하는 사업이 객관적이고 체계적이라는 것을 검증하기 위한 것이기 때문에, 중소기업은 물론이고 소규모 개인사업이라도 필수적으로 작성해야 한다. 본인이 할 수 없으면 비용을 들이더라도 외부전문가와 제3자에게 최종 검토를 의뢰하는 것이 바람직하다.

(6) 인 · 허가사항 검토

창업자는 창업 전에 추진사업에 대해 인 · 허가사항이 필요한지를 확인해야 한다. 허가를 받지 않고 사업을 하는 경우 각종 행정규제를 받게 됨은 물론 법을 어기는 결과를 초래하게 된다.

3) 개업준비 및 오픈

상기과정을 거친 후 사업계획서의 추진일정에 따라 개업을 해야 한다. 법인의 경우 먼저 법인등기를 한 후 사업자등록을 신청해야 한다.

(1) 창업절차

제과점 창업은 크게 자영제과점과 프랜차이즈업체 가맹점 두 가지 형태로 나눌 수 있다. 일반적으로 자영제과점은 제과기술자 출신들이 선호하는 형태이고, 기술이 없는 사람들은 대부분 가맹점에 큰 관심을 갖는다.

(2) 창업 · 개업 진행순서

1 1단계 창업준비 구성

- 입지 및 상권분석 : 입지타당성, 유동인구 분석
- 창업형태 선택 : 창업형태 구체화(독립창업 형태, 프랜차이즈 형태)

2 2단계 점포개설 준비

- 점포계약(점포물색 후 임대차계약)
- 인테리어 : 업체선정, 시공(시설설비, 내 · 외부 인테리어, 고객동선과 종업원 동선 고려)
- 생산설비 발주 : 업체선정 발주, 납기, 시험가동
- 기계 및 집기구입 : 업체선정 – 발주 – 납기 – 점검 및 보완
- 생산 : 공장연수 – 유명제과점 사찰 – 생산품목 리스트 작성 – 생산테스트 – 제품 보완 및 중간점검
- 홍보 : 사은품 발주 및 납기 – 이벤트 기획안 – 이벤트실시 – 전단지 도안 작성
- 인 · 허가(인 · 허가 및 관련제도)

3 3단계 개업 준비

- 영업 : 기획 – 생산사원 모집 – 판매사원 모집 – 아르바이트 모집 – 직원교육
- 오픈 전 준비사항 확인 및 오픈 준비
  - 행정 및 영업신고 부분
  - 관리부분
  - 접객부분
  - 점포 외부부분 등
  - 체크리스트를 통한 철저한 사전준비

점포계약 시 점검사항

① 근저당 설정 및 도시계획지역 여부를 확인해야 한다. 점포 또는 점포가 속한 건물이 근저당에 설정되어 있지 않은 것이 좋다.

② 점포주인이 자주 바뀌었는지도 살펴야 한다.

③ 건물주의 됨됨이도 점포계약 시 고려해야 할 점이다.

2. 사업계획서 작성

사업계획서Business Plan는 추진할 구체적인 사업 내용과 세부일정 계획 등을 기록해 놓은 것으로 창업과정에 있어서 계획사업에 관련된 제반사항을 담고 있다. 사업계획서는 창업자 자신을 위해서는 사업성공의 가능성을 높여주는 동시에 계획적인 창업을 가능케 하며 창업기간을 단축시켜 주고 창업에 도움을 줄 제3자, 즉 출자자 · 금융기관 · 매입처, 더 나아가 일반고객에 이르기까지 투자의 관심유도와 설득자료로 활용도가 매우 높다.

사업계획서 포함 내용

① 귀하의 제품은 무엇인가?(What is your product?)

② 누가 고객인가?(Who is the customer?)

③ 누가 이것을 팔 것인가?(Who will sell it?)

④ 얼마나 많은 사람이 이 제품을 살 것인가?(How many people will buy it?)

⑤ 이 제품을 생산하는데 얼마의 자본이 필요한가?(How much will it cost to design and build?)

- 주요 비용(기술자 연봉, 필요기술자의 수, 기계, 비품구매비, 인테리어), 일반관리비 등?

⑥ 제품의 가격은?(What is the sales price?)

경쟁업소의 가격을 참조하여 가격을 결정한다.

⑦ 언제 손익분기점에 도달할 수 있는가?(When will you break even?)

총 수입과 총비용을 개략적으로 분석했을 때 3년 이내에 손익분기점을 달성하는 것이 바람직하다.

사업계획서는 하고자 하는 사업의 추진방향과 시장현황에 대한 조사 및 분석결과를 토대로 마케팅 계획, 운영 계획, 수지 계획서를 작성하라. 계획서 작성 시 전문가들의 의견을 수렴(필요하면 컨설턴트 활용)하여 현실성을 검토해야 한다.

SECTION 02

신규등록 절차

1. 오픈준비

제과점 창업에는 크게 두 가지의 형태가 있다. 자영 제과점과 프랜차이즈 가맹점이다. 각 형태의 장 · 단점을 비교하고, 자신에게 맞는 형태를 선택하는 것이 중요하다.

① 인테리어 견적 체크 : 업체선정(점포설계, 시공, 전기증설)

- 전기증설 구비서류 : 전기요금 영수증, 가옥대장, 건물주 주민등록증 사본(앞, 뒤), 세입자 주민등록증 사본(앞, 뒤)

② 생산기계 업체, 설비업체 선정(발주, 납기, 시험가동)

③ 원자재 공급업체 선정 및 원자재 구매(포장재 및 용기 포함)

④ 생산계획 : 종업원 채용(기술자와 판매원), 생산품목 선정, 제품생산

⑤ 영업허가신고(관할 구청 위생과) 제과점은 「식품위생법」에 의거 휴게음식점업(과자점)인 영업허가를 취득해야 한다.

⑥ 제과점 영업허가신고 구비서류

- 영업허가신고 신청서(관할 구청 민원실 비치) : 관할위생과
- 위생교육 필증(전 보건복지부에서 위임한 교육기관인 사단법인 대한제과협회에서 실시하는 교육과정을 수료해야 한다) : 지역별분원

  * '교육필증'은 허가를 받기 위해 필요한 '신규업주 위생교육'을 받으면 교육 시행단체인 대한제과협회에서 교부되므로 이를 위생계에 접수시킨다.

- 건축물대장

  * '시설배치도'도 해당 관청 민원실에 비치되어 있다. 시설배치도는 제과점의 매장 및 공장의 시설이 위치해 있는 상태를 평면도로 그려 영업허가 신청서와 함께 해당관청 위생계에 접수시킨다.

- 건강진단서(보건증) : 위 서류는 관할 위생과에 접수해야 하며, 접수 후 관할 위생과에서 1개월 이내에 시설조사를 시행한다.
- 사업자 등록 신고 : 관할세무서
  임대차계약서 사본, 영업허가신고필증 사본, 주민등록등본 2부, 세무서에 비치된 사업자등록 신청서를 작성하여 제출하면 사업자등록증이 발급된다.
- 신규사업자는 개업 전이라도 사업자등록이 가능하며, 개업 이전에 사업자 등록증을 교부받아야 공사대금, 기계구매에 대한 부가가치세 매입공제를 받을 수 있다.

* 「식품위생법」상 '휴게음식점업'에 속한 제과점은 해당 시 · 군 · 구청에 영업허가 신청을 해야 영업허가증이 나온다. 이 때 필요한 서류는 신규오픈의 경우 '영업허가 신청서'와 '시설배치도', '교육필증'이다. '영업허가 신청서'는 해당관청의 민원실에 비치되어 있다. 신청서 작성 시 유의해야 할 기재사항은 '식품 ( )영업허가 신청서'라 표시된 ( ) 안에 '휴게음식점'이라고 기록되어 있다.

2. 행정처리

점포운영에 따른 입지선정 및 시설공사 다음 절차로는, 영업을 하기 위해 해당 시 · 군 · 구청에 영업허가 신청을 하고 세무서에 사업자등록을 해야 한다.

(1) 건축물용도

- 제1종 근린생활시설

(2) 영업제출서류

- 영업신고서 1부
- 건강진단결과서(보건증) 1부
- 위생교육필증 1부
- 액화석유가스 사용시설 완성 검사필증 1부(도시가스 사용 시 제외)
  - 처리기관 : 한국가스안전공사

- 소방방화시설 완비증명서 1부(지하 66m 및 지상 2층 이상 100m 이상에 한함) 시설물(특히 생산시설)이 지하에 있는 경우, 별도로 「소방법」에 의거해 화재방지를 위한 시설을 갖추고 소방서의 허가를 받아야 한다.
  - 처리기관 : 관할 소방서장
- 수질검사성적서 1부(지하수에 한함, 상수도 사용 시 제외)

  * 「먹는물수질기준및검사등에관한규칙」 제3조(수질검사의 신청)에 따라 먹는 물의 수질검사를 받으려는 자는 수질검사 신청서를 「먹는물관리법」 제43조제1항에서 지정한 먹는 물 수질검사기관에 제출해야 한다. 먹는 물 수질검사기관이 수질검사를 실시하면 먹는 물 수질검사 성적서를 발급해야 한다.
- 수수료 : 28,000원

3. 개업

개업Open 전에 소비자를 유인하기 위해 홍보 및 광고를 적극적으로 해야 한다. 또한, 고객의 정보와 자료를 이용하여 철저하게 관리(데이터베이스화)하면 가치창출은 물론 경쟁력을 강화할 수 있다.

간판은 점포의 위치와 존재를 고객에게 알리는 중요한 설치물로서 매출에 직접적인 영향을 미치며, 간판을 설치할 때는 제과점의 분위기에 맞는 상호를 제작해야 한다. 그리고 가장 눈에 잘 띄는 곳에 설치해야 하며, 글씨의 크기와 필체를 정해야 한다.

(1) 홍보

홍보Public Relations란, 대중매체를 이용하여 점포, 제품, 서비스정보를 소비자와 대면하지 않고 전달하기 위한 수단이므로 상품을 잘 팔리도록 촉진하는 방법을 생각하여 활용해야 한다.

(예) DM발송, 전단지 배포, 스티커, 지역정보지 게재, 현수막 설치, 신문 삽입, POP 제작 등

(2) 마케팅

마케팅Marketing이란, 이익을 창출하기 위한 목표아래 경쟁력 있는 점포가 되기 위해 광고와 판촉, 가격경쟁력, 상품의 다양성, 종업원의 친절서비스, 주차 및 편의시설 등을 갖추어 고객을 위한 서비스를 제공하고 고객의 구매심리를 파악하여 지속적으로 유치활동을 전개해 나아가기 위한 전략적 상술을 마케팅이라 할 수 있다.

(예) 계절별로 새로운 신제품을 개발하여 무료시식회를 하면서 판매를 하고, 하루에 생산되는 빵을 시간대별로 표기해 고객들에게 신선한 이미지를 줄 수 있도록 하여 매출증진을 할 수 있도록 한다.

〈홍보문구〉: "입맛이 떨어지는 계절을 대비하여 ○○베이커리에서는 입맛을 돋우어주는 생과일주스를 개발 중인데, 6월부터 시작할 예정입니다. 시음을 원하시는 분은 00일 오후 2~5시에 저희 베이커리에 들리시면 성심성의를 다해 모시겠습니다. 같은 시간에 새롭게 개발한 각종 빙수도 선보일 예정이며, 비용은 물론 무료이니 부담 없이 꼭 한 번 들려주시면 됩니다.

(3) 고객의 구매심리

고객의 구매를 자연스럽게 유도하기 위한 과정이므로, 당연히 고객의 구매심리 변화에 맞추어 주의 깊고 신중하게 진행해야 한다.

주목(걸음을 멈춘다) → 흥미(주시한다) → 연상(상상한다) → 확신(선택한다) → 비교(고른다) → 욕망(만져본다) → 결정(구매한다)

(4) 기념이벤트 행사

개업 하루뿐만이 아니라 장·단기적으로 계획을 세워서 시행해야 한다.

(예) 발렌타인데이, 화이트데이, 어린이날, 어버이날, 스승의 날, 성년의 날, 크리스마스, 빼빼로데이, 할로윈데이와 같은 기념일이나 연말연시 등에 행하는 것이 효과적이다.

(5) 위생교육

휴게음식점 영업 중 과자점 영업자 또는 행정처분을 받은 자들에게 전문적인 위생 교육Health Education을 실시하여 안정성 확보로 위생관리 능력을 제고하고 식품위생 수준 향상을 기하여 국민건강을 지키는 것을 목적으로 한다. 교육은 대한제과협회에서 지정한 중앙교육원(교육비 30,000원)에서 받은 후 환경위생과에 증명서를 제출하도록 한다.

SECTION 03

인사관리

제과점은 빵과 과자를 만들기 위해 많은 인원이 각자 맡은 분야의 일을 하며 팀워크를 이루어 근무하고 있다. 높은 기술력과 어떤 조직의 팀워크를 이루고 있느냐에 따라 생산성 향상이나 원가절감은 물론 좋은 품질의 제품이 생산되는데, 좋은 조직과 환경을 만들어 제품경쟁력과 생산의 효율을 높이기 위해 좋은 환경과 조직을 만드는 것이 인사관리Personnel Management라고 할 수 있다.

1. 인사관리 문제점

(1) 인사관리 주먹구구식 경영에 의해 관리규정이 없는 실정이다.

업주의 그때그때 기분에 따라 인사의 모든 결정이 이루어지면 직원들은 불신을 갖게 되고 사기가 떨어져 노력을 덜하게 되는데, 대부분이 주먹구구식으로 인사관리를 하고 있다. 인원이 적더라도 경영의 틀과 관리규정이 있으면 기준에 의한 평가가 뒤따라 개선을 각자 노력하게 된다.

(2) 관리방법 미숙으로 밀착된 인간관계가 부족하다.

작은 규모의 제과점은 내 식구같이 좋은 인간관계가 맺어질 수 있는 환경임에도 불구하고 밀착된 인간관리가 안 되고 있다. 제과 일은 기술을 배우는 목적이 크더라도, 일과가 단순하게 반복되고 작업시간이 길어 사고가 단순해지고 스트레스가 생기기 쉬운데, 일부 업주는 '나도 과거에 그렇게 일했고 스스로 이겨냈다.'라는 사고로 직원들의 스트레스와 문제점을 해결하는 관리가 미숙하여 밀착된 인간관계가 안 되고 있다.

(3) 직장의식이 낮아 이직률이 높다.

직장을 많이 옮겨야 많은 기술을 배운다는 사고와, 팀으로 이동하는 풍토가 있어 직장의식이 낮고 이직률이 높다.

(4) 영세한 규모로 복지부분이 미약하다.

5인 미만의 소규모제과점이 많아서 건강보험, 국민연금의 수혜를 받는 업소가 소수에 불과하며, 제과점 대부분은 복지부분이 미약하다.

(5) 열악한 작업환경으로 절대인력이 부족하다.

긴 작업시간(1일 12시간 정도)과 수작업 위주의 근무시설 좁은 작업공간뿐 아니라 기술습득 과정상 초기의 어려움 등으로 열악한 작업환경으로 유입되는 기술인이 적어 절대인력이 부족하다.

(6) 의식수준이 높지 않음에도 교육훈련이 많지 않다.

현장직원들은 교육혜택이 적은 사람이 많음에도 재교육시스템과 교육훈련 환경이 부족한 현실이다.

2. 인사관리 문제점의 해결방안

(1) 열악한 작업환경 개선에 투자한다.

이익이 나도록 업주와 직원은 서로 노력하고 이익 일부를 직원들의 복지부분과 근무조건을 개선하는데 우선으로 투자한다. 예를 들어, 현재의 이익이나 매출을 기준으로 하여 직원들의 노력으로 작업시간이 길어지거나 생산성이 높아지거나 원가절감이 되는 경우, 업주는 직원들에게 이익 일부를 돌려주고 일부는 작업환경 개선이나 복지부분에 투자하여 서로 신뢰감이 형성되도록 한다.

(2) 따뜻한 인간관계를 만든다.

종업원을 가족이라는 인식 속에서 회식모임 참석 등 단순한 관계에서 벗어나 말하고 싶은 것을 말할 수 있고, 들어주는 분위기를 만들어서 업주와 종업원 간의 목표 공유와 따뜻한 인간관계를 만들어 서로 발전하는 길을 모색해 나간다.

(3) 합리적 관리로 활기 있는 직장 분위기를 만든다.

이제는 경영환경이 변하고 있어 옛날 생각으로는 인사관리가 쉽지 않다. 과거 어려웠던 시절에는 힘들어도 참고 지냈지만, 현대의 직원은 본인 의사에 맞지 않으면 이직하는 것을 예사롭게 생각하고 있다. 현대에 맞는 합리적 관리로 활기 있는 직장을 만든다.

(4) 교육훈련 도입으로 인재를 양성한다.

교육훈련의 목표를 기술 향상, 능력 향상, 인성교육에 두고, 기술 향상의 방법은 다음과 같다.

- 기술목표와 습득기간을 정해놓고 직무확대, 직무순환을 도입하여 기술향상을 시키면서 종례시간과 토론시간을 활용하여 이론적인 체계를 잡아준다.
- 다른 업소 견학, 유명기술인 초청 등을 정례화 하여 신기술 습득과 배움의 즐거움이 있도록 한다.
- 장기근속자들에게는 외국연수 기회와 타업소 교환근무 등을 도입하여 사기를 높여준다.
- 기술모임에 참여시키고 서적을 통한 신기술 도입으로 기술수준이 향상되게 한다.

3. 인사관리능력 향상성

직원들의 다양한 욕구에 합리적으로 대처하기 위해서는 상담기술, 관리기법 등 다양한 지식은 물론 모범된 행동이 요구된다. 업주가 먼저 변하지 않고 직원의 변화를 바라는 것은 무리일 수 있다. 해결을 위한 방법으로는 다음과 같은 것들이 있다.

① 직무확대, 조직관리시스템 도입으로 관리의 기본인 계획 - 실행 - 평가과정이 이루어져 능력과 통솔력이 향상되도록 한다.
② 대화 나누는 법과 합리적 사고를 함양시키는 워크숍을 정기적으로 실시하여 토론문화를 정립시킨다.
③ 좋은 책을 선정하여 각자에게 맞는 책을 읽도록 하고 독후감을 적는다.
④ 인성교육은 도덕성, 에티켓, 예의범절, 인간미 형성에 목표를 두고 꾸준히 실시한다. 생각이 안 바뀌면 많은 교육을 해도 안 받아들여지므로 생각이 바뀌도록 환경조성을 먼저 한다.
⑤ 업주의 모범된 행동으로 더욱 발전을 도모한다.

경영의 성공은 사람관계에 있고 '인사가 만사'라는 인사관리가 중요한데, 이를 그동안 소홀히 했던 점이 없지 않다. 직원들은 '들어갈 직장이 많다고 쉽게 이직을 하고, 업주는 돈만 주면 된다'는 인식으로 좋은 풍토를 만들지 못해 열심히 일해 보려고 해도 안 되는 제과점이 많고, 좋은 대우를 해주고 채용하고 싶어도 훈련되어 준비된 기술인이 많지 않은 것이 또한 현실이다. 이제는 문제의 인식을 함께하며 문제점을 하나씩 하나씩 해결해 나감으로써 좋은 제과업이 되도록 해야 한다.

4. 인사관리 교육

인사관리 교육은 신규 및 기존직원들에게 중요하다. 특히 제과점 오픈 시의 직원교육은 매우 중요하므로 필수적이다.

(1) 단골고객 확보를 위한 방안

고객에게 감사해야 한다. 우선 고객이 일부러 자신의 점포를 선택하여 찾아와주었다는 것을 확실히 인식해야 한다. 고객은 모두 나름대로의 쇼핑지도를 가지고 있다. 그 쇼핑지도에는 '이 상품은 이 가게, 저 상품은 저 가게'라는 식으로 목적에 맞춰 찾는 가게가 들어 있다. 아마 그 중에는 제과점도 몇 개 들어 있을 것이다. 따라서 자신의 점포를 찾아온 고객의 목적이 무엇인지 정확히 파악하고, 어떻게 하면 손님을 기쁘게 할 수 있을지 어떤 서비스를 할 수 있을지 등의 아이디어를 점포 전체에서 내도록 해야 한다.

(2) 손님의 의견이 전달되는 시스템개발

기술자를 매장에 내보내어 접객을 시킬 필요도 있다. 외국의 기술제휴 업체에서는 공장과 홀을 번갈아가면서 근무를 시킴으로써 고객의 의견이 기술에 직접 전달되어 생산과정에서 반영할 수 있도록 한다.

(3) 손님 접대요령 교육

제멋대로인 손님에 대해서는 부탁하는 듯이, 결코 선도를 하는 듯한 말투로 이야기를 해서는 안 된다.

(4) 계산 시 요령 교육

금전을 주고받을 때는 대금을 바로 현금출납기에 넣지 않는다. "○○○원 받았습니다. 가격이 ○○○입니다. 거스름돈은 ○○○입니다."라고 확인해 주어야 한다. 이런 기본적인 확인 과정을 거치지 않은 상태에서 문제가 생길 경우, 책임은 모두 점포 측에 있다고 생각한다.

(5) 종업원의 처우개선

종업원 간의 관계를 원활하게 하려면 공평하게 대우하고 항상 배려한다. 결코 어느 쪽이든 치우친 듯한 태도를 취해서는 안 된다. 항상 모두의 의견을 귀 기울여 듣고 전체에게 좋은 방향으로 진행시켜 나간다.

(6) 윈도쇼핑을 할 수 있는 가게

고객이 들어오기 쉬운 가게를 만들기 위해 윈도쇼핑을 할 수 있는 가게를 만든다. 즉 사지 않고 구경만 하고 나가도 될 것 같은 분위기의 가게를 만드는 것이다. 고객이 가벼운 마음으로 들어와서 자유롭게 둘러보고 나갈 수 있는 그런 분위기의 가게가 되어야만 고객들이 쉽게 찾아올 수가 있다.

(7) 질 높은 접객

접객은 곧 홍보라고 생각하면 된다. 좋은 접객은 돈이 들지 않는 점포객장이라 할 수 있다. 접객이 달라지면 손님들은 그것을 금방 알아차린다.

(8) 컴프레인(불평)을 처리할 경우

컴프레인Complain을 처리할 때 주의할 것은 '해결의 결과'보다는 '대응방식'이다. 클레임이 있으면 우선 "죄송합니다."라고 사과한다. 그리고 상대의 이야기를 끝까지 진지하게 듣는다. 또한 컴프레인 발생은 '점포의 경영자와 종업원의 인격을 알릴 수 있는 기회'인 것이다. 손님에게 점포의 성의를 전할 수 있는 절호의 찬스인 것이다.

(9) 손님이 구입한 상품을 떨어뜨렸을 경우

손님이 구입한 상품을 떨어뜨렸을 때 기분 좋게 교환해 주도록 한다. 손님이 상품을 일부러 떨어뜨리려고 하는 경우는 없다. 당황하지 말고 자주 일어나는 일이 아니므로 즉시 교환해 준다.

(10) 손님이 없을 경우

손님이 없을 때 판매원에게 현장에서 실시지도를 하여 교육하도록 한다. 유리창 닦기, 쇼케이스 닦기 등 여러 가지 작업을 일람표로 작성해 두었다가 손님이 없을 때 구체적으로 교육한다. 또 뭔가 다른 일에 열중해 있더라도 점포를 찾아오는 고객을 의식하도록 교육한다.

(11) 상품을 교환하고자 할 경우

상품을 교환하고자 한다면 기꺼이 응해 주고, 교환이 불가능한 제품은 손님이 거부감을 갖지 않도록 정중하게 거절한다. 점포의 신뢰도를 높이는 데도 도움이 된다.

(12) 손님들의 순서에 대한 배려

손님들의 순서를 잊지 않도록 한다. 만약 모를 경우에는 맘대로 결정하지 말고 "다음 분은 어느 분이십니까?"라고 묻는다. 그리고 계산은 바쁠 때일수록 실수하지 않도록 주의한다. 또 기다리게 해야 할 손님에게는 미소 지은 얼굴로 "제품을 고르고 계셔 주세요."라고 이야기하는 것도 좋다. 자칫 눈앞의 손님을 상대하는 것만으로도 버거워하는 경우가 많은데, 이렇게 하면 뒤의 손님에게도 배려를 받고 있다는 느낌을 줄 수가 없다.

5. 교육지침 10가지

인사관리를 위한 교육지침 10가지는 다음과 같다.

① 노동시간을 명확히 하고, 수당은 정확히 지급한다.
② 근무환경을 끊임없이 개선한다.
③ 점포의 근무매뉴얼을 문서로 만든다.
④ 종업원도 운영에 참여하게 한다.
⑤ 직원들끼리 동료의식을 심어준다.
⑥ 급여지급 절차를 명확히 한다.
⑦ 점포 내에 반드시 유니폼을 입힌다.
⑧ 직장에 관한 소속감을 심어준다.
⑨ 근로계약서를 작성한다.
⑩ 직업의식을 가질 수 있게 한다.

6. 위생

식품위생은 식품첨가물 기구 또는 용기포장을 대상으로 하는 음식에 관한 것을 말한다.

(1) 개인위생

- 음식물을 취급하는 사람은 절대로 타인에게 해(害)를 주어서는 안 된다. 따라서 1년에 한 번 보건증을 갱신하며, 이때 꼭 검변을 실시한다.
- 화상성 질환자, 전염성 질환이 있는 사람은 조리작업을 할 수가 없다.
- 조리시작 전이나 화장실 출입 후, 쓰레기 및 청소도구 취급 후, 전화사용 후 반드시 비누를 사용하여 손을 씻는다.
- 옷은 청결히 하고 모자, 스카프, 에이프런 등도 항시 착용한다.
- 두발은 단정하게, 손톱은 짧게 유지하고, 매니큐어 · 반지는 금한다.
- 과도한 화장은 피하도록 한다.
- 위생용장갑을 사용하여 조리한다.

(2) 시설설비의 위생

위생적인 재료를 취급하고 청결한 사람이 취급했다고 해서 안전한 음식물이 된다고 할 수는 없다. 식품과 그 원재료에 직접 접촉하는 칼 그리고 도마, 행주 등의 조리기구가 불결하면 식품도 오염된다. 이러한 일이 발생하지 않도록 조리기구 취급에도 각별한 주의가 필요하다.

- 도마 : 도마의 2차 오염은 식중독의 원인이 되므로 구분 사용이 중요하다. 세정, 소독방법은 다음과 같다.
  - 중성세제로 세정한다.
  - 뜨거운 물로 헹구어 준다.
  - 바람이 잘 통하고 햇볕이 잘 드는 곳에서 건조시킨다.

- 칼의 세정, 살균 : 칼은 도마를 씻을 때 함께 세정 · 살균해야 한다. 보관할 때는 물기를 빼고 건조하게 뚜껑이 있는 용기(자외선 소독고)에 보관해야 한다.
- 각종기구 : 기구들은 구분하여 사용하고, 사용 후에는 세정 · 소독하여야 한다. 기구용기의 소독방법은 다음과 같다.
  - 건조시켜서 소정의 장소에 보관한다.
  - 거꾸로 뒤집어 보관한다. 은(銀)기구는 보관고에 넣어 격납한다.
  - 스펀지, 수세미 등도 두오존을 사용하거나 열탕소독을 한다.

SECTION 04

제과제빵 기계 및 도구

1. 주방, 홀의 기계 및 도구

제과점에서 사용되는 기계 및 도구는 국내제품과 수입제품으로 다양하기 때문에, 신중하게 선별하여 구입하는 것이 중요하다.

데크오븐

로터리랙오븐

컴백션오븐

콤비오븐

롤러그릴컨벤션오븐

쇼케이스

도구가방

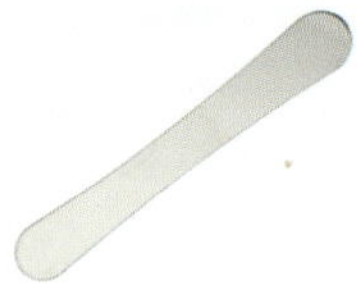

앙금해라

탁상형파이롤라

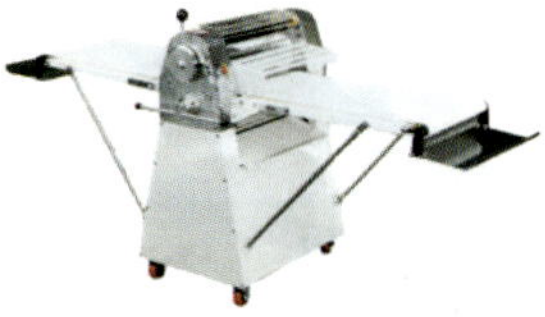		
스텐드형파이롤라	반죽몰더기	다바이더라운더

르방프로세서	도우디바이더(유압식)	빵철판랙

베이킹시트	발효실양문형	도우컨디셔너

급속냉동고	냉장 · 냉동고	쿠키커터

		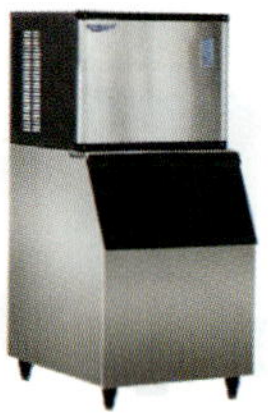
소프트아이스크림기계	핸드휘퍼	제빙기

스크레퍼	손잡이다용도도마	L자 스파츌라

미니하드무스틀	미니타원형무스틀	자루동그릇

초콜릿해라	빵도마	초콜릿템퍼링기계

가나슈절단기

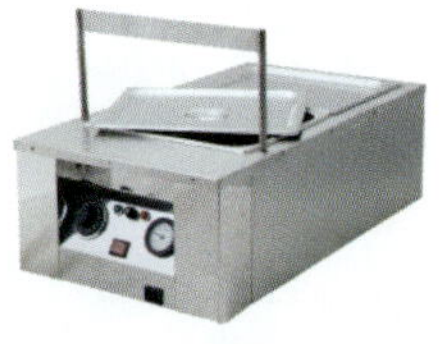
초콜릿템퍼링기

초콜릿분수대

초콜릿분사기

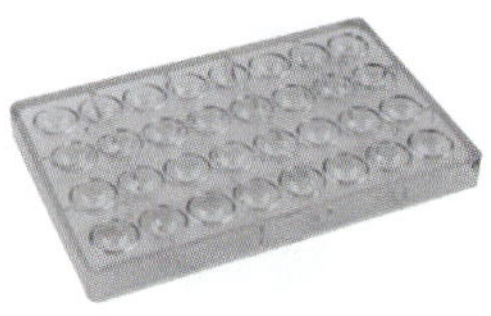
초콜릿몰드

초콜릿디핑기세트

실리콘초콜릿몰드

커피수동기계

커피자동기계

커피자동분쇄기

커피로스팅기

커피핸드분쇄기

수동커피기계

핸드드립세트

더치커피추출기구

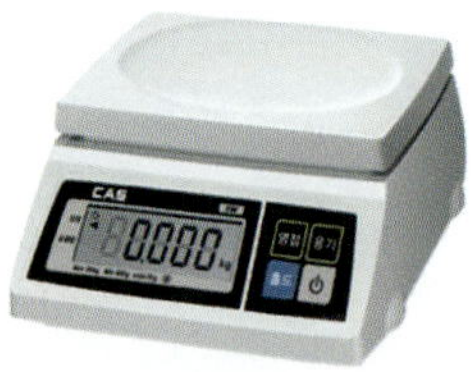

전자저울

케이크돌림판

계량컵

분리형원형케이크팬

가루채

분당채

붓

알뜰주걱

빵철판

타공팬(식힘망)

바게트판

오븐다용도타공팬

마드랜부채판

머핀판 12구

바나나팬 14구

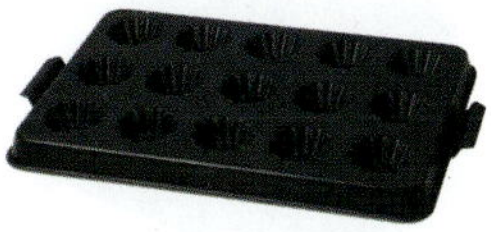

부리오슈팬

사바링판

카스텔라판

소파운드판

미니구겔호프팬

하트빵팬

줄무늬빵팬

구겔호프팬

엔젤팬

풀먼식빵틀

옥수수식빵틀

우유식빵틀

밤식빵틀

버터식빵틀

주름마루식빵틀

파운드틀

반원모양틀

원형케이크팬

원형치즈케이크팬

줄무늬타르트팬

쉬폰팬

줄무늬직사각형타르트틀

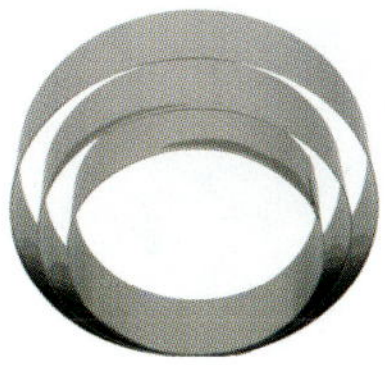
무스틀(원형)

무스틀(하트)

무스틀(사각)

무스틀(매화)

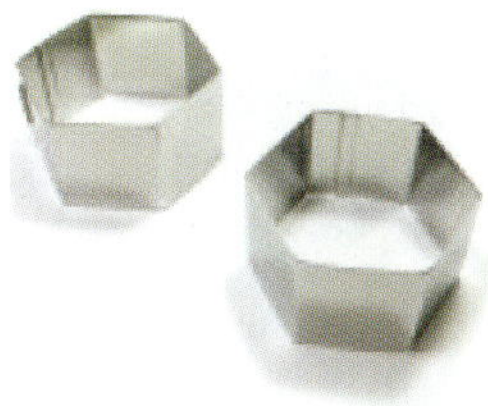
무스링(정육각형)

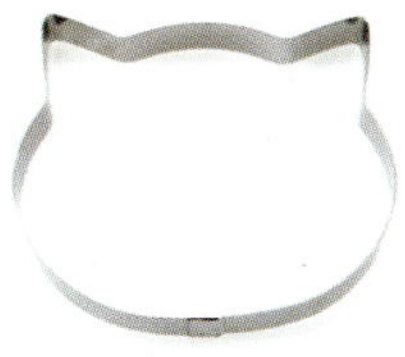
고양이 쿠키커터 / 무스틀

둥근삼각무스틀

태극모양무스틀

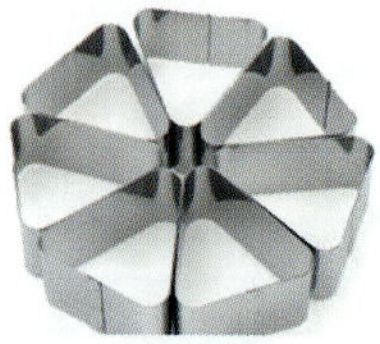	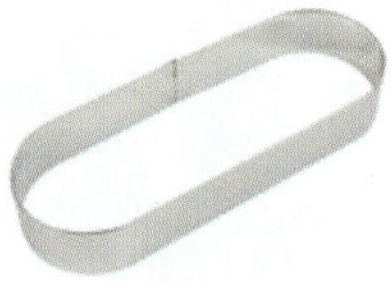	
조각케이크틀	에클레어무스틀	트르트링

주름링커터세트(10종)	하트커터세트(10종)	별커터세트(8종)

링커터세트(10종)	사각커터세트(10종)	매화커터세트(9종)
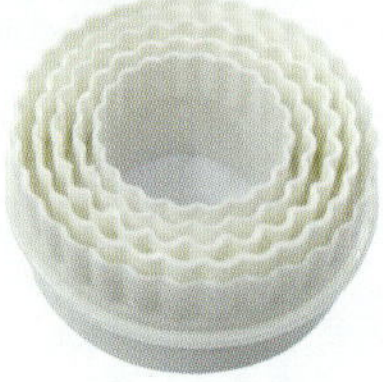		
주름링커터(5종)	주름사각커터(5종)	별모양깍지(6발)

큰별모양깍지	별팁	별모양(6발)
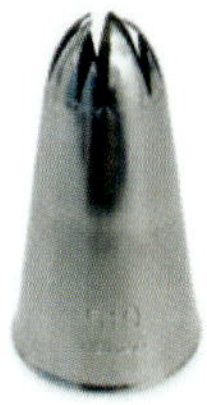		
벚꽃모양깍지	상투깍지	작은꽃, 안개꽃
		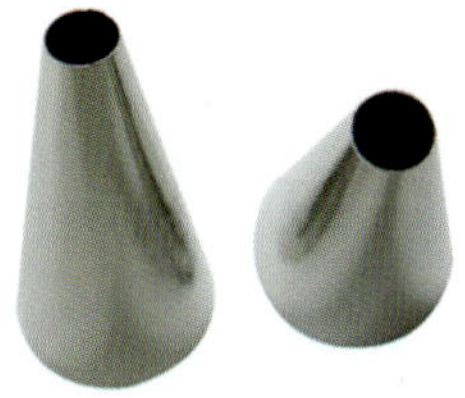
트위스트별	원형(라인)	원형 7
		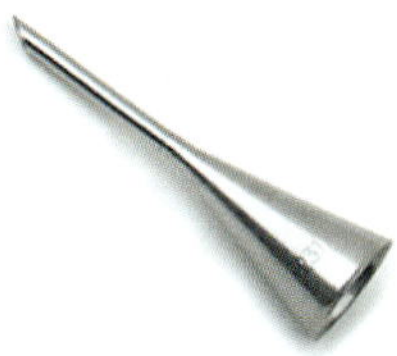
발달모양	원형(중간라인)	슈크림

국화꽃

장미꽃

러플레이스

러시안깍지

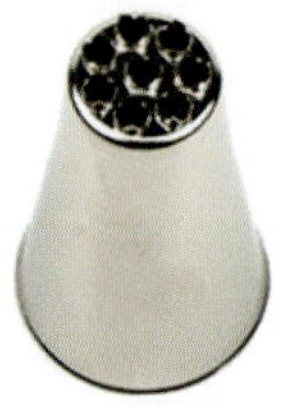
몽블랑, 잔디

특수깍지(장미)

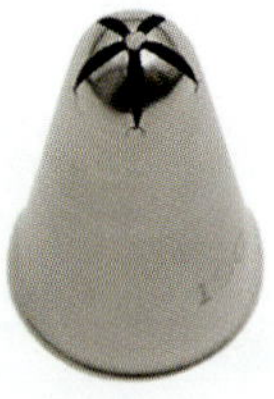
벚꽃

나뭇잎

레이스

플라워

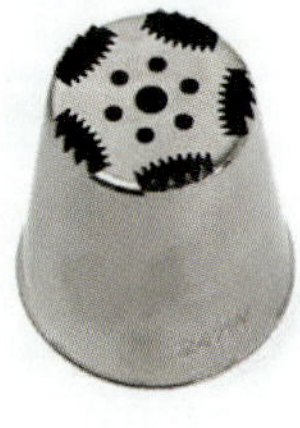
플라워

바구니빗살(단면)

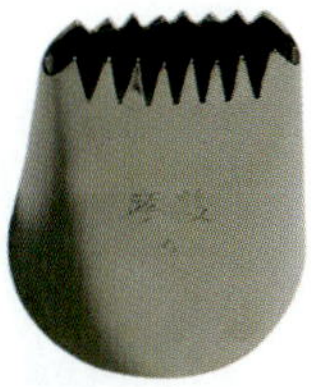		
바구니빗살(양면)	작약(솔방울, 장미)	레이스, 물결, 국화

쉬폰	플라워특수깍지(장미)	꽃받침(장미)
		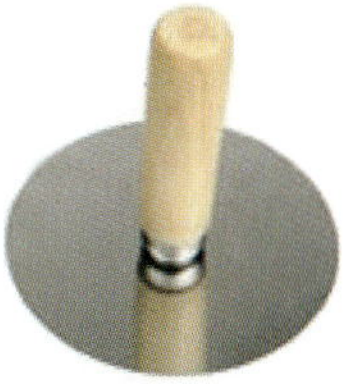
꽃받침(백합)	아이스크림쿱	호떡누르는 도구

다이아몬드롤러	스파이클롤러	빵모양 잡는 도구

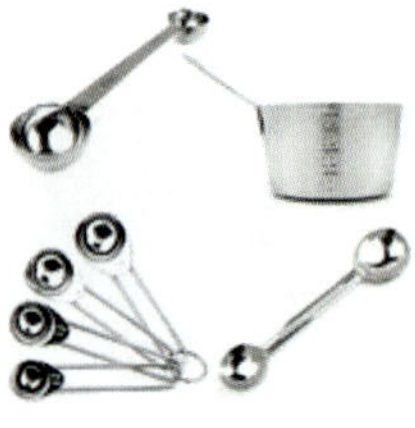
스텐계량스푼도구세트

스텐계량컵

쿠킹타이머

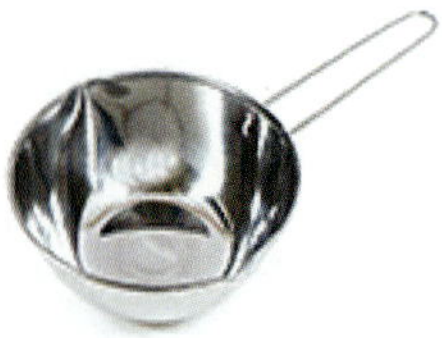
손잡이중탕볼

스텐볼

휘핑기

아이스티휘핑기

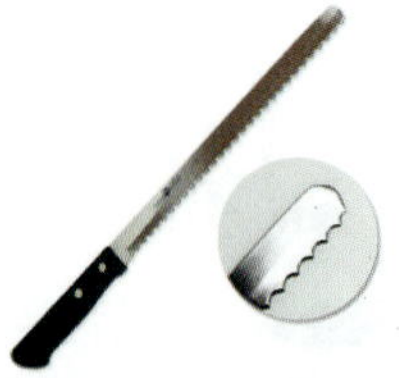
빵칼

스텐계량기

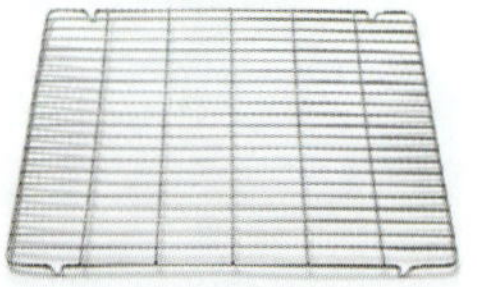
식힘망

잉글리쉬머핀틀

피자팬

정사각타르트팬	정사각케이크팬	머핀컵유산지
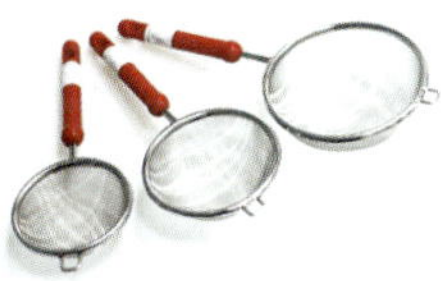	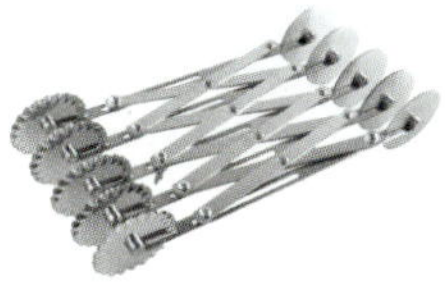	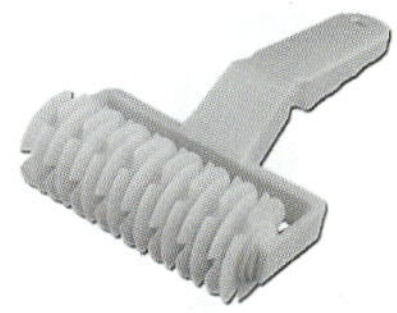
자루분당채	반죽커터롤러	그물롤러칼

피자롤로	크로와상커터롤로	쿠키커터롤로

밀대(스템)	반죽밀대(피자, 페스추리)	밀대

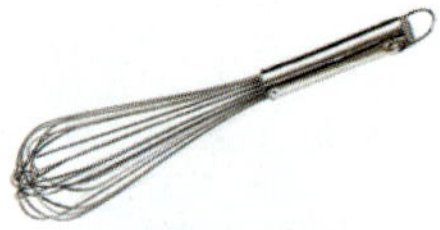

거품기

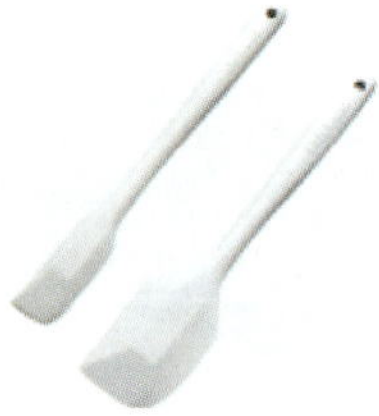

실리콘주걱

실리콘붓

푸드프로세서

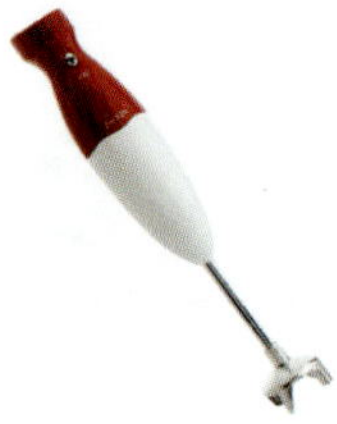

핸드브렌더

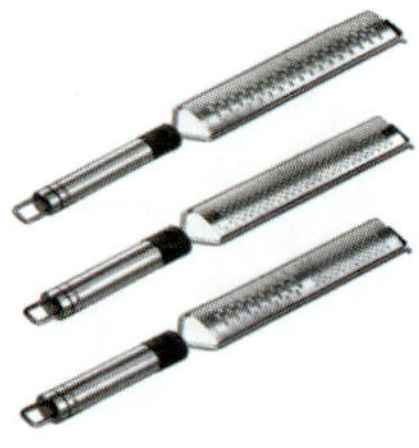

레몬제스터기

가스토치

알뜰고무주걱

알뜰실리콘주걱

나무주걱

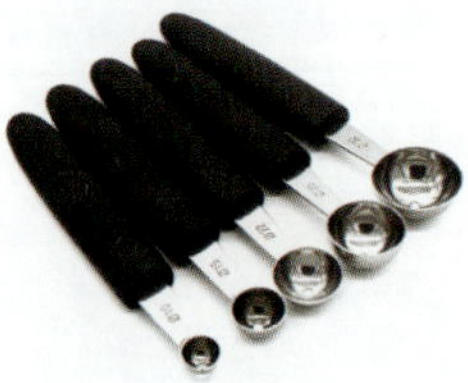

멜론볼러세트

멜론볼러

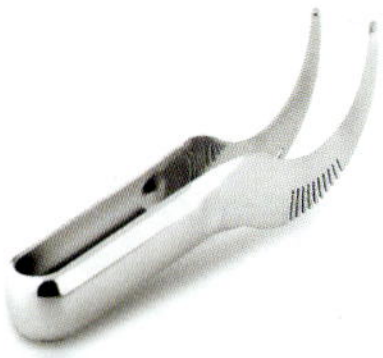		
과일커터기(수박나이프)	수박멜로조각칼	오렌지, 레몬즙짜는 도구

라임즙짜개	실리콘매트	수플레컵
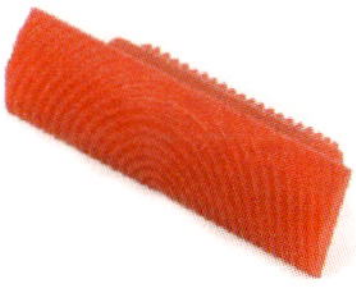		
실리콘나이테	템퍼링기	케이크무늬삼각
		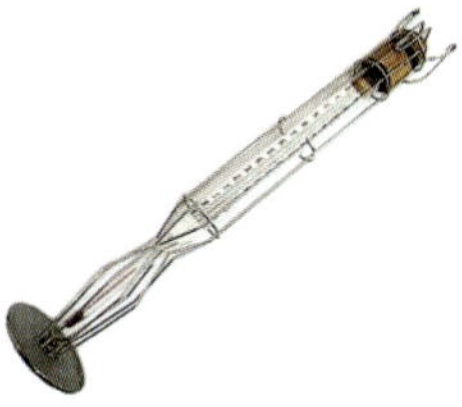
초콜릿가나슈몰드	레이저온도계	설탕공예온도계

1) 다용도 실리콘몰드

디저트 9구	디저트 8구	하트 8구

디저트사각 10구	돔 6구	꽃무늬 15구
		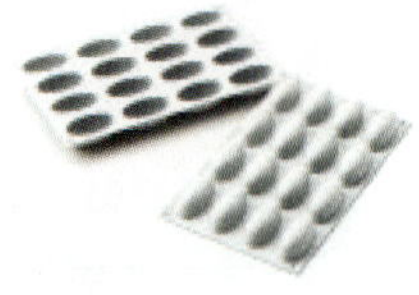
미니구겔호트 6구	미니까놀리	미니오발

까몰리몰드	다용도디저트	디저트

소파운드	돔 6구	하트 12구

미니구겔호트	큐브 15구	사바링 6구

휘난시에	초콜릿	오발 16구

2) 스탠실

당신을 위한

목마

원형도일리

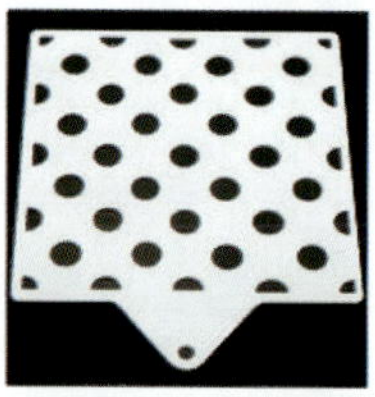
물방울

사랑합니다

눈사람

올리

조각케이크

모카소녀

러블리리본

발레리나 옆

발레리나 앞

크리스마스츄리

크리스마스 6종

좋아요

메리크리스마스

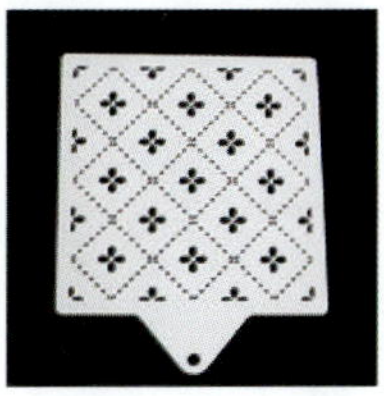
플라워가든

할로윈 6종

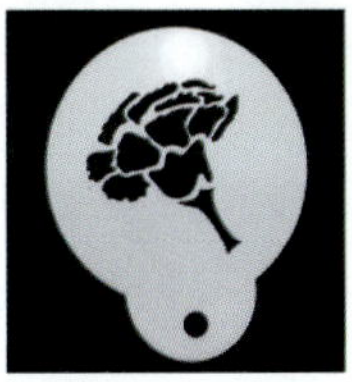
카네이션

카네이션

눈

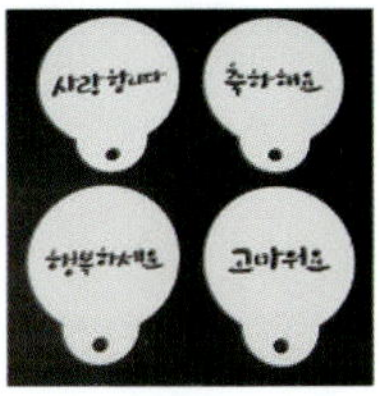

메시지 4종

스마일

야옹이

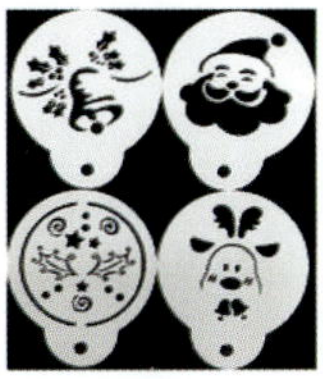
크리스마스 4종

스텐장식글자

장식글자판

2. 주방, 홀의 레이아웃

주방, 홀의 레이아웃은 무엇보다 가장 효율적이고 능률적으로 작업할 수 있는 환경으로 구성하는 것이 중요하기 때문에, 다양한 시뮬레이션이 필요하다.

1) 홀 레이아웃Lay-out

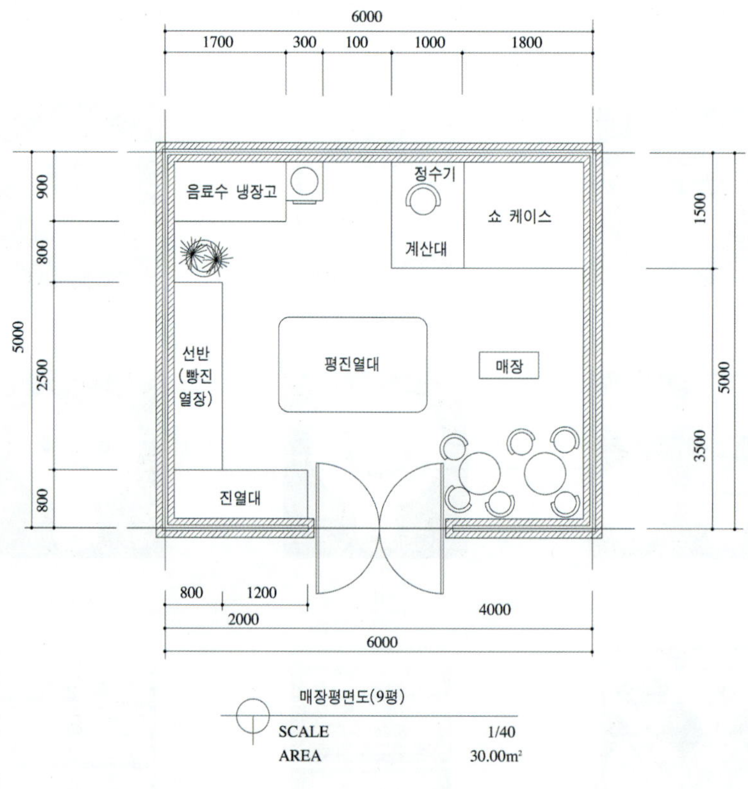

2) 주방 레이아웃Lay-out

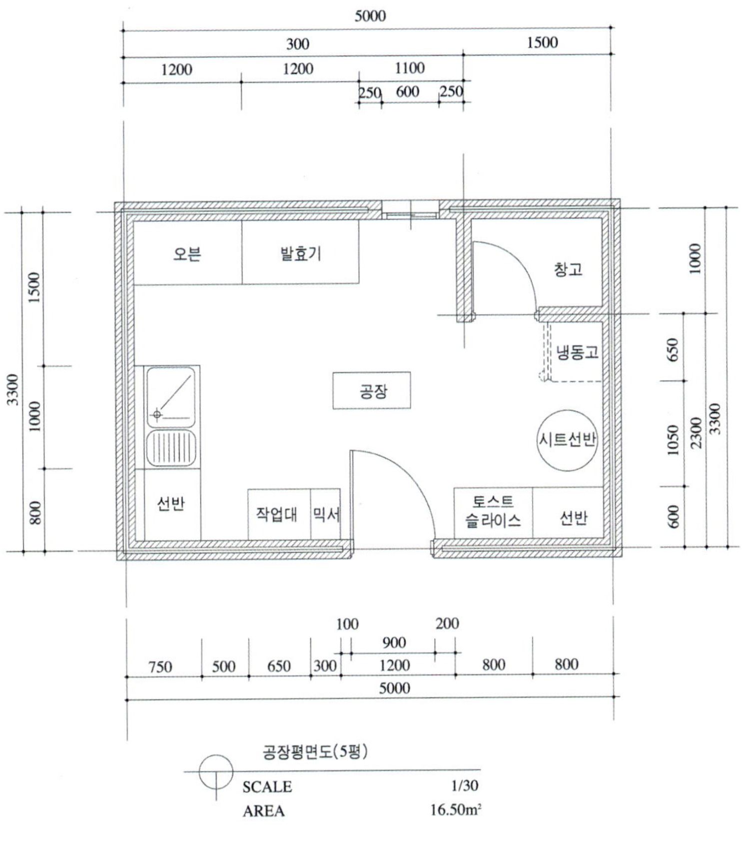

3) 주방 및 홀 평면도

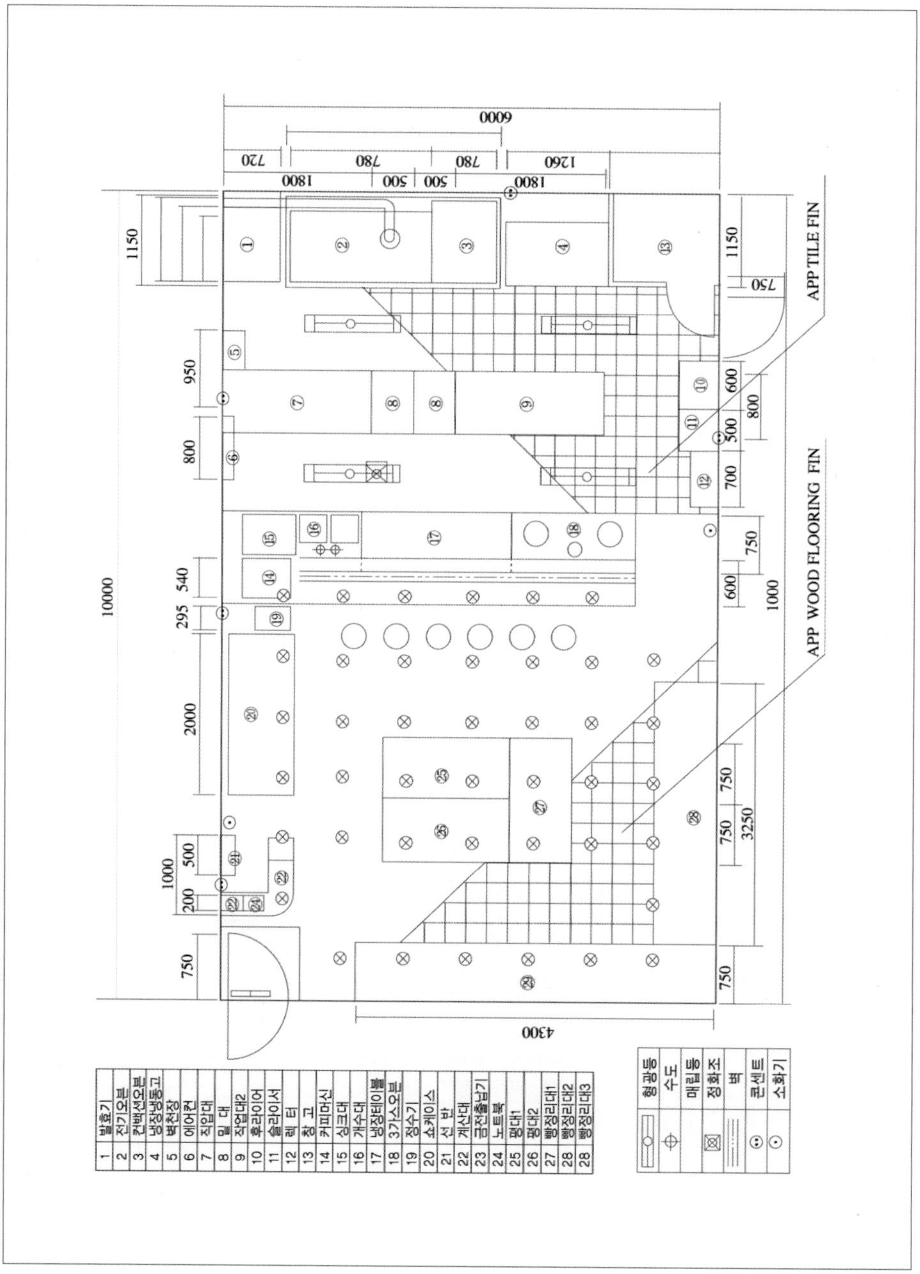

APP TILE FIN
APP WOOD FLOORING FIN
1 발효기
2 전기오븐
3 컨벡션오븐
4 냉장냉동고
5 벽찬장
6 에어컨
7 작업대
8 밀 대
9 작업대2
10 후라이어
11 슬라이서
13 창 고
14 커피머신
15 싱크대
16 개수대
17 냉장테이블
18 3가스오븐
19 정수기
20 쇼케이스
21 선 반
22 계산대
23 금전출납기
24 노트북
25 평대1
26 평대2
27 빵정리대1
28 빵정리대2
28 빵정리대3
형광등
수도
매립등
정화조
벽
콘센트
소화기

4) 인스토어베이커리 카페도면 예시

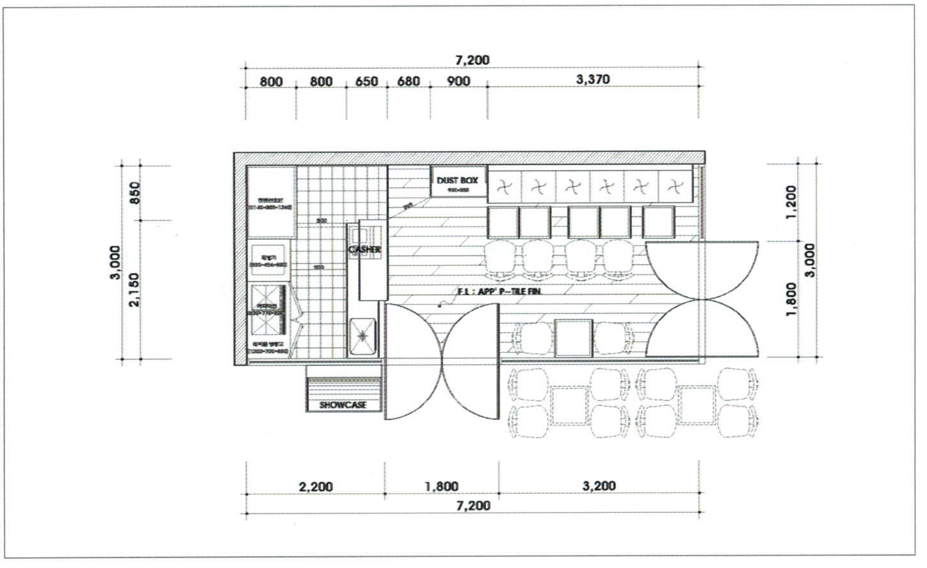

5) 베이커리 카페매장 도면(예시)

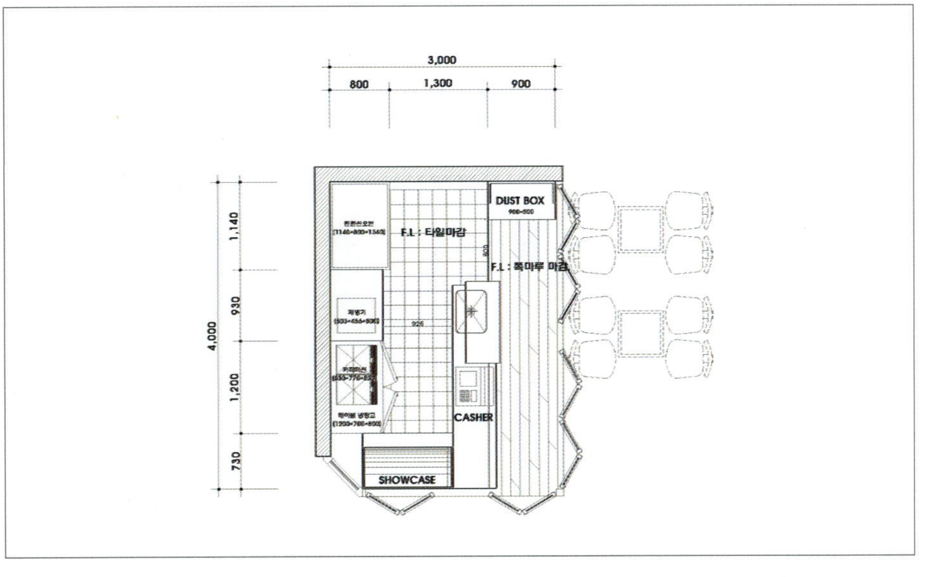

6) 베이커리 카페평면도 예시(기계 포함)

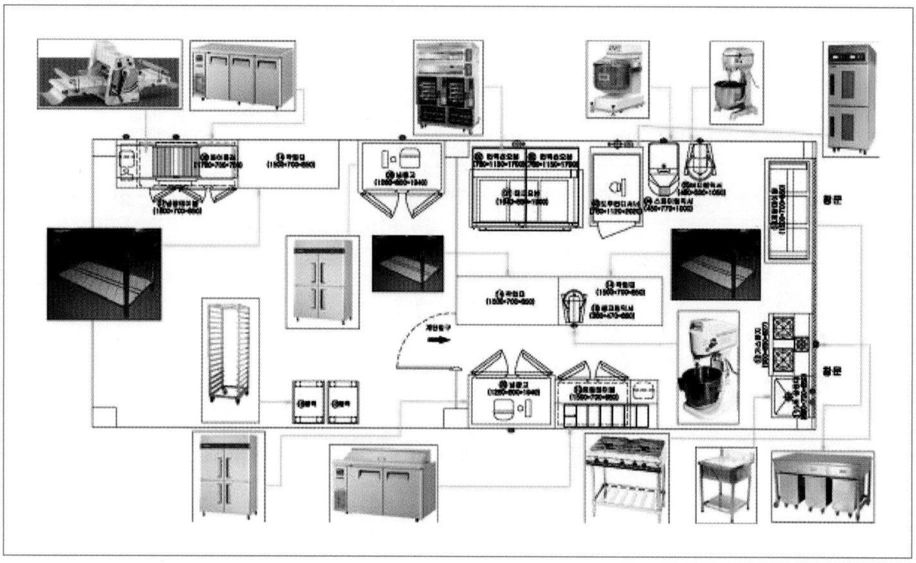

7) 디저트 카페도면(예시)

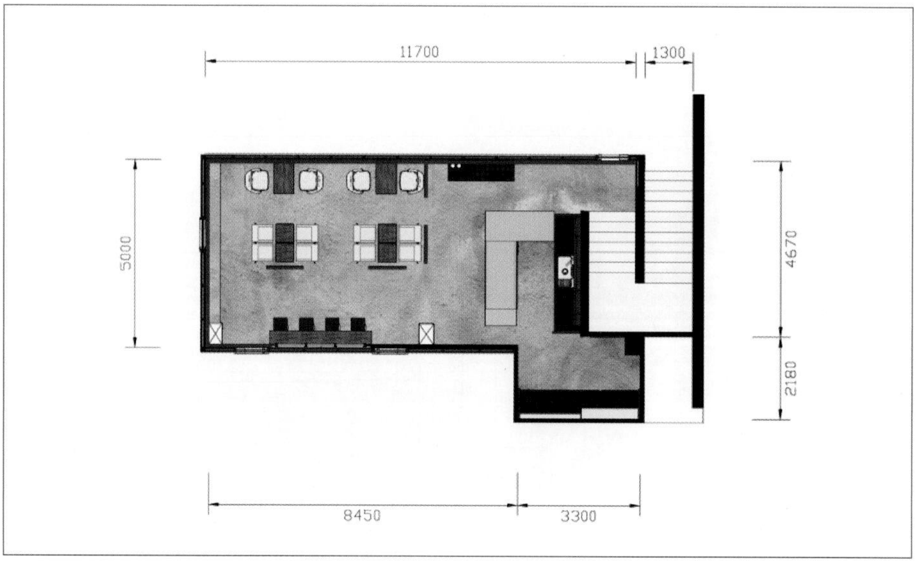

8) 제과제빵 실습실 평면도

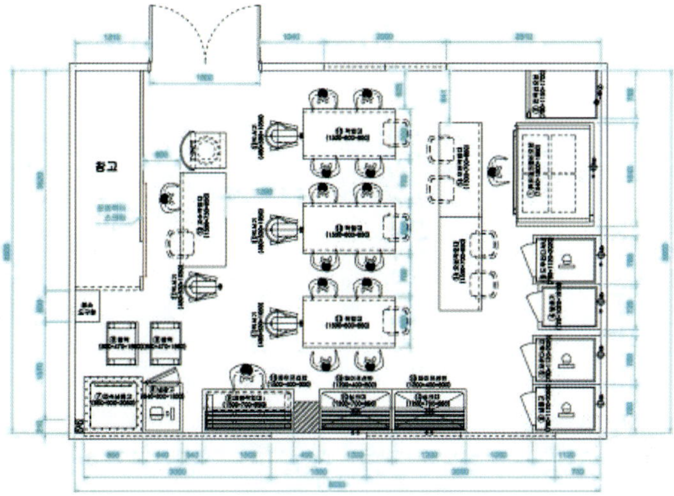

9) 제과제빵 실습실 조감도

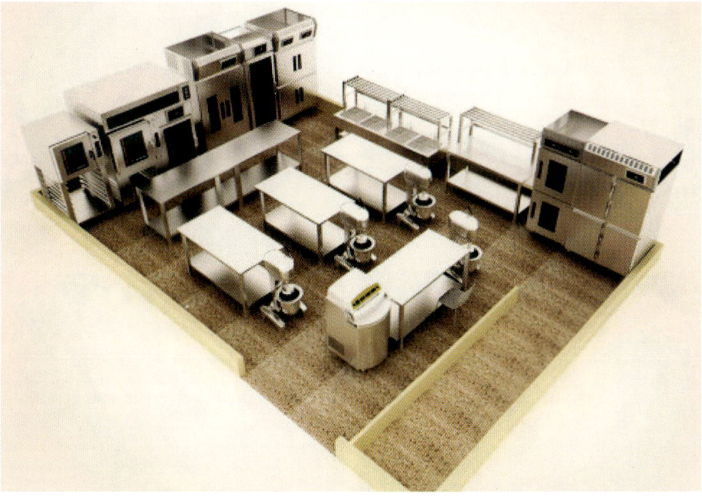

3. 베이커리 카페 운영현황

현재 베이커리 카페는 다양하게 운영되고 있다. 무엇보다도 그 지역에 맞는 인테리어를 하는 것이 중요하며, 제품과 잘 조화를 이루는 것이 중요하다.

프랜차이즈 베이커리

베이커리카페

디저트카페

초콜릿전문점

윈도베이커리

인스토어베이커리

단팥빵전문점

천연발효종전문점

4. 베이커리 업종 매출추이

나이스비즈맵www.nicebizmap.co.kr 상권분석서비스에서 제공한 최근(2015년 4월 ~2016년 3월) 시 · 도별 베이커리 업종 매출 추이를 살펴보면, 2016년 3월 전체 매출은 서울 976억 원, 경기 634억 원, 인천 142억 원, 부산 126억 원, 경남 125억 원 정도이다(표 8.1 참조). 점포수는 경기 1,815개, 서울 1,569개, 부산 507개, 경남 503개, 인천 431개이고 가게 당 월평균 매출은 서울 6,411만 원, 경기 3,631만 원, 인천 3,601만 원, 부산 2,517만 원, 경남 2,570만 원 순으로 나타났다.

서울 매출이 가장 높은 이유는 다른 지역에 비해 소비수준이 높고, 입지조건도 유리한 곳이 많기 때문인 것으로 풀이할 수 있다. 단 임차료 등 비용이 만만치 않기 때

표 8.1 시 · 도별 베이커리 매출 추이(2015.4 ~ 2016.3)

상위 1~3위

지 역	2016년 3월 전체매출(원)	운영 점포수(개소)	전체 이용건수(건)	가게 당 월평균매출(원)	1회 결제금액(원)
서울특별시	97,619,734,205	1,569	9,543,589	64,117,490	10,153
경기도	63,447,846,073	1,815	6,086,753	36,313,409	10,308
인천광역시	14,278,158,112	431	1,347,860	36,011,088	10,686
부산광역시	12,629,640,874	507	1,066,253	25,173,271	11,735
경상남도	12,588,515,858	503	968,911	25,706,488	12,864
경상북도	7,943,484,402	371	606,877	21,312,166	12,758
대구광역시	7,890,905,390	390	673,105	19,511,036	11,375
충청남도	7,882,452,370	266	647,893	30,046,146	12,057
대전광역시	7,270,498,509	268	678,418	28,772,745	10,612
전라북도	6,864,055,421	300	526,743	22,746,230	12,961
광주광역시	6,659,415,199	255	533,826	26,561,391	12,426
충청북도	5,961,414,572	246	489,784	24,577,704	11,985
전라남도	5,185,756,776	271	376,193	18,957,924	13,614
강원도	5,099,305,539	262	403,075	19,572,017	12,614
울산광역시	4,519,307,160	169	372,894	26,906,070	12,139
제주특별자치도	3,361,609,217	132	266,702	24,047,125	12,669
세종특별자치시	860,643,956	29	83,177	30,706,762	10,375

자료 : 나이스비즈맵 상권분석서비스

문에 매장이 아파트 밀집지역이나 주택가 주요 동선에 위치해야 수익이 날 것으로 판단된다.

예를 들면, 몇 년 전 서울 홍대입구역 근처에서 30년 가까이 장사한 한 개인 빵집은 대기업 커피 프랜차이즈 매장이 들어오면서 2배 이상 오른 임차료(보증금과 월차임)를 감당하지 못해 문을 닫았고, 유명 프랜차이즈 빵집 경우에는 대기업 휴대전화 대리점이 들어오면서 2.5배 이상 오른 임차료를 감당하지 못해 역시 문을 닫았다. 이런 현상이 곧 젠트리피케이션 현상을 유발한 계기가 되기도 했다. 이런 일들이 일어나는 이유는 상권과 자리는 탐이 나나 기존 매장이 나갈 조짐을 보이지 않자, 새롭게 들어갈 브랜드가 건물주에게 엄청난 임차료를 제시하기 때문이다. 그래야만 기존 임차인이 견디지 못하고 나가는 것이다. 이렇게 할 수 있는 것은 기존 매장에 줘야 할 권리금을 감가상각을 통해 나누고, 나눈 금액을 매월 지급해야 하는 월차임에 더하며, 임대차 재계약 시 올릴 월차임 인상분을 또 더하기 때문이다.

따라서 베이커리 업종은 번화가나 오피스가보다 주택가나 아파트 밀집지역 주요 동선에 들어가는 것이 경쟁력을 확보하는 길이다. 나이스비즈맵을 통해 지난 1년간 시 · 도별 베이커리 업종 매출추이를 보면, 경기도는 점포수에 비해 월평균 매출이 낮다. 경기도는 '베드타운'(직장이 도심에 있는 사람들의 주거지 기능을 하고자 대도시 교외에 형성된 도시) 형태의 주택가 특성이 강하기 때문으로 보인다. 삼겹살, 피자, 치킨 창업에 이어 베이커리 업종도 인천이 매장수에 비해 월평균 매출이 매우 높게 나타났다. 따라서 인천에서 베이커리 업종을 창업하면 상대적으로 안정적인 운영이 가능할 것으로 보인다.

그리고 인건비와 임차료가 높아져 수익구조가 악화되었는데, 전국 베이커리 업종의 전체 매출 규모는 2012년 월평균 3,151억 원, 2013년 3,283억 원, 2014년 3,402억 원으로 시장규모는 연 4% 내 · 외로 성장하고 있다. 또한 최근에 월평균 매출 규모는 2,762억 원으로 2014년 매출보다 7.9% 감소했다. 경기침체 영향을 직접적으로 받고 있음을 알 수 있다. 점포수는 2012년 7,063개, 2013년 6,998개, 2014년 6,939개로 점점 줄었다가 2015년 4월부터 2016년 3월까지 월평균 7,743개로 최근 1년 동안 급속도로 늘어났다.

결국 최근 1년간 베이커리 업종 점포수는 늘어난데 반해, 매출은 줄었음을 알 수 있다. 그렇기에 지금 이 사업을 시작할 계획인 사람이라면 한 번 더 고민해 볼 필요가 있다. 점포수는 늘었지만 매출이 줄었다는 것은 이미 과다경쟁에 놓여있다는 뜻이기 때문이다. 그리고 손익계산상 인건비와 임차료(월차임) 비중이 높아 수익구조가 옛날 같지 않은 것도 창업에 신중을 기해야 하는 이유이다.

그 밖에 유념해야 할 것은 베이커리업종이 생각만큼 호락호락하지 않다는 점이다. 새벽 5시부터 빵을 구워야 하는 매장도 있고, 단순히 빵을 제공받는 경우라도 이른 아침에 문을 열어 밤 12시 넘어서까지 영업해야 하는 경우가 대부분이다. 하지만 모든 창업에는 개개인의 능력과 자질이 가장 중요한 요소로 작용하는 만큼, 스스로 남다른 서비스 마인드와 부지런함을 지녔다고 생각한다면 상권에 가장 적합한 점포를 구한 후 조심스럽게 창업에 나서라고 당부하고 싶다.

참고문헌

강인호 외. 식음료경영과 실무, 기문사, 2002.
권영회 외. 프로파티시에를 위한 디저트, 지식인, 2016.
김용남. 원가관리회계, 웅진패스원, 2011.
김현희. 외식산업실무론, 백산출판사, 2002.
나영선. 외식사업 창업과 경영, 백산출판사, 2010.
박병렬. 호텔식당경영관리론, 기전연구사, 1994.
신길만. 베이커리, 파티시에 카페창업 경영론, 신광출판사, 2012.
신재영 외. 외식사업경영론, 백산출판사, 2008.
안호기 외. 제과제빵기능사 이론 및 실기, 교문사, 2014.
오영섭. 조리외식사업 실무론, 석학당, 2010.
원융희. 현대호텔식당경영론, 대왕사, 1989.
월간 제과제빵. 빵과자 백과사전, 비앤씨월드, 2009.
월간 파티시에. 제과제빵이론 특강, 비앤씨월드, 2010.
윤대순·김현심. 베이커리경영론, 백산출판사, 1998.
__________. 조리경영실무, 학문사, 2003.
__________. 호텔식음료서비스 실무, 학문사, 2001.
__________. 호텔식음료원가관리, 형설출판사, 1994.
이명호 외. 베이커리경영론, 형설출판사, 2013.
하인리히 E 야콥, 곽명단·임지원 역, 빵의 역사, 우물이있는집, 2005.
홍행홍 외. 베이커리경영, 비앤씨월드, 2009.
홍행홍. 대한민국 제과기능장, 비앤씨월드, 2008.

aT한국농수산식품유통공사(www.at.or.kr)
NCS 국가직무능력표준(www.ncs.go.kr)
나이스비즈맵(www.nicebizmap.co.kr)
대한제과협회(http://www.bakery.or.kr)
소상공인지원센터상담자료 : 0287 제과점창업가이드
조선일보(http://www.chosun.com)
중소기업청 중앙소상공인지원센터(http://www.seda.or.kr)
한국외식업중앙회(www.ekra.or.kr)

제과제빵 관련 자격증

【국가자격증】

제과기능사 / 한국산업인력공단 http://www.hrdkorea.or.kr

제과기능장 / 한국산업인력공단 http://www.hrdkorea.or.kr

제빵기능사 / 한국산업인력공단 http://www.hrdkorea.or.kr

【민간자격증】

떡케이크데코전문가 / 한국라이스클레이협회 http://www.riceclay.org

떡케이크전문가 / 한국라이스클레이협회 http://www.riceclay.org

라이스베이킹전문가/한국라이스클레이협회 http://www.riceclay.org

베이킹마스터 / (사)음식문화교류협회 http://www.foodca.or.kr

쇼콜라티에 / (사)한국능력교육개발원 http://www.caea.or.kr/chocolatier

아동베이킹지도사 / (사)한국방과후교육진흥원 http://www.kased.or.kr

초콜릿관련케이크마스터/(사)한국관광음식문화협회 http://kofa.co.kr

초콜릿마스터 / (사)음식문화교류협회 http://www.foodca.or.kr

초콜릿아티스트 / (사)한국관광음식문화협회 http://kofa.co.kr

케이크디자이너 / (사)음식문화교류협회 http://www.foodca.or.kr

케이크디자이너 / 한국외식음료개발원 http://www.kfbd.co.kr

플라워케이크마스터 / 대한플라워케이크협회 http://cafe.naver.com/flowercakes

Profile

권영회

고려대학교 대학원 석사(식품공학)
제과기능장
서울하얏트호텔 근무(총괄책임자 역임)
현, 백석문화대학교 외식산업학부 교수

안호기

경기대학교 대학원 박사(외식조리관리)
서울롯데호텔 근무
현, 백석문화대학교 외식산업학부 교수

김현수

고려대학교 대학원 석사(식품공학)
현, 주식회사 설곡 대표

조우철

경기대학교 일반대학원 석 · 박사(외식조리관리)
밀레니엄서울힐튼호텔 베이커리 근무
현, 한국관광대학교 호텔제과제빵과 교수

김 혁

한성대학교 관광경영대학원 호텔관광외식경영학 석사
대한민국 제과기능장
현, 글로벌수도직업전문학교 제과제빵과 학과장

김원식

국제조리직업전문학교 제과제빵 외래교수
대한민국 제과기능장
현, 르방베이커리 대표